天
Borderless
下

天 下 ， 在 乎 正 义 和 你

天
Borderless
下

博
观

本书受社科基金资助

Klagrecht
und
Klagmöglichkeit

诉权与诉的可能性

当代民事诉讼基本问题研究

[德]康拉德·赫尔维格 著
任重 译

法律出版社 LAW PRESS · CHINA
北京

作者简介

康拉德·赫尔维格 Konrad Maximilian Hellwig，1856~1913

德国著名法学家，主要研究领域为民事诉讼法学，曾先后任教于莱比锡大学、罗斯托克大学、吉森大学、埃尔朗根大学和柏林洪堡大学。1895年到1896年任埃尔朗根大学副校长。1904年到1905年和1911年到1912年，赫尔维格两度出任柏林洪堡大学法学院院长。赫尔维格将民事诉讼法上的请求权与实体法上请求权区别开来，使民事诉讼法和民事诉讼法学理论体系有了自己的基石。以法律保护请求权理论为基础，赫尔维格构建出了德国民事诉讼理论体系。鉴于他在民事诉讼理论上的伟大贡献，赫尔维格被大陆法系民事诉讼法学界誉为诉讼法学之父。

译者简介

任重

男，1985年生，德国萨尔大学法学博士，现任清华大学法学院副教授，博士生导师，首批仲英青年学者，入选首批首都"百名法学英才"。曾出版德文专著一部，发表译文两篇，并在《中国法学》《法学研究》《中外法学》《法学家》等刊物上发表学术论文二十余篇。2015年获第四届全国中青年民事诉讼法学优秀成果奖论文类一等奖。2016年获第四届"董必武青年法学成果奖"二等奖。主要研究领域为民事诉讼基础理论，长期关注民事诉讼法与民法的衔接。

序言　基础理论研究：民事诉讼理论发展的基石

张卫平*

由于当下主流学术评价导向和职称评定的原因,出于功利,人们对翻译著作已经失去兴趣。对学者的学术评价指标更看重的是核心期刊论文的刊发数量,也就是所谓学术产出量。这与我们现实中追求 GDP 的心态大体是相同的。但这显然是不合理的。对于法治建设和法学研究尚处于初级阶段的我国而言,需要进一步开放,学习和借鉴法治发达国家法治建设的经验和法学理论,无论是法治建设,还是法学研究,都需要长期的积累——罗马不是一天建成的。翻译是一种开放的态度,译著是一扇看世界的窗户。通过翻译国外的经典法学理论著作,我们可以不断学习

* 中国民事诉讼法学研究会会长、中国法学会常务理事。

和吸收国外有益的法学知识，我们的法学理论便可处于不断发展之中，其意义自然不可小觑。

一直以来，我特别鼓励我的学生在有条件的情况下尽可能翻译国外的学术著作。我虽能力和精力有限，但也尽可能投身其中。林剑锋博士前些年翻译的《民事诉讼法制度与理论的深层分析》（日本学者高桥宏志著）、《新民事诉讼法》（日本学者新堂幸司著），许可博士翻译的《重点讲义民事诉讼法》（高桥宏志著）都在我国民诉法学术界产生了较大的影响。在当下重论文轻译著的背景下，任重博士依然甘于在译著上投入大量精力，翻译国外民诉学者的理论著作，着实不易，无有一定学术定力和远识不可能有所成就。任重博士翻译的著作系德国著名法学家赫尔维格教授（日本有学者将其奉为民事诉讼理论之父）的经典作品——《诉权和诉的可能性：当代民事诉讼基本问题研究》。基于本书对民事诉讼基本理论问题的深刻认识，我相信，该译著在我国民诉学界将会产生很大的影响。

民事诉讼法治的发展其"硬件"建设就是制度建构。在相对短的时期内要实现民事诉讼法制度建构就需要移植和借鉴，从而实现制度建构的"弯道超车"。这些年我们也是如此做的。但我们不能忽视一点，域外民事诉讼制度有其特定的理念和理论作为支撑。如果我们没有对其理论，特别是深层的基本理论——对基本原理的认识，我们就不可能真正认识该制度，并科学地应用或运用该制度。另一方面，如果没有真正认识和掌握关于某制度的基本理论，我们也不可能在实质上移植该制度，很可能徒具形式而已。我们以民事判决制度为例，大陆法系国家如德国、日本都有一整套体系化的判决制度和理论。只有厘清了体系化的判决理论，我们才能真正掌握和应用体系化的判决制度,为我国民事诉讼所用。我们才能认清我国现行的民事判决制度的不足和缺陷,进一步予以完善和补充。

大陆法系国家中的德国、日本等是学界公认的民事诉讼制度最为发达的国家,同时也是民事诉讼理论水平最高的国家。其他国家或地区如韩国和我国台湾地区民事诉讼制度和理论的发展也与德日民事诉讼理论有直接关联。德国民事诉讼法的发达与德国一直重视基础理论研究的传统有关。德国民事诉讼理论的发展又得益于德国民法基础理论研究的厚度和坚实。德国民事诉讼法的大家如赫尔维格、彪罗、罗森贝克、施瓦布等都是基础理论研究的大家,在基础理论研究方面有过卓越的成就。赫尔维格在诉权理论,彪罗在诉讼要件理论,罗森贝克在证明责任、诉讼标的理论,施瓦布在诉讼标的理论等基础理论方面的研究对推动德国民事诉讼理论研究起到非常重要的作用,即使其观点现在已经为后人的观点所取代,也是他人进步的台阶。在日本,兼子一、菊井维大、中村宗雄、松浦馨、三月章、中野贞一郎、小山升等也同样是日本战后奠定日本民事诉讼基础理论研究的大家。其代表人物兼子一教授通过系统化的基础理论研究成就了兼子理论体系。日本民事诉讼法几乎是全盘承继了德国民事诉讼法,日本的民事诉讼理论也是建立在德国民事诉讼理论体系之上。但通过日本学者长期的基础理论研究,日本的基础理论研究也逐渐生发出自己的特色,并结合日本的社会背景和条件形成了诸多不同于德国的制度构造。在民事诉讼制度构建以及理论研究方面后起的韩国和我国台湾地区的民事诉讼理论也是如此,本土特色也在自然长成。可以十分肯定地讲,一旦放弃基础理论研究,其民事诉讼理论就不可能有根本的发展,也不可能形成自己的理论特色,具有自己特色的诉讼制度和体系也不可能发展和形成。

一个不得不承认的现象是,在我国民事诉讼学界长期以来存在一种较为明显的"实用主义"的倾向。这里的"实用主义"不仅指一种看重法学研究实际应用的价值取向,也包括法学研究对所谓"政策形势"的跟附(也称之为"跟风式研究")。跟风式研究使学者变为简单的贴金式说明或注释,为政策化妆打扮,作"美图"。我反对"跟风研究",因为这种"风"往往是一种追求形式主义的、不断变幻的走秀行为,并非是一种真正的纠纷解决实践的需要。过去,有些地方司法机关为了追求出政绩而出台的各种关于司法或审判的"花式"改革,就是如此。前些年兴起的调解之风就是一场在特定时期下的司法政绩秀。为了跟风,我们也将大量学术研究资源投入到这样的秀场之中。然而,一旦风清云散、繁华之后,却只留下一地残叶,理论研究方面一无所有。现在这样的跟风研究似乎还没有结束的迹象,只是形式变换了而已。当然,这与我国社会的特性有内在关系。如何尽量保持学术研究的相对纯洁性,是我们从事理论研究的学者应当注意的。

另一方面,我不反对实用性研究。我们需要将法学理论知识转化为法律技术,并用于法律实践当中。但前提是,我们首先需要厘清和掌握这些理论和知识,尤其是民事诉讼的基本理论。这就需要我们不断深化基础理论的研究。对于我国民事诉讼法学理论的长期发展,并形成我国民事诉讼理论体系而言,基础理论研究是民事诉讼理论发展的基石。因此,民事诉讼的研究实际上也有一个分工细化的问题。与实践联系比较密切,尤其是那些在司法实务部门从事研究的人或者对实用性研究或理论转化有兴趣的专家和学者适宜从事实用性研究事项,形成理论与实用法律技术的“二传手”。另一些具备理论研究条件的学者(尤其研究型大学的学者)则应更多地进行基础理论的研究。

我们可以大致将法学理论分为基础理论和一般理论,虽然这种界定或彼此的边界有时并不一定那么清晰。所谓基础理论基本特点在于其基础性,对此,我们可以从以下几个方面予以阐释:其一,基础理论是涉及民事诉讼原理的理论;其二,基础理论涉及各种基本诉讼制度的内在关系;其三,基础理论不是直接关系制度实际应用的理论阐释,而是具体应用观点的基础;其四,基础理论因为涉及诉讼制度的基础、原理,因此具有高度的抽象性。例如关于诉权、诉的类型、诉讼标的、当事人适格、证明责任及分配原理、既判力、诉讼与非诉的关系等都涉及基础理论。最后,基础理论通常具有相对的普适性,因为关涉诉讼的基本原理。虽然域外的具体制度或操作规则有所不同,但其原理具有共性。正因为具有普适性,因此,对基础理论的研究才更具有现实性。人们常常谈到民事诉讼中的所谓“猜想级问题”大都可以归为基础理论的问题。正因为其为基础理论问题,所以才会长期处于探讨和争论之中。

诚然,我国民事诉讼法在改革开放之后的几十年里有了长足的发展,但还是应当承认民事诉讼法还有诸多需要完善充实之处。究其原因,一方面是由于建构时间短,缺乏足够的诉讼实践经验的积累;另一方面,还在于我们对民事诉讼基础理论研究的积累和深度不够,还不能充分地认识到制度深层的原理和制度间内在的相互关系。例如关于判决效力的问题,由于没有深入地予以探讨和认识其中判决既判力的性质、作用、范围,不仅导致我国民事诉讼中判决制度的缺失和制度运用的混乱,也导致我们在相关制度建构中的失误。比较典型的是第三人撤销之诉的构建。基于应对虚假诉讼的表象而设立的第三人撤销之诉,由于没有充分顾及既判力的相对性原理以及第三人制度的结构及原理,从而简单地赋予第三人撤销他人之间判决的权利,使该制度的运用出现尴尬和冲突。第三人撤销之诉制度应当如何设置,涉及和关联诸多基础理论问题——诉的目的、诉、当事人、既判力等。其中一个基础理论问题没有厘清,则必然导致制度设计和运行出现问题。在我国诉讼运行中,刑民诉讼交叉关系的混乱同样与我们没有真正认清诉讼的基本原理有直接关系,其中就涉及判决效力的基本理论问题。

在任何领域,基础理论研究都是尤为艰辛的劳作。基础理论研究需要大量的学习阅读、积累和分析,不可以仅仅凭感觉而发声。基础理论研究往往具有研究成本高,研究周期长的特点,因此需要长期坐冷板凳,需要相当的定力。基础理论要有所创新往往是很困难的。然而在片面强调创新的当下社会,很容易让学者远离基础理论研究,走向有偿的法律服务领域。但基础理论又是如此重要,不可须臾放弃。由此,我们应当鼓励学者们更多地投身于民事诉讼的基础理论之中,为我国民事诉讼理论体系大厦的建构夯实其牢固的基础。当然,政策的支持、扶持也是非常重要的一环。

翻译是一个学习的过程,翻译经典更是一个近观大师思维的过程,虽然有时也伴有些许苦涩。我相信任重博士通过翻译大师赫尔维格的经典著作,也一定有所斩获,不仅获得知识,更重要的是向大师学习研究分析和阐述的方法。故此,在翻译经典著作方面的投入也是值得的,我也鼓励年轻学者们应该有这样的历练过程。不仅自己有所收获,作为开窗之人,也让更多的人了解国外著名学者关于基础理论问题的思考过程和理论集成。是为善事。

2018 年 3 月于清华大学荷清苑守黑斋

目录

诉权的体系化价值及其对我国的启示（代译序）

任　重*

一、为何要翻译旧书？

为何要翻译赫尔维格的《诉权与诉的可能性：当代民事诉讼基本问题研究》(1905)一书，并同时翻译彪罗的《诉和判决：关于私法和诉讼相互关系的基本问题》(1903)、瓦赫的《法律保护请求权》(1904)以及科勒的《所谓的法律保护请求权》(1904)三篇论战文章？这离不开张卫平老师的鼓励和鞭策。2013年年初，我开始在清华大学法学院从事博士后研究工作。张卫平老师经常提醒我，一定要

* 清华大学法学院副教授，博士生导师，清华大学首批仲英青年学者，入选北京市法学会首届“百名法学英才培养计划”。本文是国家社会科学基金项目“民事诉权基础理论研究”(项目编号17CFX065)的阶段性成果。

从德国语境转到中国问题，一定要将德国理论真正用来解决中国民事诉讼的真问题，特别是要注意保持与既有研究成果的融合，要站在巨人的肩膀上开展研究，这也将决定研究成果的品位和高度。坦白地讲，这个转换过程是异常痛苦的，我至今也没有完成。虽然在德国取得了博士学位，但我熟悉的也只是《德国民事诉讼法》第 138 条第 1 款的部分内容。我对其他内容的了解不过是透过教科书的有限描述得到的。又由于留学经历使我在一段时间内并未真正融入中国的学术讨论，因此，何谓中国民事诉讼的真问题，这对我而言是个猜想级难题。就是在这样的背景下，加之博士后出站的严格要求和对未来职业发展的深度忧虑，我开始了中国民事诉讼真问题的冥想之路。

2015 年年初，我幸运地在清华大学开始了自己的教学和研究生涯。我记得是六月的一天，我陪张卫平老师一起走出明理楼。老师一边推着自行车一边提醒我说，融入中国语境固然重要，但是，也必须要坚持你应有的学术担当，应该选择一本德文专著进行翻译。这样做一方面可以锻炼德语阅读水平和中文表达能力，另一方面也能够为基础理论研究做出一些贡献。随着“学术 GDP”之风愈演愈烈，翻译作品已经越来越少了，这也会直接影响到中国民事诉讼基础理论的发展。张卫平老师建议，如果要翻译的话，可以找一本基础性和奠基性的专著。大概在这个时候，翻译哪位德国学者的哪一部著作，就成了时刻萦绕在我心头的问题。按照一般的想法，翻译的专著应该越新越好。但是放眼德国，继续专注于传统民事诉讼基础理论研究工作的学者越来越少了，大多数高水平论著集中在强制执行法或破产法,特别是涉及破产法在公司法层面的影响。[1] 或许可以说,我们还在关心的民事诉讼基础理论问题在德国已经基本得到了解决。由此也可以看出,我国民事诉讼法学发展与德国存在明显错位。这种错位还体现在中国读者对德国民事诉讼法教科书中译本的阅读和理解上。凡是读过中译本的读者,一定不会觉得那是一种愉快的体验。2015 年开始,我在清华大学法学院开设了《德国民事诉讼法概论》课程。大多数同学表示很难读懂教科书,甚至一读就瞌睡。本着学术研究的态度,我们自然要追问,为何中译本很难读。可以找到的参照系是日本民事诉讼法教科书中译本。虽然读这些书也绝对不会是一件轻松的事情,但是,其理解难度或许会比德国民事诉讼法教科书中译本小一些。这可能是因为日本法学用语和表达方式与我国更为接近,而法律德语本身就晦涩难懂。当然,原因也可能是译者较多选择直译而没有冒险用意译的方式转化德语表达。[2] 但是,不能被忽视的原因是读者缺乏德国法背景知识。经过以张卫平老师和王亚新老师为代表的留日学者的不断努力,[3] 中国读者对日本民事诉讼法学著作的背景性知识有了更为丰富和深入的了解。相较之下,我国学者对德国民事诉讼法理论的背景研究还较为薄弱。这或许正是制约德国民事诉讼制度与理论在我国传播的关键性因素。

---

〔1〕 参见[德]施蒂尔纳:《民事诉讼法中法教义学思维的角色》,霍旭阳译,载《复旦大学法律评论》(第 2 辑),第 218 页。

〔2〕 为了解决这一问题,本书的翻译大量选择了意译,大量融入了译者自己的理解,并希望在不产生误解的前提下尽量用中国术语对应德文表达。当然,在这一过程中难以避免的纰漏也构成了这本译著最大的局限。

〔3〕 包括但不限于[日]高桥宏志:《重点讲义民事诉讼法》,张卫平、许可译,法律出版社 2007 年版;[日]谷口安平:《程序的正义与诉讼》,王亚新、刘荣军译,中国政法大学出版社 2002 年版;[日]高桥宏志:《民事诉讼法:制度与理论的深层分析》,林剑锋译,法律出版社 2003 年版;[日]新堂幸司:《新民事诉讼法》,林剑锋译,法律出版社 2008 年版。

由于德国民事诉讼法教科书预设的读者是德国研究者和学习者，因此，对于没有任何争议的共识性内容和背景性知识通常选择一笔带过甚至是只字不提，如当事人主义和辩论原则。我们能够看到的德国民事诉讼法教科书已经不再大书特书当事人主义和辩论原则的重要性。相反，其对于诚实信用原则、法院职权、协同主义会有相当篇幅的介绍。我们基本看不到再有论文高举当事人主义和辩论原则，倒是不时能够看到对于协同主义的讨论甚至是倡导。〔4〕 这是不是说明德国民事诉讼法已经彻底抛弃了当事人主义和辩论原则，转而采取协同主义和职权探知原则呢？如果没有坚实和深入的背景知识，那么，上述已经在我国出现过的误读也就难以被彻底避免了。

这也促使我们反思，德文专著的选择究竟应当以新为美，还是应该以旧为佳呢？我想，这个问题的回答同样无法抛开中译本的受众，特别是我国民事诉讼目前所处的发展阶段。张卫平老师开创的民事诉讼模式论正是着眼于这一问题。〔5〕 我国目前依旧处于并将在相当长的时期内处于职权干预型诉讼模式，当事人主导型诉讼模式依旧是尚未被彻底实现的改革目标。〔6〕 由

---

〔4〕 如［德］米夏埃尔·施蒂尔纳主编：《德国民事诉讼法学文萃》，赵秀举译，中国政法大学出版社2005年版。

〔5〕 参见张卫平：《转制与应变——论我国传统民事诉讼体制的结构性变革》，载《学习与探索》1994年第4期；张卫平：《大陆法系民事诉讼与英美法系民事诉讼——两种诉讼体制的比较分析（上）》，载《法学评论》1996年第4期；张卫平：《大陆法系民事诉讼与英美法系民事诉讼——两种诉讼体制的比较分析（下）》，载《法学评论》1996年第5期；张卫平：《民事诉讼基本模式：转换与选择之根据》，载《现代法学》1996年第6期；张卫平：《转换的逻辑：民事诉讼体制转型分析》（修订版），法律出版社2007年版。

〔6〕 参见张卫平：《诉讼体制或模式转型的现实与前景分析》，载《当代法学》2016年第3期；许可：《论当事人主义诉讼模式在我国法上的新进展》，载《当代法学》2016年第3期；刘哲玮：《论民事诉讼模式理论的方法论意义及其运用》，载《当代法学》2016年第3期；冯珂：《从权利保障到权力制约：论我国民事诉讼模式转换的趋向》，载《当代法学》2016年第3期；任重：《论中国民事诉讼的理论共识》，载《当代法学》2016年第3期。

司法实践做法反推出的中国理论很可能是职权干预型的。因此，我国在相当长的时期内依旧应当坚持的是自上到下的当事人主导型诉讼模式转型，在立法、司法和理论研究中应当特别强调当事人主义诉讼模式的根本要求及其不应被逾越的红线。〔7〕这也同样表明，德国民事诉讼法学的背景知识或所谓共识的确立依旧是我国长期想解决而没有能够彻底解决的问题。也因此，赫尔维格《诉权与诉的可能性》一书副标题中的“当代问题”很可能真正构成我国语境下的当代问题。当然，究竟是否能够以此断定我国与德国的发展错位有 100 余年，〔8〕从而要全盘译介这一时期的德国民事诉讼法教科书和专著，是需要进一步讨论的问题。但是，我国与德国确实存在着发展错位，这或许是毋庸置疑的。

经过以上思考，我基本确定要翻译一本德国民事诉讼法学基础性甚至是奠基性专著。但是，在众多德国民事诉讼法学家中，究竟应该选择谁的哪一本专著？这依旧是个令人举棋不定的问题。对此，我首先想到可以通过断代的方法做范围上的限缩。当代德国民事诉讼法学家中，对我国影响最大的或许是罗森贝克及其弟子。甚至我们眼中的德国民事诉讼法学通说，在

---

〔7〕 反面例证如对罗森贝克规范说的反思以及对各种“现代”学说的推崇。参见任重：《论中国“现代”证明责任问题——兼评德国理论新进展》，载《当代法学》2017 年第 5 期。

〔8〕 以诉权为例，虽然其在我国是发展最早和持续时间最长的基础理论问题，可即便以百余年前瓦赫提出并经赫尔维格发展完善的法律保护请求权论为参照，我国也尚未能完成对德国的超越。而诉权理论转型恰恰是现代民事诉讼法学体系构建的起点，并奠定了发展的基调。这或许可以被看作我国和德国发展错位的根本理论成因。参见任重：《赫尔维格的法律保护请求权论》，载《民事程序法研究》（第 16 辑）（中国民事诉讼法学研究会会刊），厦门大学出版社 2016 年版，第 97～112 页；任重：《我国诉前行为保全申请的实践难题：成因与出路》，载《环球法律评论》2016 年第 4 期。

很大程度上是指罗森贝克及其弟子的学说。对此,罗氏规范说对我国理论研究、司法实践甚至是立法的影响就可见一斑。[9]以罗森贝克及其弟子为断代根据,德国民事诉讼法学至少经历了罗森贝克、施瓦布、哥特瓦尔德的代际传承。与哥特瓦尔德[10]处于同一代的至少还包括莱波尔特[11]、普维庭[12]、施蒂尔纳[13]、吉勒斯[14]等德国当代著名学者,他们的部分专著和论文也已经被译介到国内。考虑到这些学者已经退休或者临近退休年龄,因此,德国当前已经进入到以罗森贝克为起点的第四

---

〔9〕 参见任重:《罗森贝克证明责任论的再认识——兼论〈民诉法解释〉第90条、第91条和第108条》,载《法律适用》2017年第15期。

〔10〕 参见[德]哥特瓦尔德:《对当事人释明义务的释明》,曹志勋译,载《清华法律评论》(第8卷)(第2辑),第206页;[德]哥特瓦尔德:《德国司法判决书中的说理:实践与学说》,曹志勋译,载《苏州大学学报》(法学版)2015年第4期;[德]哥特瓦尔德:《差一点儿就完美了:论德国的民事权利保护体系》,曹志勋译,载《民事程序法研究》(中国民事诉讼法学研究会会刊)(第18辑)。

〔11〕 参见[德]莱波尔特:《德国民事诉讼法50年:一个亲历者的回眸》,吴泽勇译,载《司法》(第4辑);[德]莱波尔特:《民事诉讼与社会意识:以辩论原则为例》,任重译,载《民事程序法研究》(中国民事诉讼法学研究会会刊)(第18辑)。对《民事诉讼与社会意识》一文的评论参见刘哲玮:《怎样建设理想国——〈民事诉讼法与社会意识〉读后感》,载《民事程序法研究》(中国民事诉讼法学研究会会刊)(第18辑);任重:《德国民事诉讼体制转型分析——读〈民事诉讼法与社会意识〉有感》,载《民事程序法研究》(中国民事诉讼法学研究会会刊)(第18辑)。

〔12〕 参见[德]普维庭:《现代证明责任问题》,吴越译,法律出版社2000年版。

〔13〕 参见[德]施蒂尔纳:《当事人主导与法官权限——辩论主义与效率冲突中的诉讼指标与实质阐明》,周翠译,载《清华法学》2011年第2期;[德]施蒂尔纳:《民事诉讼法中法教义学思维的角色》,霍旭阳译,载《复旦大学法律评论》(第2辑)。

〔14〕 参见[德]吉勒斯:《民事诉讼中的上诉审与民事诉讼的审级制度——德意志联邦共和国上诉制度的法政策学、法社会学理论思考》,张陈果译,载《民事程序法研究》(第1辑);[德]吉勒斯:《法学理论观照下的欧洲法律融合》,张陈果译,载《民事程序法研究》(第3辑);[德]吉勒斯:《德国民事诉讼程序电子化及其合法化与"E—民事诉讼法"之特殊规则》,张陈果译,载《民事程序法研究》(第3辑);[德]吉勒斯:《比较民诉法研究》,任重译,载《司法改革论评》(第13辑)。

代学术传承中,如汉斯[15]和斯达德勒尔[16]。那么,在我们目力所及的四代德国民事诉讼法学家之前,是否还有其他学者可能进入我们的视野?对此,张卫平老师的教科书《民事诉讼法学》中的介绍深深打动了我:“基于赫尔维格对民事诉讼法学的突出贡献,他也被尊称为大陆法系民事诉讼法学之父。”[17]经过进一步文献检索,我发现赫尔维格的贡献并不止于德国,而且也对日本[18]和我国台湾地区[19]产生了实质性的影响。沿着这一思路,我开始对赫尔维格产生了兴趣。

二、为何是赫尔维格?

仔细研读教科书、专著和论文的中译本以及我国本土文献

---

〔15〕 参见[德]汉斯、敏茨伯克:《德国民事诉讼法的修改——回顾与展望》,周翠译,载《诉讼法论丛》(第8卷)。

〔16〕 参见[德]斯达德勒尔:《德国法学院的法律诊所与案例教学》,吴泽勇译,载《法学》2013年第4期。

〔17〕 张卫平:《民事诉讼法》(第4版),法律出版社2016年版,第192页脚注9。

〔18〕 以类似必要共同诉讼为例,19世纪的德国将连带债务关系也作为类似必要共同诉讼处理。但随着20世纪初赫尔维格学说的提出,德国和日本通说开始认为,应当将类似必要共同诉讼的范围限制在判决效力扩张的案件内。多数连带债务人为共同被告的共同诉讼只是为了避免产生相互矛盾的判决,并不存在一方的判决效力扩张至另一方的情形。参见段文波:《德日必要共同诉讼“合一确定”概念的嬗变与启示》,载《现代法学》2016年第2期;[日]三木浩一:《日本民事诉讼法共同诉讼制度及理论——兼与中国制度的比较》,张慧敏、臧晶译,载《交大法学》2012年第2期。

〔19〕 吕太郎认为,赫尔维格教授对德国民事诉讼法理论体系之建立有卓越之贡献,其学说并对日本及中国台湾地区诉讼理论,发生极为强烈而深刻之影响。吕太郎引用三月章教授在台湾大学访问时的话:“在文化的各层面可看到如下的共通现象,亦即在某种意义上的一贯体系之理论,一经带进向无学问上、实务上传统可言,而如白纸状之地,则容易强固地造成信仰于该理论立场之情况,且其所存残的紧缚力,较诸在其母国,更为根深蒂固。”参见吕太郎:《民事诉讼之基本理论(一)》,元照出版有限公司2009年版,第191页。

会发现,赫尔维格(也被译为赫尔维希或海尔维希[20])其实是高频词。康拉德·马克西米利安·赫尔维格(Konrad Maximilian Hellwig,1856~1913)[21]是德国著名法学家,主要研究领域为民事诉讼法学。不过,即便不考虑900年来的德意志和欧洲法学家,[22]而仅以德意志帝国的建立,以及被称为帝国法律统一基石的《帝国民事诉讼法》[23]的颁布时间为准,也会感到"民事诉讼法学之父"这一称号的蹊跷。毕竟德意志帝国建国的1871年,赫尔维格年仅15岁。而1877年德国《帝国民事诉讼法》颁布时,其不过21岁,仅仅在大学学习了两年法学。其实,1883年出版教职论文之后,赫尔维格经历了较长时间的沉寂,他甚至都没有参与德国民法典草案的学术讨论。既然赫尔维格根本没有参与制定《帝国民事诉讼

〔20〕 如[德]卡尔·拉伦茨:《德国民法通论》,王晓晔、邵建东、程建英、徐国建、谢怀栻译,法律出版社2003年版,第243页。

〔21〕 对于赫尔维格的生平主要参考德文维基百科,载 https://de. wikipedia. org/wiki/Konrad_Hellwig,最后访问日期:2017年12月15日。

〔22〕 参见[德]克莱因海尔、[德]施罗德主编:《九百年来德意志及欧洲法学家》,许兰译,法律出版社2005年版。本书记载了"德国民事诉讼法之父"莱昂哈特(Gerhard Adolf Wilhelm Leonhardt,1815~1880)。时任普鲁士司法部长的莱昂哈特力排众议,以其一手制定的《汉诺威民事诉讼法》为蓝本制定出《德国民事诉讼法草案》,并推动其颁布和实施。"现代没有任何人像莱昂哈特那样有能力使其所有的法律作品都深深打上其时代的印记"。就此而言,莱昂哈特无愧于"汉诺威民事诉讼法之父"和"德国民事诉讼法之父"的美誉。尽管如此,其依旧只出现在附录中,仅百余字的简要介绍(第511页)。这或许也说明,虽然1877年之后德国已经有名为民事诉讼法的法典,但是作为一门学问,其独立性和学术性还不能与民法比肩。关于莱昂哈特在民事诉讼法立法中的作用亦可参见 Rosenberg/Schwab/Gottwald, Zivilprozessrecht, 17. Aufl., 2010, § 5 Rdnr. 4 ff。

〔23〕《德国民事诉讼法》于1877年1月30日制定公布,于1879年10月1日施行。其与《德国法院组织法》(Gerichtsverfassungsgesetz, GVG)、《德国刑事诉讼法》(Strafprozessordnung, StPO)一道被称为"帝国司法法"(Reichsjustizgesetzen)。德文文献通常以 CPO(Civilprozeßordnung)指称这一时期的《德国民事诉讼法》。现代《德国民事诉讼法》则通常被简写为 ZPO(Zivilprozessordnung)。为了在中文表述上进行区分,译者将 CPO 译为《帝国民事诉讼法》。

法》和《德国民法典》,也谈不上其学说对制定者产生了实质性影响,那么,“民事诉讼法学之父”一名又从何谈起?这也是我最初挥之不去的疑问。

赫尔维格 1856 年 9 月 27 日生于现德国黑森州卡塞尔(Kassel)市附近的小城齐伦贝格(Zierenberg)。1875 年起,赫尔维格在海德堡大学学习法学,后转学至莱比锡大学、马堡大学和斯特拉斯堡大学。1878 年,他在斯特拉斯堡大学获得法学博士学位。[24] 此后,他短暂从事过法官工作。1883 年,赫尔维格在莱比锡大学完成了教职论文(Habilitation),[25] 指导教授为瓦赫(Adolf Wach)。[26] 时任莱比锡大学法学院院长的是温特沙伊德(Bernhard Windscheid)。[27] 随后,赫尔维格在莱比锡大学任讲师(Privatdozent)。

自 1885 年起,赫尔维格先后在罗斯托克大学和吉森大学任副教授(außerordentlicher Professor)。1888 年,他获得了埃尔朗根大学的聘书,任罗马法和民事诉讼法学教席教授,1895 年至 1896 年任副校长。1902 年,赫尔维格任教于柏林洪堡大

---

[24] 德国国家法学的创始人拉班德(Paul Laband,1838 ~ 1918)于 1872 年接受了斯特拉斯堡大学的聘任。赫尔维格在斯特拉斯堡攻读博士学位期间与拉班德出现交集。赫尔维格对法律保护请求权论的发展也受到了拉班德学说的影响。关于拉班德中文介绍可参见[德]克莱因海尔、[德]施罗德主编:《九百年来德意志及欧洲法学家》,许兰译,法律出版社 2005 年版,第 244 页以下。

[25] Vgl. Hellwig, Die Verpfändung und Pfändung von Forderungen, 1883.

[26] Vgl. Felix Kraushaar, Aufbruch zu neuen Ufern: Die privatrechtlichen und rechtshistorischen Dissertationen der Berliner Universität im ersten Drittel des 20, Jahrhunderts im Kontakt der Rechts-und Fakultätsgeschichte, 2014, S. 73, Fn. 175. 赫尔维格在其民事诉讼法教科书的扉页写道:“本书献给鲁道夫·瓦赫”。Vgl. Hellwig, Lehrbuch des deutschen Zivilprozessrechts, Bd. 1, 1903; Hellwig, Lehrbuch des deutschen Zivilprozessrechts, Bd. 2, 1907.

[27] 关于温德沙伊德的生平和学术贡献可参见[德]马丁内克:《德意志法学之光:巨匠与杰作》,田士永译,法律出版社 2016 年版,第 35 页以下。

学。他在民事诉讼法学研究之外还积极投身法学教育改革和公共事务。1904 年至 1905 年和 1911 年至 1912 年,他又两度出任柏林洪堡大学法学院院长。1913 年春,赫尔维格患流感,久治不愈,并于当年 9 月在柏林辞世。

在学术研究方面,经过多年沉淀,赫尔维格直到《德国民法典》立法工作业已完成后才用三本专著作出了回应,它们分别是 1899 年出版的《利他合同》〔28〕、1900 年出版的《请求权和诉权》〔29〕和 1901 年出版的《既判力的本质及其主体范围》〔30〕。三部专著使其声名鹊起,享誉整个德国法学界。1903 年,赫尔维格开始“德国民事诉讼教科书三部曲”的写作。由于“三部曲”的工程过于浩大,赫尔维格先于 1912 年出版简明版民事诉讼法教科书《德国民事诉讼法体系》。〔31〕 在赫尔维格尚未完成德国民事诉讼法教科书第三卷时,他不幸因病离世。〔32〕 总体而言,赫尔维格的研究路径并不侧重法哲学和比较法,而是专注于从罗马法中汲取营养,并以《帝国民事诉讼法》为依据建

---

〔28〕 Vgl. Hellwig, Die Verträge auf Leistung an Dritte, 1899.

〔29〕 Vgl. Hellwig, Anspruch und Klagerecht, 1900.

〔30〕 Vgl. Hellwig, Wesen und subjective Begrenzung der Rechtskraft, 1901.

〔31〕 Vgl. Hellwig, System des deutschen Zivilprozessrechts, 1912. 然而,该书并不包括强制执行程序和特别程序。由于 1913 年赫尔维格病逝,1919 年出版的第 2 册中,特别程序部分和仲裁程序部分由赫尔维格写就,强制执行部分由厄尔特曼(Paul Oertmann)完成(Hellwig/Oertmann, System des deutschen Zivilprozessrechts, Bd. 2, 1919)。厄尔特曼 1865 年出生,是德国民法学家和诉讼法学家。其以交易基础学说(Geschäftsgrundlage)而闻名。并试图调和概念法学和评价法学的对立。厄尔特曼是温德沙伊德的女婿。其交易基础学说也以温德沙伊德学说为基础发展而出。1901 年,厄尔特曼获得埃尔朗根大学的邀请,成为德国民法、罗马民法和民事诉讼法讲席教授。1908 年至 1909 年任副校长。厄尔特曼的中文简介参见[德]克莱因海尔、[德]施罗德主编:《九百年来德意志及欧洲法学家》,许兰译,法律出版社 2005 年版,第 519 页。

〔32〕 Vgl. Hellwig, Lehrbuch des deutschen Zivilprozessrechts, Bd. 1, 1903; Hellwig, Lehrbuch des deutschen Zivilprozessrechts, Bd. 2, 1907.

构德国民事诉讼法学体系。而体系建构的起点,是独立于请求权的诉权。由于诉权概念的歧义性和危险性,赫尔维格转而采用法律保护请求权概念,使其包含判决请求权、强制执行请求权和保全请求权三个重要组成部分。〔33〕

在《德国民事诉讼法教科书》中,赫尔维格尝试以法律保护请求权为基础构建德国民事诉讼理论体系。〔34〕 他坚持"法生规则",而非"规则生法",也即必须以《帝国民事诉讼法》为基准构建德国民事诉讼法学体系,而不能直接套用罗马法和共同法理论。〔35〕 他一方面在纵向上割断了德国民事诉讼法学与罗马法和共同法的脐带,〔36〕另一方面也在横向上使民事诉讼法学从民法的禁锢中解放出来,〔37〕并以罗马法、共同法和法国法背后的民事诉讼基本理念和基础理论为根据,以《帝国民事诉讼法》为契机,塑造出独立的德国民事诉讼理论体系,使民事诉讼法学不再是司法实践的奴隶,而成为源于实践而高于实践的抽象理论表达,并对司法实践起到指引作用。

三、为何是诉权?

诉权是个古老但饱受争议的概念。赫尔维格认为,可以将诉权理解成法律保护请求权的一种表现形式。这样一来,诉权概念就重新获得了生命力。〔38〕 "法律保护请求权"(Rechtsschutzanspruch)

---

〔33〕 Vgl. Hellwig, Klagrecht und Klagmöglichkeit, 1905, S. 1.
〔34〕 Vgl. Hellwig, Klagrecht und Klagmöglichkeit, 1905, S. 4.
〔35〕 Vgl. Hellwig, Klagrecht und Klagmöglichkeit, 1905, S. 66 Fn. 27.
〔36〕 Vgl. Hellwig, Klagrecht und Klagmöglichkeit, 1905, S. 2, 36.
〔37〕 Vgl. Hellwig, Klagrecht und Klagmöglichkeit, 1905, S. 10.
〔38〕 Vgl. Hellwig, Klagrecht und Klagmöglichkeit, 1905, SS. 36, 37.

一词被更为普遍的翻译为权利保护请求权。[39] 从德文文义来看，“Recht”本身有权利和法律的双重内涵。为了区别二者，通常以“subjektiv”和“objektiv”来限定。“Subjektives Recht”直译为主观权利，其含义是权利。“objektives Recht”直译为客观权利，意指法律。因此，从德文文义的角度看，“Rechtsschutzanspruch”译为权利保护请求权和法律保护请求权均不为错。我将其翻译为法律保护请求权的实质性考虑有二。

一是概念的周延性。权利保护请求权的优势是其与民事诉讼目的一脉相承。当事人私权保护是民事诉讼最重要的目的。[40] 而起诉是当事人要求国家保护其权利的具体体现。不仅如此，私权保护的诉讼目的也能够与当事人的现实考量相呼应。因此，权利保护请求权的译法更为普遍。尽管如此，权利保护请求权的译法谈不上周延：权利保护是以普通审判程序为中心的结果，然而这种译法是否也同样适用于财产保全和行为保全案件，是否也能够包容强制执行程序和非讼程序？在普通审判程序中，权利保护请求权是否能适用于消极确认之诉和形成之诉？消极确认之诉中，以民事法律关系和民事权利的不存在为诉求，显然难以称为权利的保护。而对于形成之诉，乃以既有法律关系的变动为趣旨，又是否能够被权利的保护所包含呢？相反，法律保护请求权对于普通审判程序中的消极确认之诉和形成之诉，以及保全程序、特别程序和强制执行程序都有

〔39〕 参见张卫平：《民事诉讼法》（第四版），法律出版社 2016 年版，第 182 页；杨建华著、郑杰夫增订：《民事诉讼法要论》，北京大学出版社 2013 年版，第 196 页；[日]新堂幸司：《新民事诉讼法》，林剑锋译，法律出版社 2008 年版，第 176 页。

〔40〕 参见[德]罗森贝克、[德]施瓦布、[德]哥特瓦尔德：《德国民事诉讼法》，李大雪译，中国法制出版社 2007 年版，第 2 页以下。

较好的解释力。

二是概念的理解力。尽管日本和我国台湾地区采取的权利保护请求权译法并不周延,但也未必会因此引起理解上的困难。然而在我国大陆,权利保护请求权的翻译方法可能引发的风险不容忽视。我国大陆的民事诉讼法学虽然以基础理论的重建为起点,但是在体系尚未完全建立的时候,已经开始出现反体系和一味迁就司法实践的趋势。〔41〕 这导致我们对起诉的理解局限于普通审判程序。而并未将其进一步抽象为民事诉讼法律行为,未能将起诉与诉讼保全申请、强制执行申请等量齐观。〔42〕 因此,对于诉权的理解容易局限在当事人提起诉讼的权利,从而将申请以及贯穿于诉讼进程中的具体要求排除在诉权概念之外。而"诉权 = 起诉权 = 权利保护请求权"的等式也容易使权利保护请求权产生上述局限性。

不过,概念只是为了交流,在一个容易产生歧义的概念和一个生僻的概念表达之间如何取舍,这确实是中国作为民事诉讼基础理论研究的后发国家所必须认真面对的问题。为了便于理解和交流,我也在诉权并不等于起诉权的前提下继续使用诉权这一个早已经约定俗成的并且有丰富文献积累的概念。〔43〕 我最早对诉权概念有较为深刻的印象源于张卫平老师

---

〔41〕 参见张卫平:《对民事诉讼法学贫困化的思索》,载《清华法学》2014 年第 2 期。

〔42〕 参见任重:《我国诉前行为保全申请的实践难题:成因与出路》,载《环球法律评论》2016 年第 4 期。

〔43〕 与冯·施鲁特卡的观点不同,赫尔维格也认为诉权概念是可以继续使用的。只要人们不用民法概念来理解诉权,就可以避免发生混淆。人们在实体意义上理解诉权的错误做法并不应归责于"诉权"这一表达方式。Vgl. Hellwig, Klagrecht und Klagmöglichkeit, 1905, SS. 38, 39.

的民事诉讼课程。那时候我读大学一年级，张卫平老师讲课时说道："如果一个人对民事诉讼没有矢志不渝的爱，那么最好不要轻易去触碰诉权问题，因为我的师弟袁岳就是以诉权作为论文选题，但在几年研究之后，他决定放弃法学。他现在是一名成功的企业家。"作为大一新生，我当时有种初生牛犊不怕虎的冲动，希望今后有一天能用诉权试试自己对民事诉讼法甚至法学的爱有没有那么深。但是，随着对民事诉讼法学的了解逐渐增加，我越发不敢触碰诉权问题。翻译赫尔维格的专著可谓是以另一种方式圆了大一时的"白日梦"。当然，选择赫尔维格的法律保护请求权论，主要还在于它是赫氏民事诉讼法学体系的思考起点，是皇冠上最闪亮的明珠。如果能够掌握赫尔维格的法律保护请求权论，那么，也就能够掌握民事诉讼法学体系化的要领。它不仅是理解当代德国民事诉讼法学最为重要和最深层次的背景知识，而且也冥冥之中为我国民事诉讼法学告别旧传统，实现新体系，以及重塑民事诉讼法与民事实体法的相互关系提供了一把钥匙。[44] 虽然这把钥匙是否能够直接打开中国民事诉讼之门还未可知，但它至少已经是一把钥匙，它已经为打磨出能打开中国民事诉讼法学体系化之门的钥匙提供了最基础的模型。

纵观现代意义上的诉权论，大致经历了三个主要阶段。

第一个阶段的主要任务是与实体请求权脱钩，并以此实现民事诉讼法与民法关系的重塑。诉权理论的产生和发展，正意

---

〔44〕 瓦赫认为，法律保护请求权包含着"为我们打开民法和民事诉讼之门的钥匙"。vgl. Bülow, Klage und Urteil：Eine Grundfrage des Verhältnisses zwischen Privatrecht und Prozess, ZZP 31, 195.

味着民事诉讼法与民法的分离与独立。[45] 1877年《帝国民事诉讼法》制定和颁布时,立法者在法条中径直使用了请求权(Anspruch)这一概念,仅在少数法条中使用诉讼标的(Streitgegenstand)概念。这种做法是诉权与实体权利相牵连的认识结果。在《当代罗马法体系》第5卷中,萨维尼认为诉权是请求权的变形物或派生物(Entwicklungsprozess oder Metamorphose)。[46] 私法诉权论在当时占主导地位。[47] 温特沙伊德将诉权概念剥离出请求权概念的范畴,其认为请求权概念不包括可诉请性(诉权)的因素,[48]并因此被认为是诉权理论的开创者。[49] 温特沙伊德认为,诉权既针对对方当事人,也针对国家。[50] 值得注意的是,诉权的中文表达存在多义性。从罗马法的法律诉讼到程式诉讼再到非常诉讼语境下的"诉权"(actio)经历了从私法权利、程序规则和案件事实相互捆绑的混合概念到侧重于实体权利语义的演变。[51] 在欧陆的共同法时期,人们对actio的理解也并未超脱出捆绑型和实体型的既有

---

〔45〕 参见王锡三:《近代诉权理论的探讨》,载《现代法学》1989年第6期。

〔46〕 Vgl. Savigny, System des heutigen römischen Rechts V, 1841, S. 3; Blomeyer, Zivilprozessrecht: Erkenntnisverfahren, 1963, S. 5; [日]新堂幸司:《新民事诉讼法》,林剑锋译,法律出版社2008年版,第175页。

〔47〕 参见[德]迪特尔·梅迪库斯著:《德国民法总论》,邵建东译,法律出版社2001年版,第67页;[日]新堂幸司:《新民事诉讼法》,林剑锋译,法律出版社2008年版,第176页;Vgl. auch Hellwig, Klagrecht und Klagmöglichkeit, 1905, S. 3。

〔48〕 参见金可可:《论温德沙伊德的请求权概念》,载《比较法研究》2005年第3期。

〔49〕 参见王锡三:《近代诉权理论的探讨》,载《现代法学》1989年第6期;Vgl. Rosenberg/Schwab/Gottwald, Zivilprozessrecht, 17. Aufl., § 3 Rdnr. 5。

〔50〕 Vgl. Windscheid, Die Actio des römischen Zivilrechts vom Standpunkt des heutigen Rechts, 1856, SS. 2 - 3; Blomeyer, Zivilprozessrecht: Erkenntnisverfahren, 1963, S. 5.

〔51〕 参见马丁:《罗马法上的"诉":构造、意义与演变》,载《中外法学》2013年第3期。

认知。[52] 而之所以将温特沙伊德作为诉权论的开创者,主要是因为温氏“诉权”概念已经脱离了 actio 的本来语义,而专指 actio 中含有的当事人可以向法院提起诉讼并获得判决的权利。其与同样基于 actio 概念的实体请求权发生了分离。温特沙伊德放弃了罗马法原则,转而认为只要承认既存民事权利,就有诉的机会。为了请求诉讼保护,只需要提出事实构成,然后由法院进行检验,以确定该事实是否产生值得保护的请求权。也是因为温特沙伊德对 actio 传统理解的背离,由此引发了其此生唯一一次与他人的论战。1856 年,温特沙伊德发表了《当代法律对罗马民法诉权的立场》。1858 年,穆特尔出版论战文章《关于罗马法诉权、当代法诉权、争讼程序和债的单独继受的学说》。他在论文中批判温特沙伊德对重要渊源的理解并不正确而且任意虚构。此后,温特沙伊德以论文《诉权、回应特奥多尔·穆特尔博士》作出回应。[53] 不过,温特沙伊德虽然提出了独立于请求权的诉权概念和理论,但并未在私法之外为诉权找到容身之所。也因此,温氏诉权论依旧只能被归入古老的私法诉权范畴。[54] 尽管如此,温特沙伊德依旧因为其将 actio 区分为请求权(Anspruch)和诉权(Klagrecht)而使德国进入了“诉权 2.0”时代。

第二个阶段的主要任务是民事诉讼法学内部的体系化。

---

〔52〕 参见马丁:《欧陆共同法时代的“诉”:意蕴的纷争与归一》,载《法制与社会发展》2016 年第 4 期。

〔53〕 关于本次论战参见[德]马丁内克:《德意志法学之光:巨匠与杰作》,田士永译,法律出版社 2016 年版,第 42 页。

〔54〕 温德沙伊德认为,诉权只是请求权的结果,而非原因。请求权在法庭的可诉请性(诉权),是请求权的一个侧面。参见[日]新堂幸司:《新民事诉讼法》,林剑锋译,法律出版社 2008 年版,第 175 ~ 176 页。

如果民事诉讼内部没有体系化,那么第一阶段的研究成果也将消失殆尽。在遇到具体问题时,人们还是会借助实体诉权论去思考问题。那时候,与实体请求权成功脱钩的诉权只是一种独立的象征或者美丽的传说:民事诉讼的思想已经超脱于民事实体法,但是其身体依旧在民事实体法中。也可以说,正是民事诉讼体系化的最终形成才使民事诉讼法彻底从民事实体法中脱离出来,而不再是它的附庸。诉权真正成为独立于民法的概念和理论要等到抽象的公法诉权论的出现。抽象公法诉权论的缔造者是德根考布(Heinrich Degenkolb),此学说着眼于原告的权利主张,将诉权具体表述为"要求被告参加诉讼"和"要求法院作出判决"的请求。[55] 不过,该学说也因为内容的抽象、与民法的彻底割裂以及与司法实践中当事人诉求相矛盾等原因饱受争议。正是为了在抽象诉权论之外,仍旧在公法的范畴内找出诉权的表达方式,进而既能够使其贯穿整个民事诉讼、能够呼应现实生活中当事人的实际诉求并能够在审判实践中对民事法律的运用作出有力的解释,瓦赫率先在其著名的《民事诉讼法手册》一书中提出并初步阐释了公法具体诉权论意义上的"法律保护请求权"。[56] 赫尔维格在其伟大的《德国民事诉讼法教科书》中采纳了"法律保护请求权"概念,[57]并以此作为起点,以1877年颁布实施的《帝国民事诉讼法》为参照,构建出德国民事诉讼法学体系。在瓦赫和赫尔维格的倡导下,有

---

〔55〕 Vgl. Hellwig, Klagrecht und Klagmöglichkeit, 1905, S. 3.

〔56〕 Vgl. Wach, Handbuch des Civilprozessrechts Bd. 1, 1885, SS. 19 – 24.

〔57〕 赫尔维格是法律保护请求权论最重要的倡导者。与瓦赫的认识不同,赫尔维格认为法律保护请求权只针对国家,而并不面向对方当事人。Vgl. Hellwig, Klagrecht und Klagmöglichkeit, 1905, S. 20 Fn. 8.

越来越多的德国学者在教科书、专著和论文中支持该学说。[58] 抽象公法诉权论和私法诉权论逐渐被边缘化,法律保护请求权论成为第二次世界大战前德国的通说,并实质性地影响了日本诉权讨论。[59] 赫尔维格认为,民法与诉讼法的彻底分离并非是罗马法的贡献,而是德国法学的伟大成就,这要归功于德国19世纪以来经过漫长的付出和努力才实现的民法法典化。[60] 客观地说,以赫尔维格为代表人物的法律保护请求权论并不仅仅局限于民事诉讼内部的体系化,而且还与民法[61]、国家法[62]、刑事诉讼法[63]等法律部门有机衔接在一起,从而使具有独立框架的民事诉讼法真正融入了德国法学体系。因此,需要率先强调的是,民事诉讼法与宪法以及其他部门法的衔接并非第三阶段的创举,而是第二阶段业已推进的工作。

第三个阶段的主要任务是用人权和宪法权利赋予诉权以新的内涵。第二次世界大战后,基于对战争的反思以及基本法的发展,德国诉权论发展到第三阶段,契机是德国联邦最高法

---

〔58〕 Vgl. Hellwig, Klagrecht und Klagmöglichkeit, 1905, S. 4; Bülow, Klage und Urteil: Eine Grundfrage des Verhältnisses zwischen Privatrecht und Prozess, ZZP 31, 192, Fn 3.

〔59〕 参见张卫平:《民事诉讼法》(第4版),法律出版社2016年版,第182页。

〔60〕 Vgl. Hellwig, Klagrecht und Klagmöglichkeit, 1905, S. 38.

〔61〕 译著和三篇论文的出发点都是民事诉讼法与民法的关系。赫尔维格着力批判的是将民法分析方法套用在民事诉讼法律问题上,如强制执行的法律效果是源于国家还是债权人?强制执行是否以债权的真实存在为前提?错误的强制执行是否会创设出新的债权? Vgl. Hellwig, Klagrecht und Klagmöglichkeit, 1905, S. 18 ff.

〔62〕 赫尔维格认为,法律保护请求权论主要基于拉班德(Paul Laband)理论。而拉班德理论恰恰可以证明,法律保护请求权仅针对国家,而不面向对方当事人。Vgl. Hellwig, Klagrecht und Klagmöglichkeit, 1905, S. 2 und 20 Fn. 8.

〔63〕 宾丁(Binding)曾提出刑事诉权论。究竟在民事诉讼中是否存在着与刑事诉权论对应的概念,这成为赫尔维格与彪罗以及瓦赫之间论战的焦点问题。Vgl. Hellwig, Klagrecht und Klagmöglichkeit, 1905, S. 27 ff.; Bülow, Klage und Urteil: Eine Grundfrage des Verhältnisses zwischen Privatrecht und Prozess, ZZP 31, 200 ff.; Vgl. Wach, Der Rechtsschutzanspruch, ZZP 32, 16 ff.

院的判例,其认为当事人的诉权并不包含要求完全符合实体权利义务状况的判决,其核心内容是程序公正,进而逐步将赫氏诉权论中的实体性诉权要件剥离出去。而在程序保障方面则通过基本法的法治国家原则、公平程序原则和法定听审权原则加以落实,并通过联邦宪法法院判例进一步将法定听审权界定为知情权、陈述权和审酌权三项具体可操作的标准。在第三阶段,赫尔维格语境下的法律保护请求权逐渐失去了其体系化和实质化的属性,甚至可以说诉权已经不再是学界广泛关注的问题。不过,我们或许应当辩证地看待诉权在第三阶段的退场。一方面,正是因为诉权已经衍生出了完整的民事诉讼法律体系,因此,体系的正常运转已经不需要再频繁回到诉权这一体系构建的原点和起点。另一方面,诉权的人权化其实并不是什么新话题,而是在赫尔维格、瓦赫为一方与彪罗、科勒为另一方的世纪论战中就已经呈现出来。[64] 与其说诉权人权化是诉权的新发展,不如说这只是诉权基本共识在宪法中的固定和体现。德国民事诉讼的基本理念和基本原则是否已经被宪法原则所替代?这同样是德国第二次世界大战后集中讨论的问题。施蒂尔纳教授认为,从历史发展上看,程序法基本权利和人权最终无非是对流传下来的程序法基本原则的宪法性继受,而绝非内容上的新发明。程序法基本权利和人权与程序法原则就如同两个同心圆一般运作,前者是其中的小圆,它依附于后者构成的大圆而存在。如此看来,程序法基本权利和人权的繁荣发展提升了原则思维的核心领域的重要性,这也解释了为什么

〔64〕 Vgl. Hellwig, Klagrecht und Klagmöglichkeit, 1905, S. 7 Fn. 18 und S. 26 Fn. 4; Kohler, Der sogenannte Rechtsschutzanspruch, ZZP 33, 211 f.; Bülow, Klage und Urteil: Eine Grundfrage des Verhältnisses zwischen Privatrecht und Prozess, ZZP 31, 203 Fn. 15.

当代程序法的宪法化与国际上原则讨论的复兴并肩出现。[65]这样看来,经由诉权构建体系并最终使诉权消失在体系中,不仅不是诉权的失落,反而是诉权的升华。

四、为何还要翻译三篇论战文章

如果说瓦赫和赫尔维格以及法律保护请求权说其他支持者的论述只是单方面的主张的话,那么,以彪罗的批判性论文为开端,以《德国民事诉讼杂志》(Zeitschrift füer deuschen Zivilprozess)为主要阵地,德国民事诉讼法学展开了历时三年的法律保护请求权大论战。彪罗在《德国民事诉讼杂志》第31卷(1903年)发表长文《诉和判决:有关民法和诉讼法相互关系的基础问题》。虽然该文以法律保护请求权论的支持者施密特(Richard Schmidt)出版的教科书为契机,[66]但其矛头直指瓦赫,特别是赫尔维格在其教科书中对法律保护请求权的论证。[67] 彪罗认为,在赫尔维格之前的法律保护请求权说难谓明确和清晰,赫氏法律保护请求权论可谓严谨的研究。因此,彪罗驳论的主要对象是赫尔维格教科书中的论述。尽管赫尔维格的教科书堪称伟大,其对法律保护请求权的论述新颖精致,但在彪罗看来依旧是站不住脚的。他认为在起诉之前不可能存在要求法院作出判决的请求权,更不要说要求作出有利判决的请求权。这种权利即便在起诉之后也并未即刻出现,毋宁

[65] 参见[德]施蒂尔纳:《民事诉讼法中法教义学思维的角色》,霍旭阳译,载《复旦大学法律评论》(第2辑),第238~240页。

[66] Vgl. Richard Schmidt, Lehrbuch des Civilprozessrechts, 1898; Bülow, ZZP 31, 193, Fn. 5.

[67] Vgl. Bülow, ZZP 31, 191 f.

说要等到审理终结时才存在作出判决的可能性。在此基础上，才谈得上原告或被告对法院享有要求作出对己有利判决的请求权。[68] 该文发表后，法律保护请求权论的开创者瓦赫终于按捺不住了。其在《德国民事诉讼杂志》第32卷(1904年)发表论文《法律保护请求权》，针对彪罗的论证展开逐条批驳。[69] 在瓦赫看来，批评者对法律保护请求权的批评都已经得到了支持者的反驳和澄清；但由于彪罗的论文影响巨大，而且对法律保护请求权的误读甚深，因此不得不专文加以批判。[70] 此后，私法诉权论的捍卫者科勒针对瓦赫的论文写就《所谓的法律保护请求权》，发表在同年的《德国民事诉讼杂志》上。[71] 仅从论文的题目上就能够感受到浓郁的火药味。虽然科勒论文的契机是瓦赫的论文，但其主要内容依旧指向了赫尔维格。科勒认为，抽象公法诉权论已经非常荒谬了，但是比起法律保护请求权论却还具有相当的合理性。[72]

正是在此背景之下，赫尔维格于1905年出版《诉权与诉的可能性：当前民事诉讼基本问题研究》一书，在《德国民事诉讼法教科书》的基础上继续阐述法律保护请求权及其对德国民事诉讼法学的重要价值，并逐项批驳彪罗和科勒为代表的反对意见。在本次大讨论后，瓦赫率先提出的并由赫尔维格发展完善的法律保护请求权论确立了通说地位。赫尔维格构建法律保护请求权论时提出的法律保护必要(Rechtsschutzbedürfnis)等

[68] Vgl. Bülow, ZZP 31, 265 f.

[69] Vgl. Wach, Der Rechtsschutzanspruch, ZZP 32, 1 f.

[70] Vgl. Wach, ZZP 32, 2.

[71] Vgl. Kohler, Der sogenannte Rechtsschutzanspruch, ZZP 33, 211 f.

[72] Vgl. Kohler, ZZP 33, 223 f.

概念成为现代德国民事诉讼法学的必要组成部分。不仅如此,法律保护请求权论还在第二次世界大战后的德国出现过回潮,主要推动者是布隆迈耶(Blomeyer)。[73] 法律保护请求权论在我国台湾地区至今依旧保持通说地位。[74]

综上所述,《诉权与诉的可能性》一书可以被看作赫尔维格在支持者和反对者的各种意见基础上,重新对民事诉讼法学体系构建的起点所做的最详尽和最深入的论述。这也是我在赫尔维格的《诉权与诉的可能性》一书之后,另外翻译三篇奠基性论文的根本原因。通过对比正反观点,有助于读者全面和深入了解赫尔维格的法律保护请求权论。当然,这种安排想要实现的效果还不止于此。

受制于德文文献中译本的局限,我们对德国民事诉讼法的发展曾呈现出若干误判,这突出表现为平面化和社会化。由于德国民事诉讼法中译资料以法典[75] 和教科书[76] 为主,以专著[77] 和论文集[78] 为辅助,这容易使人认为德国民事诉讼法学

---

〔73〕 参见张卫平:《民事诉讼法》,法律出版社 2016 年版,第 182 页;陈荣宗、林庆苗:《民事诉讼法》,三民书局 2013 年版,第 82 页;Blomeyer, Zivilprozessrecht: Erkenntnisverfahren,1963,S. 5。

〔74〕 参见杨建华著,郑杰夫增订:《民事诉讼法要论》,北京大学出版社 2013 年版,第 196 页。

〔75〕 如《德意志联邦共和国民事诉讼法》,谢怀栻译,中国法制出版社 2001 年版;《德国民事诉讼法》,丁启明译,厦门大学出版社 2016 年版。

〔76〕 如[德]尧厄尼希:《民事诉讼法》,周翠译,法律出版社 2003 年版;[德]穆泽拉克:《德国民事诉讼法基础教程》,周翠译,中国政法大学出版社 2005 年版;[德]罗森贝克、[德]施瓦布、[德]哥特瓦尔德:《德国民事诉讼法》,李大雪译,中国法制出版社 2007 年版。

〔77〕 如[德]普维庭:《现代证明责任问题》,吴越译,法律出版社 2000 年版;[德]罗森贝克:《证明责任论:以德国民法典和民事诉讼法典为基础撰写》,庄敬华译,中国法制出版社 2002 年版。

〔78〕 如[德]施蒂尔纳主编:《德国民事诉讼法学文萃》,赵秀举译,中国政法大学出版社 2005 年版。

理论是一种超稳定的存在,进而与我国热火朝天的经济和社会变革存在较大隔阂:这是平面化误解。而教科书和论文集的只言片语,特别是作为社会性民事诉讼代表性人物瓦瑟曼法官的主张,〔79〕又使我国读者误以为德国已经抛弃了辩论原则转而建立起了协同主义,强调法官和当事人的共同作用:这是社会化误解。将正反观点直观的展现在读者面前,可以直接击破平面化误解。德国民事诉讼法学讨论并非一直以来就是一团和气,而是在基本问题上经过激烈的讨论之后,通过立法、司法和理论的选择形成的通说的集合。而在我国,基本问题的激烈讨论也许正在发生,但通说的集合尚未最终到来,甚至近期在诉讼标的和共同诉讼上的解构倾向还在逐步瓦解来之不易但尚不牢固的理论共识。赫尔维格、彪罗、瓦赫和科勒的世纪论战为我们提供了生动的样本,我们或许也可以此为基础畅想中国民事诉讼理论共识的生成之路。而社会化倾向并非我国所独有,彪罗和科勒也在民事诉讼目的上采取了较为偏重社会化的思路,社会化的惯用逻辑和经典表述也出现在相关讨论之中,这集中体现为对民事诉讼的首要目的和任务究竟是否应当限

〔79〕 参见[德]瓦瑟尔曼:《社会的民事诉讼——社会法治国家的民事诉讼理论与实践》,载[德]施蒂尔纳主编:《德国民事诉讼法学文萃》,赵秀举译,中国政法大学出版社 2005 年版,第 76 页以下;[德]瓦瑟尔曼:《从辩论主义到合作主义》,载[德]施蒂尔纳主编:《德国民事诉讼法学文萃》,赵秀举译,中国政法大学出版社 2005 年版,第 361 页以下。当然,我国为何如此容易相信瓦瑟曼的一家之言是德国通说并且以此为据来反推和谐诉讼模式在我国的推广,也是相当值得玩味和反思的现象。参见刘明生:《对协同主义之检讨》,载《民事程序法研究》(中国民事诉讼法学研究会会刊)(第 12 辑),厦门大学出版社 2014 年版;任重:《民事诉讼协动主义的风险及批判——兼论当代德国民事诉讼基本走向》,载《当代法学》2014 年第 4 期。

于保障民事权利的讨论。[80] 不仅如此,我国民事诉讼语境下的实证研究方法也为彪罗和科勒所部分采用,并与赫尔维格和瓦赫产生了直接碰撞,就诉权问题在相关章节引发了德国民事诉讼研究方法之争。[81] 最终,传统民事诉讼目的捍卫了自己的通说地位,而规范研究方法或法教义学克服了来自实证研究的挑战。民事诉讼目的的实现和法学体系化的完成并非实证研究可以承受之重。在民事诉讼法学研究贫困化的当下,我们的首要任务或许是继续坚持规范研究,以模式转型为导向,以

---

〔80〕 彪罗认为,民事诉讼的目的不是私权保护,而是私法秩序维持:"私法规则并没有建立起完全的私法秩序。民事诉讼帮助其实现内部的自洽(innerliche Vollendung)。民事诉讼法律制度的总体任务并不是民事权利的保护,而是国家对于完整的和有生命力的私法秩序进行持续性的维护。只有私法和民事诉讼并肩作战,才能够使法律秩序确定地和持续性地覆盖整个法律生活,才能使私法秩序保持生命力。" Vgl. Bülow, ZZP 31, 270. 瓦赫与彪罗针锋相对,认为:"诉讼并不能创造权利、发展权利和完善权利,而只能够保护权利。诉讼将确定'哪一方当事人有权'。诉讼应当查明现有的权利(vorhandenes Recht),彪罗也完全正确地指出了这一点。诉讼应当将权利从主观上的不明确(subjektive Ungewißheit)变为明确,确定原告现有的权利,这并不是认识论意义上的(erkenntnistheoretisch),而是实际的操作,诉讼因此是权利验证的方式(Mittel der Rechtsbewährung)。判决和强制执行都服务于此,它们并不是为了查明权利(Rechtsvergewisserung),而是希望实现权利(Rechtsverwirklichung)。""然而,诉讼绝不是私法的一部分,也绝不可能担负创造或建构具体的私法法律关系的任务,这只是法律保护行为、判决和强制执行所带来的副产品,而并非其目的本身。" Vgl. Wach, ZZP 32, 3 - 4.

〔81〕 瓦赫认为:"所有方法论上的分歧点背后都是经验主义(empirisch)与形而上(metaphysisch)的对立。彪罗依靠的是外在的具体的诉讼构造(Prozessgestalt)及其发展。""从经验的角度看,判决并不总是与真正的权利保持一致的,不是也有错误的判决和被错误认定的权利,其或许符合诉讼状况(Prozesslage),但并不符合实体法律状况(materielle Rechtslage)。也有判决的内容与诉前存在的请求权的内容不一致。""事实上,这十分清楚和简单,我们并不需要哥伦布为我们展现诉讼问题的解决方案,从对诉讼的了解中导出诉讼的本质及其功能显然是不合适的。""上述问题只有通过形而上的研究方法才能够被解决……我坚信,概念的界定和法律制度的构造,应当以内嵌其中的目的为标准。彪罗也很难否认目的之于法学的意义。虽然目的能否实现受制于需求(Bedürfnis)以及手段的局限性(Beschränktheit der Mittel),但任何法律的形成都是有目的的,是为了目的的实现而存在的。制度的'思想'就是制度本身承载的和要贯彻的目的。" Vgl. Wach, ZZP 32, 4 - 5.

我国民事诉讼法律规范和司法解释为参照,建立体系完整和逻辑自洽的中国民事诉讼法律和法学理论体系。

五、赫尔维格的主要观点

1. 诉权概念的改造

虽然赫尔维格也用到诉权(Klagerecht)概念,但是其开篇明确指出了诉权和法律保护请求权的关系。诉权概念是民法学者在探讨请求权概念时所使用的,本身具有浓厚的民法色彩,因此,在使用诉权概念的时候,容易使人陷入罗马法中的actio和萨维尼、温德沙伊德以及科勒为代表的私法诉权论的语境。此外,在抽象公法诉权论者眼中,抽象诉权与诉的可能性没有本质区别,都是进入诉讼的可能。虽然每个人都可进入诉讼并未被民事诉讼法典明确规定,但这是属于不言自明的问题。这就像虽然并未明确规定民事诉讼的辩论原则,但其却是民事诉讼毋庸置疑的基本原则一样。[82] 因此,诉权概念又可能陷入单纯的诉的可能性理解。而即便在公法具体诉权论的语义之下,诉权概念也并不周延。与权利保护请求权的翻译方法一样,诉权概念存在"诉权—起诉—判决"的逻辑关系,故无法囊括法律保护请求权语义下的保全请求权和强制执行请求权。因此,赫尔维格认为公法具体诉权只是法律保护请求权的子集。虽然在其后的论述中也使用诉权概念,但却是以审判程序为基础对法律保护请求权概念的深入探讨。

尽管法律保护请求权说在第二次世界大战之后成为少数说,但其倡导的对诉权概念的改造却得到了继承。在德国民事诉讼基

〔82〕 Vgl. Hellwig, Klagrecht und Klagmöglichkeit, 1905, S. 75.

础理论中,诉权概念成为了历史,其已经被司法请求权(Justizanspruch)或司法保护请求权(Justizschutzanspruch)所替代。

2. 法律保护请求权的范围

与赫尔维格对诉权概念的改造一脉相承,法律保护请求权的范围并不限于诉权。赫尔维格认为,国家要建立法院并提供司法服务的原因在于,其仅在极小的范围内认可私力救济。即便在私力救济的情况下,也并不允许当事人以自己之力实现权利。这时,必须允许个人向国家设置的司法机构寻求救助。国家提供法律保障的形式有三:一是终局性裁判,判定法律关系的存在与否;二是权利的实现;三是对权利的临时性保护。相应地,法律保护请求权就包含了三个重要组成部分,它们是作为诉权的法律保护请求权(也即赫尔维格语境下的诉权)、强制执行请求权(Zwangsvollstreckungsanspruch)和保全请求权(Anspruch auf Rechtssicherung)。这种在诉讼中要求特定判决的诉权、在强制执行中申请实现特定结果的请求权,以及在假处分和假扣押程序中要求作出临时性法律保护裁定的请求权是公法属性的。这些权利是面向国家的;而且是仅面向国家而不面向个人的。虽然它会影响到对方当事人,但对方当事人却并不是提供法律保护的义务人。这也使这三项权利与作为法律保护动机的民事权利区别开来。不仅如此,要求法律保护的权利也并非是民事权利的后果。以法律保护请求权和民事权利的公私法对立为起点,赫尔维格认为,虽然民事权利和诉权相互作用,但却并非统一体。诉权既不是民事权利的组成部分,也不是它的附属品。[83]

---

〔83〕 Vgl. Hellwig, Klagrecht und Klagmöglichkeit, 1905, S. 2.

3. 诉的可能性与法律保护请求权

虽然论者囿于成长经历和生活环境等因素,会根深蒂固地产生相互对立的观点,但是对法律保护请求权说的批评中,有相当部分学者是混淆了法律保护请求权和诉的可能性。如彪罗和科勒都认为,每个人都具有的可以向法院起诉的权利并不是真正意义上的权利,而只是一种资格、权限或者人格权的表现形式。[84] 因此,法律保护请求权根本就不是权利。其所表达的内容只是作为一个人所自然享有的自由。

而在赫尔维格看来,诉的可能性是法律保护请求权的前提和基础,但并非法律保护请求权本身。根据德国民事诉讼法,任何人都可以通过起诉提出权利主张并获得裁判。通过起诉就能够生成民事诉讼法律关系。[85] 这与刑事诉讼相区别。刑事诉讼的开启有赖于对嫌疑人犯罪行为的充分怀疑。只有检察官提供了这样的理由后,其才能够要求开启刑事审判程序。在民事诉讼中,仅仅是原告向法院主张权利就足以要求法院送达起诉状,并确定辩论期日,以此开启诉讼程序。这并不要求起诉必须达到疏明(Glaubhaftmachung)的程度,不要求原告宣誓自己的起诉是正当的,其也无须为此提供担保。仅仅是起诉,就可以把对方当事人置于被告地位。[86]

4. 作为法律保护请求权的诉权

在具体阐述过法律保护请求权的范畴,并对保全请求权和强制执行请求权专节进行讨论之后,赫尔维格集中探讨了审判程序中的诉权。

---

〔84〕 Vgl. Bülow, ZZP 31, 258 f.; Kohler, ZZP 33, 211 f.

〔85〕 Vgl. Hellwig, Klagrecht und Klagmöglichkeit, 1905, S. 27.

〔86〕 Vgl. Hellwig, Klagrecht und Klagmöglichkeit, 1905, S. 26.

赫尔维格集中讨论了诉权的法律依据。他认为,虽然并非法典中明确规定的概念才能够成为法学中的概念,但是被法典固定的概念无疑更加具有稳定性。诉权恰恰就被广泛规定在法典当中,而且立法中的表述正是在公法具体的语境下使用诉权概念的。如《德国民法典》第 1958 条的表述方式“不能诉”(nicht klagen können)。由于彪罗在抽象公法的意义上理解诉权,因此在他看来这种规定不可理解,应该在今后的修法中删去。但在赫尔维格看来,只要彪罗正确理解了法律保护请求权,他就能够明白法典的意思。[87]

法律保护请求权意义上的诉权和法典所表述的诉权,是以诉的方式要求特定的、能够满足或拒绝原告法律保护利益的判决的权利,因此,它也被称为有利判决请求权。相应地,诉权的类型有三:给付诉权、确认诉权和形成诉权。应当注意的是,赫尔维格并未将诉权局限于原告,而是认为被告亦有诉权。但是,原告和被告的诉权不可能同时存在,要么原告具有,这时会引发肯定其主张的终局判决;要么是被告具有,这时会引发驳回原告诉讼请求的终局判决。[88]

诉权并不同于诉的可能性。每个人都有诉的可能性,但是并非任何人都有诉权。换句话说,并非任何人都有权获得于己有利的胜诉判决。虽然原告通过起诉开启了诉讼程序,并获得了法院的审理,但有利判决的获得还有赖于若干条件的满足:

(1)必须具备当事人的主张(以法律规定的类型和方式)。这类条件被赫尔维格称为诉讼要件(Prozessvoraussetzung)。

---

〔87〕 Vgl. Hellwig, Klagrecht und Klagmöglichkeit, 1905, S. 29.

〔88〕 Vgl. Hellwig, Klagrecht und Klagmöglichkeit, 1905, S. 42 f.

(2)必须被正确地主张。这意味着法律保护请求权的要件存在。这类条件被称为法律保护条件(Rechtsschutzvoraussetzungen)。

(3)法律保护请求权必须在法院面前被主张并得到证明。因为没有全知全能的法官,因此必须设置第三类条件,其内容是判定当事人主张是否有根据。

5. 法律保护条件、诉讼要件与诉的前提条件

彪罗对诉讼要件概念的提出和发展作出了突出贡献,[89]并将诉讼要件理解为"诉讼法律关系产生的前提条件"[90]和"诉讼法律关系有效成立的必要条件"[91]。彪罗的理解可以被视为是广义的诉讼要件,即法律关系产生的前提条件。赫尔维格认为这种理解是多余的,而且并不值得采纳。[92] 在赫尔维格看来,有价值的诉讼要件概念只是作出实体判决的前提条件。诉讼要件可以被进一步分为两大类:一类沿用诉讼要件的表述;另一类则被赫尔维格称为诉的前提条件(Klagvoraussetzung)。[93] 为了避免混淆诉讼要件的含义,上位概念被赫尔维格称为法律保护条件。

〔89〕 关于彪罗的学说和诉讼要件论可参见冯珂:《民事诉讼要件理论研究——以德国法及理论为中心》,清华大学 2014 年法学博士学位论文。

〔90〕 Vgl. Bülow, Die Lehre von den Prozesseinreden und die Prozessvoraussetzungen, 1868, S. 6.

〔91〕 Vgl. Bülow, Die neue Prozessrechtswissenschaft und das System des Civilprozessrechts: Betrachtung aus Anlass von Richard Richard Schmidts Lehrbuch des deutschen Civilprozessrechts, ZZP. Band 27 S. 236.

〔92〕 Vgl. Hellwig, Klagrecht und Klagmöglichkeit, 1905, S. 55.

〔93〕 也被日本和我国台湾学者译为诉讼权利保护要件,但是德文直译为诉的前提条件,特此说明。参见[日]新堂幸司:《新民事诉讼法》,林剑锋译,法律出版社 2008 年版,第 176 页;杨建华著,郑杰夫增订:《民事诉讼法要论》,北京大学出版社 2013 年版,第 196 页。

其中，欠缺诉讼要件时不能作出实体判决。这种情况下应当避免使用“驳回诉讼请求”（Klagabweisung），而是采取“诉讼驳回”（Prozessabweisung）的表述。诉讼驳回主要针对诉讼行为和起诉方式的缺陷。与彪罗观点不同，赫尔维格认为即便发生诉讼驳回，也并非诉讼法律关系自始不发生。这种观点同样是现代德国民事诉讼的通说。[94] 赫尔维格认为，诉讼要件具体包括如下内容：有诉讼行为能力、代理权以及强制律师代理程序中法院批准的律师的签名；诉状送达给有诉讼行为能力的被告或者法定代理人；送达必须以法律规定的形式；诉状内容符合法律规定；诉讼类型必须合法，如诉的合并和反诉；原告向单一的管辖法院起诉。欠缺上述任何要件的后果是诉讼驳回。由于其涉及诉讼法律行为和起诉方式问题，因此确认判断标准的时间是诉讼行为实施的时间点。[95]

诉的前提条件，是指被赫尔维格界定为获得胜诉的前提条件，其与具体的法律状态相联系，从而与诉讼要件并不相同。诉的前提条件又可以进一步区分为实体和诉讼两个层面。

实体层面与诉讼标的紧密相连，是原告诉称或否认的法律关系。根据实体法，不仅仅要判断诉讼标的是否存在，还需要对下述问题作出判定：谁是法律关系的主体；这个案件是否属于行政法院主管或者有先行处置权；被诉称的实体权利是否涉及自然债务（拉丁文：naturalis obligatio）；是否存在撤销权或者其他的反对权（Aufhebungs-oder ein Gegenrecht）等。[96]

诉讼层面则与法律保护请求权相关。当法律保护请求权欠

---

〔94〕 Vgl. Rosenberg/Schwab/Gottwald, Zivilprozessrecht, 17. Aufl., § 2 Rdnr. 3.

〔95〕 Vgl. Hellwig, Klagrecht und Klagmöglichkeit, 1905, S. 57.

〔96〕 Vgl. Hellwig, Klagrecht und Klagmöglichkeit, 1905, S. 61 ff.

缺时,并不引发诉讼驳回,而是引起驳回诉(Klagabweisung)。[97]驳回诉并不是否认原告诉请的实体权利,而只是判决原告不享有诉讼上的权利,不能要求法院保护其民事权利。诉讼层面的前提条件包括:当事人能力;管辖;诉讼实施权;法律保护必要;诉讼抗辩。[98]

由于实体层面的诉的前提条件根据实体法来确定,因此不至于与诉讼层面诉的前提条件和诉讼要件发生混淆。而诉讼层面诉的前提条件和诉讼要件却存在诸多共性,如它们都是根据诉讼法来确定,它们都是作出实体判决的前提条件。但是它们在赫尔维格眼中依旧可以做到严格的界分:

(1)欠缺时所引发的法律效果不同。诉讼要件引起诉讼驳回,而诉的前提条件的欠缺导致诉因为不合法而被驳回(Abweisung der Klage als unzulässig)。

(2)诉讼要件原则上以起诉时为基准时,因为这涉及诉讼行为的必要前提。而诉的前提条件的标准时是判决作出时,因为这是作出实体判决所要求的前提条件。

(3)与诉讼要件相比,诉讼层面的诉的前提条件同样是实体裁判,因此,需要先对诉讼要件加以澄清,之后再考察诉讼层面的诉的前提条件问题。[99]

6. 诉权的体系化价值

赫尔维格在其伟大的教科书中就以法律保护请求权为起

---

〔97〕 赫尔维格认为,与诉讼驳回相比,驳回诉同样属于实体裁判(sachliche Entscheidung)。赫尔维格眼中的实体裁判比现代德国民事诉讼理论以及我国的理解都要宽泛,除了狭义的诉讼要件事项以外,对其他事项的裁判都是实体裁判,因为这些事项都与诉讼标的和具体的法律状况相关。Vgl. Hellwig, Klagrecht und Klagmöglichkeit, 1905, S. 64.

〔98〕 Vgl. Hellwig, Klagrecht und Klagmöglichkeit, 1905, S. 63 ff.

〔99〕 Vgl. Hellwig, Klagrecht und Klagmöglichkeit, 1905, S. 74 ff.

点构建民事诉讼法律和理论体系。这种努力在《诉权与诉的可能性》一书中得以延续。以法律保护请求权为起点,民事诉讼法律体系可以被集中表达为民事诉讼法律关系。令赫尔维格感到困惑的是,恰恰是在德国提出民事诉讼法律关系概念并因此作出伟大贡献的彪罗,却始终站在法律保护请求权说的对立面。[100] 以法律保护请求权为起点,以诉讼法律关系为载体的民事诉讼体系化构建,是最能够契合德国民事诉讼法律规定的。这也是赫尔维格一直以来的努力方向。

就法律保护请求权而言,其产生并不依赖诉讼事实,而是依赖诉讼外的事实。这也构成了赫尔维格和瓦赫为一边,彪罗和科勒为另一边的核心分歧。在彪罗和科勒看来,在诉讼开始之前并不存在所谓的诉权,诉权的产生有赖于当事人的诉讼法律行为,因此,诉权最早也要在起诉时才产生。“不告不理”或者“没有起诉就没有法官”的法谚正是对此最好的证明。而瓦赫与赫尔维格则认为,诉权并不依赖于以起诉为代表的诉讼行为和诉讼事实。起诉并不是诉权产生的条件,而是对诉权的行使。权利的行使不应当与权利的成立相混淆。[101]

如果起诉是对诉权的行使,那么,嗣后认定原告并不具备法律保护请求权时,实际上存在的诉讼是否会在理论上被视为不存在?因为起诉“行使”了并不存在的权利。对此,赫尔维格从两个方面做出了回应:

(1)起诉建立民事诉讼法律关系,但民事诉讼法律关系却并不以起诉的合法性为前提。不仅是审判程序、临时救济程序

---

〔100〕 Vgl. Hellwig, Klagrecht und Klagmöglichkeit, 1905, S. 53 ff.

〔101〕 Vgl. Hellwig, Klagrecht und Klagmöglichkeit, 1905, S. 42.

和强制执行程序分别构成各自独立的民事诉讼法律关系,审判程序中诉讼的不同走向也产生不同的民事诉讼法律关系。当诉讼要件和诉讼层面诉的前提条件存在瑕疵时,并非不产生诉讼法律关系。彪罗的理解显然是错误的。诉讼要件和诉的前提条件只是实体判决的前提条件,而并非是民事诉讼法律关系产生的前提条件。虽然诉讼要件瑕疵引发诉讼驳回,诉讼层面的诉的前提条件瑕疵引起因不合法而驳回诉,但法院的诉讼行为只是拒绝作出实体判决,而并非判定诉讼法律关系不存在。

(2)当诉讼要件和诉讼层面的诉的前提条件并不存在瑕疵的时候,也可能会出现原告欠缺实体层面诉的前提条件的情况。赫尔维格认为,实体判决的作出一定要以法律保护请求权的成立为前提条件。虽然原告的权利诉求被法院拒绝,但被告此时存在着消极的法律保护请求权,即请求法院作出驳回原告诉求的消极诉权。[102] 消极诉权同样是彪罗和科勒集中质疑的理论问题。赫尔维格认为,消极诉权并非随着诉讼进程才出现的,而是与积极诉权一样根据诉讼外的事实产生。法院的判断并非诉权产生的前提条件,而只是对诉权前提条件的证明与判定而已,对此不应当倒果为因。

综上所述,民事诉讼法律关系和民事诉讼进程始终伴随着诉权问题的处理。诉权实现了民事诉讼体系的全覆盖。而对诉权作出判断的民事裁判,则是民事诉讼法律关系终结的标志。也因为诉权不同于请求权,法院审理的直接对象也并非民事权利本身,而是法律保护请求权,只不过实体层面诉的前提

---

〔102〕 Vgl. Hellwig, Klagrecht und Klagmöglichkeit, 1905, S. 47 ff.

条件以民事权利为标准，从而使民事权利和民法与法律保护请求权以及民事裁判之间发生了间接联系。据此，赫尔维格被认为是第一个从诉讼法的角度阐述诉讼标的含义的德国学者。[103] 与此一脉相承，裁判标的也并非实体权利本身，判决的效力因此并不对实体法律关系发生直接影响。民事生效裁判的作用方式原则上限于诉讼层面，而并不会直接变动实体法律关系；例外限于形成判决。[104] 以上理解同样是法律保护请求权相对性的自然逻辑结果，是现代德国民事诉讼法学体系的构建起点。

六、对我国可能的启示

我们为何要研究和了解德国民事诉讼法及其理论？换句话说，德国民事诉讼法及其理论有用吗？从比较法的角度观察，它们作为人类知识宝库的一部分自然是有用的。不过，这种回答无异于隔靴搔痒。这也是本文可能存在的局限。虽然本文第一部分引出的阶段论蕴含着部分有用性的论证，但大部分内容毋宁是在回答赫尔维格法律保护请求权理论之于德国法学的重要作用。用张卫平老师的话反问这本译著，赫尔维格理论能服务于中国民事诉讼法学真问题的解决吗？

目前，我国民事诉讼法学研究面临的挑战集中体现为贫困化，具体体现为民事诉讼法学理论与实践的脱离、研究方法的缺失与失范、研究主体自主性失位、程序与实体的分离。以赫

[103] 参见张卫平：《民事诉讼法》（第四版），法律出版社 2016 年版，第 192 页。

[104] 参见任重：《形成判决的效力——兼论我国物权法第 28 条》，载《政法论坛》2014 年第 1 期；vgl. auch Rosenberg/Schwab/Gottwald, Zivilprozessrecht, 17. Aufl., § 151 Rdnr. 5。

尔维格为代表的法律保护请求权论是否可能成为化解贫困化的良药呢?

民事诉讼法学理论与实践的脱节,也是 1877 年《帝国民事诉讼法》颁布实施之后曾出现在德国的问题。赫尔维格之所以可以被称为民事诉讼法学之父,也在于他有效地解决了理论与实践的脱节。立足于德国民事诉讼法律规定,以法律保护请求权论为起点,赫尔维格构建出了真正意义上的德国民事诉讼法学体系。但不能被忽视的是,1877 年《帝国民事诉讼法》不仅实现了体制的再转型,[105] 甚至是坚决贯彻了带有法式浪漫主义的绝对当事人主义。伴随着 20 世纪初的法律修正,德国逐渐放弃了当事人进行原则,转而建立起职权进行原则,[106] 理由是其并不直接涉及当事人的民事实体权利,也不会使法官丧失中立地位,并且由法院推进诉讼更有利于快速解决纠纷,能够节省司法资源并在结果上有助于权利人快速实现民事权利。反观我国,《民事诉讼法》依旧并将在相当长的时期内处于体制转型中,因此,根据法律规定生成中国理论的途径布满荆棘。

---

[105] 《弗里德里希诉讼法典》(Prozeßgesetzbuch Friedrichs des Großen)(1781)和《普鲁士邦国一般法院法》(Allgemeine Gerichtsordnung für die Preußischen Staaten)(1793)抛弃了普通诉讼的基本原则。这可以被看作是我国诉讼体制转型的反面。德国第二次体制转型发生在短短的几十年后。普鲁士抛弃了职权探知原则,从而再一次恢复了辩论原则的主导地位。除了法国法的影响和社会意识的引导,职权探知原则的空想性也是再次转型的重要原因。《1871 年德国民事诉讼法草案及理由书》第 202 页就写道:"普鲁士诉讼法在最重要的基本原则上与德意志普通诉讼不同,并且构成了其直接的反面……但是在司法实践中这被证明是错误的和无法实现的,因此很快就产生了修改立法的需求。人们可以说,法律发展的历史表明,在所有的诉讼体系中没有任何一个能够像普通诉讼法一样协调统一。"参见[德]莱波尔特:《民事诉讼法与社会意识:以辩论原则为例》,任重译,载《民事程序法研究》(中国民事诉讼法学研究会会刊)(第 18 辑),第 6 ~ 7 页。

[106] 参见[德]罗森贝克、[德]施瓦布、[德]哥特瓦尔德:《德国民事诉讼法》,李大雪译,中国法制出版社 2007 年版,第 539 页。日本法也经历了类似转变。参见[日]新堂幸司:《新民事诉讼法》,林剑锋译,法律出版社 2008 年版,第 289 ~ 290 页。

若不以模式转型为根据实质甄别现行法律规定,其理论化将面临退回职权干预型诉讼模式的严重风险。

在研究方法的缺失与失范以及研究自主化的问题上,德国民事诉讼法教义学的主导地位并非自然形成,而是经过方法之间的竞争和试错得来的。虽然彪罗和科勒部分采用了实证方法,但是此实证与我国目前采取的实证研究之间还有较大差异。彪罗和科勒的实证乃以毫无争议的诉讼法律现象为基础展开的:只有起诉并经审理后,法院才可能并有义务作出实体判决;由此导出,当事人不可能在起诉之前就根据诉讼外的事实产生判决请求权。相反,我国实证研究所根据的是部分法院的部分裁判观点以及调研座谈结果。这些实证内容是否能够与彪罗和科勒采取的诉讼现象推导法同日而语,是否有同样的坚实程度,实在令人怀疑。就民事诉讼法律和法学体系化以及司法裁判的统一而言,规范研究方法或法教义学或许是唯一可行的选择。体系构建的起点是诉权,而我国民事诉讼法教义学目前所面临的困境,其根源或许在于诉权的去实质化;而诉权宪法化和人权化也一定程度上放大了这种风险。

在程序与实体相分离的问题上,我国所面临的挑战同样在德国出现过。我国民事诉讼理论通说认为,诉权和诉讼标的并不等同于实体请求权,也即没有实体请求权的人也能够提起诉讼并获得法院的实体裁判。尽管如此,诉权发展的第二阶段在我国还远未完成。这也直接导致我国目前依旧像第二阶段完成之前的德国,虽然头脑在诉讼法中,但身体还在实体法中。赫尔维格的法律保护请求权论恰恰为程序与实体在我国的彻底分离及其关系的根本重塑提供了最生动形象的先例。体系化之道在于建立与民事实体请求权(也包括民事法律关系和形成诉权)对应的诉权概念,并使诉权概念之于民事诉讼法律体系获得请求权之于民事法律体系的核心地位。在此过程中,不能忽视诉权的局限性。诉权通常指向审判程序,但民事诉讼法律体系尚包含强制执行法律体系、诉讼保全法律体系甚至是非讼法律体系。与请求权对应的诉权概念还应该具有对上述三个子法律体系的统领作用。如果传统的诉权概念无法涵盖上述四个部分,或许我们也不得不转而采用法律保护请求权概念,并使其囊括审判请求权(诉权)、强制执行请求权、诉讼保全请求权和非讼程序请求权。

仅以赫氏法律保护请求权为参照,我国民事诉权理论的研究和建构尚未彻底完成第二阶段。近年来,我国民事诉讼法学在基础理论研究的发展在某种程度处于停滞状态,甚至是解构状态。虽然并不一定要重走德国民事诉讼基础理论的旧路,但对于以诉权、诉讼目的、诉讼标的、诉讼法律关系和既判力为代表的基础理论的持续推进,特别是对于相关问题在应用层面的努力,依旧是无法回避的问题。尽管如此,以规范研究为主导和以体制转型为背景的中国民事诉讼法学体系已经呼之欲出。希望本书副标题中的"当代问题"在我国也真正成为曾经的"当代问题",而不再是当代问题。

第一章　导论（问题的现状）* 1

第一节

国家仅在极小的范围内准许个人动用自己的力量去保护其被损害或受到威胁的民事权益。如果因为事实上或法律上的原因,个人不被准许或者也没有能力用自己的力量去保护其被损害或被威胁的权益,那么他就应当向国家设置的司法机关寻求帮助。国家提供法律保护的内容、提供法律保护的前提条件和法律保护的形式,个人可以寻求何种形式的法律保护以及应当向司法机关证明哪些前提条件的存在,这些基本问题都被规定在民事诉讼法中。

国家提供法律保护的形式有三:一是判定法律关系存在与否的终局裁判(autoritative

---

* 【译者注】本书边码为德文原著页码。正文及其脚注中所列本书页码均为德文原著页码。

Entscheidungen);二是权利的实现(Rechtsverwirklichung);三是临时性的法律保全(provisorische Rechtssicherung)。*

国家通过排除私力救济并规定司法机关应当提供这样或那样的法律保护的前提条件,就等于是承认了提供法律保护是国家的义务,并且赋予个人权利。只要法律规定的法律保护必要(Rechtsschutzbedürfnis)**在具体案件中存在,那么个人就有权利要求国家履行其肩负的法律保护义务。

2 这种"通过诉讼要求特定判决",[1] 通过强制执行申请(Vollstreckungsversuch)要求实现特定结果的"权利"(Berechtigung)是公权利(publizistisches Recht)。这些权利是针对国家的(并且只针对国家),应当将其与希望受到法律保护的民事权利区别开来。它也不只是民事权利的发展阶段(Ausfluß)。一方面,并非任何民事权利人都有这种权利;另一方面,也并非只有民事权利人才享有这种权利。[2] 相反,要求哪个国家履行法律保护义务,就应当根据该国的民事诉讼法独立地判断法律保护的前提条件是什么。民法和民事诉讼法存在最紧密的联系。但是必须被明确的是,(完全有效的[vollwirksam])民事权利和要求法律保护的公权利并不因此浑然一体。要求法律保护的公权利既不是民事权利的组成部分,

---

* 【译者注】Rechtsschutzanspruch 一词在我国被译为"权利保护请求权"。不过,从赫尔维格的本意来看,这一概念不仅包含着对民事权利的保护,也针对没有民事权利之人,如消极确认之诉的原告。不仅如此,法律保护请求权的形式有三种,而不局限于审判程序。综合以上考虑,译者将这一概念译为法律保护请求权。

** 【译者注】Rechtsschutzbedürfnis 一词在我国被译为"权利保护必要"。基于与法律保护请求权这一译法同样的考虑,译者将其译为法律保护必要。

〔1〕《帝国民事诉讼法》第 323 条使用了这样的表述。参见本书第五章第三节。

〔2〕大家只要想一想消极确认之诉和诉讼异议之诉(prozessuale Widerspruchsklagen)就能够得出同样的结论(参见本书第九章)。

也不是它的附属品。

第二节

将“要求国家提供法律保护的请求权”作为具体“公法诉权”的做法主要基于拉班德(Paul Laband)的理论。[3] 具体公法诉权论的对立面主要有两种学说。一种是古老的共同法(gemeines Recht)*观点,这种观点只着眼于罗马法中给付之诉(因为到期债务)的一般情形,将完全有效的民事权利和在特定条件下可以通过诉讼被主张的民事权利及相应的诉权混为了一谈,并且完全误解了诉权的公法本质。[4]

另一种是德根考布(Degenkolb)建立的公法抽象诉权理论 3
(Theorie des publizistischenabstrakten Klagrechts),这种观点只考虑“原告提出的法律要求”(Rechtsgenußverkümmerung),其具体表述为“要求被告参加诉讼”(Anwartschaft auf judicium)和“要求法院作出判决”(Anwartschaft auf Urteil)。[5]

---

〔3〕 Laband,Das Staatrecht des Deutschen Reichs. 4. Aufl. Band 3(以前版本的相关内容在第 2 卷) § 84 S. 349 ff(特别是第 350 页脚注 1)。

* 【译者注】gemeines Recht 在我国也被译为“普通法”。为了与英美普通法(common law)概念相区别,译者将其译为共同法。

〔4〕 诉的必要(Klagerfordernisse)具有公法属性,这早在彪罗著名的论著中就已经被说明了。Bülow,Lehre von den Prozesseinreden und Prozessvoraussetzungen(1868).

〔5〕 Degenkolb,Entlassungszwang und Urteilsnorm(1877). 在同样语义上使用诉权的还有 Plósz,Beiträge zur Theorie des Klagerechts(1880)和 Sohm,Grünhuts Z. 4,467 fg。其他抽象诉权论的支持者参见 Langheineken,Urteilsanspruch,S. 4 fg。

具体公法诉权论*早在《帝国民事诉讼法》**颁布以前就已经收获了越来越多的支持者,特别是在瓦赫(Adolf Wach)[6]对其进行详细论证和辩护之后。具体公法诉权论的通说地位受到了1877年立法的挑战。《帝国民事诉讼法》曾经将可诉性(Klagbarkeit)视为民事权利的组成部分,并且将相应的制度以及与之密切相关的确定力制度(Rechtskraft)原则上交由州立法规定。*** 这种状况现在发生了改变,法律保护请求权理论在德国已经有了坚实的基础,它也获得了越来越多的支持。[7]

---

* 【译者注】赫尔维格认为具体公法诉权论和法律保护请求权论具有同义性。

** 【译者注】《德国民事诉讼法》于1877年1月30日制定公布,于1879年10月1日施行。其与《德国法院组织法》(Gerichtsverfassungsgesetz,GVG)、《德国刑事诉讼法》(Strafprozessordnung,StPO)一道被称为"帝国司法法"(Reichsjustizgesetzen)。德文文献通常以CPO(Civilprozeßordnung)指称这一时期的《德国民事诉讼法》。现代《德国民事诉讼法》则通常被简写为ZPO(Zivilprozessordnung)。为了在中文表述上进行区分,译者将CPO译为《帝国民事诉讼法》。

[6] Vgl. Wach, Handbuch(1885)I § 2;Feststellungsanspruch(1888)S. 15 fg. 瓦赫认为,诉权不仅针对国家,而且针对被告。拉班德(Laband)、普朗克(Planck)、佐伊福特(Seuffert)、朗海尼肯(Langheineken)和我都认为诉权仅针对国家。

*** 【译者注】Rechtskraft在我国也被译为既判力。但在Rechtskraft之下又有形式和实质之分。只有实质上的Rechtskraft才处理一事不再理问题,而形式上的Rechtskraft着眼于裁判的不可撤销和终局属性。因此,译者将Rechtskraft译为确定力,以避免与我国的既判力(实质确定力)概念发生混淆。

[7] 支持者包括:Planck, Lehrbuch des D. Civilprozessrechts Bd. 2 S. 4 fg。(他还区分作为民法概念的诉权和诉讼法上的诉权。民法上的诉权是"能够迫使对方作出特定的民法上的给付的权利"。民事诉讼法上的诉权是"要求国家强制被告到庭和要求国家判令被告承担民法上给付的权利"。)此外还有Schmidt, Lehrb. § 4和"Privatrecht und Prozessrecht"(Freiburger Programm 1903, auch umgearbeitet in Freiburger Anhandlungen Heft 2, 1904), Kipp bei Windscheid I § 122 Note 6, Langheineken, Urteilsanspruch(1899)和Anspruch und Einrede(1903), Stein, Urkundenprozeß 45 fg., in Birkmeyers Enzyklopädie "Civilprozessrecht" § 4, im Gaupp-Stein' schen Kommentar Vorbem. vor § 253和"Voraussetzungen des Rechtsschutzes"(1903), v. Schrutka in Grünhuts Z. f. öff. R. 16 S.

第三节 4

最近,法律保护请求权,特别是作为其表现形式之一的诉权又成了学术讨论的前沿问题。施密特(Schmidt)教科书的出版激起了彪罗(Bülow)对法律保护请求权的批判。[8]我在我的民事诉讼法教科书中曾尝试以法律保护请求权理论为基础构建起(民事诉讼理论)体系,并且在此基础上对诉权的诉讼要件和实体法要件进行了详尽的论述。彪罗也对此进行了深入和尖锐的批评。[9]

瓦赫已经对彪罗的观点进行了反驳。[10]

---

117 和 im Juristischen Literaturblatt vom 15. Sept. 1903 Nr. 147, Seufert Bem. I zu § 253 CPO., Hellwig, Anspruch und Klagrecht(1900) § 22 和 Lehrbuch des Civilprozeßrechts I § 22 ff., Endemann, Lehrbuch des BR. I § 86, Zitelman, Allg. Teil S. 24, Siber, Rechtszwang im Schuldverhältnis(1903)S. 70 fg., Engelmann ZZP. 32, S. 64。斯凯德尔(Skedl)也自认为是瓦赫的支持者,参见 Österreichischer Civilprozeß(1900),但是第一册并没有讨论相关问题。支持者还有保拉克 Pollak, Das österreicische Civilprozeßrecht(1903)I § 1 fg.(这里可以找到更多奥地利民事诉讼法学家的观点)。霍德尔(Hölder)也与这种观点类似,参见 Pandekten I, 323 fg., 332 fg., Krit. V. Schr. 32, 357 fg。最近,他越来越强调诉权的私法属性,参见 ZZP. 29 S. 50 fg., das Klagrecht(Leipziger Programm 1903), überarbeitet auch in Jahrb. F. Dogm. 46 S. 265 fg。

〔8〕 Buchs ZZP. 27 S. 213 fg. 早期的主要反对者是科勒 Kohler, Prozess als Rechtsverhältnis S. 13 fg. 以及经常被引用的 Forschungen S. 71, Ges. Beiträge S. 33 g., Fischer, ZZP. 10 S. 427 fg., Recht und Rechtsschutz S. 73 fg。

〔9〕 Bülow, ZZP. 31 S. 191 fg.,在 Klage und Urteil(1903)一书中也有专门讨论。

〔10〕 Wach, ZZP. 32, 1 fg.

5 几乎与此同时,冯·施鲁特卡(v. Schrutka)[11]也在回应彪罗的质疑并论证法律保护请求权理论的正确性。冯·施鲁特卡的研究表明,彪罗的观点,特别是针对我的学说所提出的一系列质疑都是不正确的,彪罗的观点一定程度上是建立在误解之上的。

我原本计划以教科书的续写为契机详述诉讼法律关系理论以回应彪罗的质疑。诉权理论不仅不会与彪罗提出的不朽的诉讼法律关系理论相冲突,而且与诉讼法律关系一道构成了构建民事诉讼法律体系的两块基石。为了在论战中发声,我出版了本书,因为教科书的续写并不像我所想象的那样快。此外,我们的学说在最近受到了多方面的挑战,对此需要有比教科书更长篇幅的讨论。

魏斯曼(Weismann)在他的教科书中承认自己是法律保护请求权的反对者。[12] 魏斯曼坚决反对针对法院的法律保护请求权并为"实体起诉权限"(materielle Klagbefugnis)辩解。他认为,诉权只针对被告,其内容是"要求对被告的给付义务进行有约束力的确认"。[13]

6 除了这种退回古代共同法实体诉权论的观点,法律保护请求权理论的对面还有更糟糕的学术主张。

早在彪罗的时候,我们就已经发现有一种堂吉诃德式的学

---

〔11〕 Deutsches Literaturblatt vom 15/9. 1903 Nr. 47. Vgl. auch schon in Grünhuts Z. I6,617 fg.

〔12〕 Weismann, Band I, bes. 67 fg. Kohler ZZP. 33 S. 233. 科勒指出魏斯曼的自相矛盾。魏斯曼早前是瓦赫学说最忠诚的支持者,他在瓦赫手册出版之前的专著就是明证(Weismann, Hauptintervention, 1884)。而此后他的观点截然不同。参见 Vgl. Weismann S. 69 Note 10。

〔13〕 Vgl. Weismann a. a. O. S. 67,69.

说出现。这种学说并没有以我们坚持的理论为对象，而是以自己的误解为靶子。他们将我们所倡导的具体诉权论误解为抽象的诉的可能性。[14] 我们也可以由此发现法律保护请求权论跌宕起伏的不幸遭遇，它的真谛不断被曲解，特别是科勒(Kohler)，他在很多作品中支持了他的老对手彪罗出现的误解。[15] 克莱恩菲勒(Kleinfeller)的教科书也出现了彪罗式的误读。[16]

从其他方面也可以察觉到这个问题。科勒以其专著《作为法律关系的诉讼》所发起的论战，虽然看起来是针对瓦赫的，但是其论据只是反对了抽象诉权论。

现在科勒却说，[17] 人们总是混淆具体法律保护请求权和 7
抽象法律保护请求权。但是，我认为并且将会论证出，科勒同样混淆了这两个概念。我曾经建议，将胜诉的前提条件(Voraussetzungen erfolgreicher Klage)称为诉的前提条件(Klagvoraussetzung)。[18] 尽管如此，科勒却以如下理由反对我的观点，[19] 他认为："只有存在法律上的利益时，人们[20] 才能说

〔14〕 我在这里可以举出的论据是，彪罗在 ZZP. 31 S. 258 Note 4 a. E. 中主张，他反对"将兼具实体法和诉讼法要素的诉讼法律概念作为诉讼(!)和判决的前提条件(!)。"(不！诉权并非诉讼的条件，而是胜诉的条件。参见本书第七章和第九章)。鉴于这种完全错误的理解，彪罗的以下见解也就是无法避免的了。彪罗认为，"根据我们的观点，如果随着诉讼的发展，原告被证实并不享有法律保护请求权，这也就意味着这些诉讼根本没有存在过。"(S. 258)

〔15〕 Kohler, Holtzendorffs Enzyklopädie 2, 54, Kohler, Lehrbuch des bürgerlichen Rechts I, 215 fg., Kohler, ZZP. 33, 211 fg.

〔16〕 另一位法律保护请求权的反对者参见 Chiovenda, Saggi di diritto processuale civile. Bologna 1904. I S. 71 fg。

〔17〕 Kohler, ZZP. 33, 220.

〔18〕 Hellwig, Lehrbuch § 22.

〔19〕 Kohler, Enzyklopädie II S. 107.

〔20〕 对于科勒这种无法检验的和怪异的观点，人们渐渐也就习惯了。

存在诉的前提条件,这种观点是不正确的。即便没有这种利益,确认之诉也可以被有效提起,其只不过不能导出胜诉判决。”这种论述不也是混淆了裁判请求权(回应)和有利裁判请求权吗?〔21〕

以此为例,人们一方面可以断定,没有读过原著而更青睐科勒“驳论”的读者对法律保护请求权的认识可能是,并且也只能是多么的不可靠;另一方面也已经相当明确的是,科勒“驳论”所反驳的并不是我们所坚持的观点。〔22〕

8 在克莱恩菲勒最近出版的民事诉讼法教科书中也出现了同样的错误,即对所谓抽象的诉权(每个人享有在法院面前提起诉讼并要求作出判决的权利)和在满足法律规定的特定条件后被赋予的具体诉权(请求作出给付判决以及其他判决的权利)的混同。克莱恩菲勒区分以下层次:(1)“程序意义的公法诉权”;(2)“实体意义的公法诉权”;(3)“民法意义的诉权”(教科书第262页到第263页)。他将第一层次理解为抽象的诉的可能性;第三层次的特征被他表述为:这并非独立的权利,而只是原告对被告享有的实体权利的特殊表现形态。人们在民法请求权的意义上使用这一表达,这与罗马法上诉(actio)的

〔21〕 Vgl. auch Kohler,Lehrbuch I,215/6. 科勒认为,任何人能够把对方拉进法院的可能性是一种基于和平秩序的人格权(Befugnis der Persönlichkeit kraft der Friedensordnung)。“它既不是一种权利,也不是一种请求权。人们因此(!)不能叫它诉权。”

〔22〕 我在这里还可以给出其他证据。在 ZZP. 31 S. 261 中,彪罗认为,我们必须要将诉讼前的给付判决请求权(Theorie vom vorprozessualen Verurteilungsanspruch)和诉讼前的驳回判决请求权(Theorie vom vorprozessualen Freispruchungsanspruch des Beklagten)等量齐观。在 ZZP. 33 S. 212 中,科勒又重复了本书上文脚注 13 所介绍的彪罗的论证,并在第 216 页写到,正如彪罗已经明确指出的,我们必须也要接受驳回判决请求权。如果科勒读过彪罗 ZZP. 31 S. 261 脚注 5 的内容,那么他至少能够获得二手文献,即我们事实上已经接受了这样的请求权,正如本书第七章的内容所展示的那样,这是完全正确的。

概念相似。”而“实体意义的公法诉权”应该是“由瓦赫引入学界的法律保护请求权”。但是，克莱恩菲勒又是如何理解法律保护请求权的呢？在他的教科书中（第262页第一节1，b）可以找到这样的表述：“这种请求权所要求的是国家履行公法上的法律保护职责。它以现有法律状态存续的利益（Interesse am Forbestande der vorhandenen Rechtslage）这一实体根据为前提。”〔23〕我徒劳地问自己，他到底是不是在论证我们所理解的具体法律保护请求权，还是要消灭这个概念呢？无论从以上两个角度中的哪一个去思考，我都无法理解克莱恩菲勒的话。就算人们忽略这一处表述，而是继续读克莱恩菲勒教科书第13章第5节（第46页到第48页），也依旧不能明了我们这位最新的批判者想通过上面引用的句子表达什么。

但至少可以肯定的是，克莱恩菲勒对我们的学说出现了非 9
常怪异的理解。为了向他的读者展示“瓦赫所坚持的法律保护请求权”是什么模样，他将法律保护请求权称为“诉讼法律关系以外的任何人（！）都享有（！）的法律保护请求”。虽然我们已经说了上千遍，法律保护请求并非每个人都有的权利，而只是那些具备国家规定的法律保护条件的人才享有的权利，但这却成了克莱恩菲勒反对法律保护请求权的理由，因为诉讼法“在相当数量的案件中会拒绝强制执行。”〔24〕他认为，“对强制执行的拒绝与任何人享有的法律保护请求权并不相容。例如，在事实上没有执行可能性时，国家就会拒绝强制执行这一最有

〔23〕 要求作出给付判决和离婚判决的法律保护请求权也是如此吗？

〔24〕 不能强制执行的情形也同样欠缺法律保护要件。而以此为前提的（要求强制执行的）法律保护请求权也就不存在！

效的法律保护手段。”[25]

10 当人们在最近出版的教科书和专著中看到作者们对法律保护请求权进行如此的“反驳”时会彻底绝望。没有哪个作者能够做到对诉的可能性和诉权的明确界分。[26] 尽管如此,还是有必要再次探讨诉权和诉的可能性,特别是针对他们自认为致命但却是脱靶的攻击。以此为契机,也可以正面地阐明法律保护请求权概念丰富的内涵,并且能够展示,如何借助对诉讼法律关系的正确理解来全面和坚决贯彻法律保护请求权理论,从而“将诉讼从民法的束缚中解放出来”。[27]

---

〔25〕 克莱恩菲勒引用了其教科书第 7 章第 2 节(第 48 页),但是,在那里我并没有发现进一步论述。为了能够一次性理解克莱恩菲勒的话,我找到了下面的内容。克莱恩菲勒在其教科书第 13 章(第 48 页)说道:“当事人双方都享有要求公正判决的权利;双方当事人要求法律保护的权利,即要求有利判决的权利并不是必要的。”这不仅是不必要的,而且是绝无可能的! 只有双方当事人的一方有权利获得有利判决。通过言辞辩论必须要明确:起诉要么是正当的(也即原告主张的法律保护请求权存在),要么是不正当的(此时被告的法律保护请求权成立)。这才是我们的观点,我们中没有任何一个人坚持克莱恩菲勒所反对的观点,即“每个当事人在具体案件中都有法律保护请求权”。这也能够再次让人发现惊人的真相,克莱恩菲勒未能考虑到回应义务(Antwortspflicht)和法律保护义务(Rechtsschutzpflicht)的不同。任何当事人都有要求回应的权利,但是仅有一方当事人有法律保护请求权。

〔26〕 我偶然发现,在绍特(Schott)的专著(Das Gewähren des Rechtsschutzes im röm. Civilprozess S. 143/5)中也存在我们上文已经批判过的误读,这体现在他对瓦赫的批判中(Wach, Handbuch I, S. 26/7)。其实,瓦赫在他的书中已经严格区分了以下两个概念,即法律保护请求权的许可(Zulassen des Rechtsschutzanspruchs)(给予诉权,拉丁语 dare actionem)和肯定(Bejahen)。许可只是为“开启法律途径”(Eröffnung des Rechtswegs),也即程序的开启,只有在程序中才应对起诉进行裁判。即便如此,绍特却认为瓦赫是从罗马诉讼中导出了他的法律保护请求权概念。基于对瓦赫学说的误解,绍特(第 144 页到第 145 页)认为法律保护早在程式的准许(Gewähren der Formel)中就已经存在,他还指出,早在裁判官听审(audire durch den Prätor)中就存在着法律保护。然而,瓦赫对法律保护的肯定或许有完全不同的理解,即(在给付之诉中)判决被告给付。

〔27〕 与此相反,科勒(Kohler, ZZP. 33 S. 217)恰恰认为:“法律保护请求权也是不正确的。原因在于,法律保护请求权又使诉讼法成为了民法的侍从。”他的出发点是,我们的学说是:“谁有民事权利,谁就应当具有法律保护请求权,并且只有享有民事权利,才有法律保护请求权”! 科勒引用的话当然是错误的,但这却并不是我们的学说。我们的学说离这句话的反面倒是不算太远,正如科勒(S. 218)的自吹自擂,可以说,“我们将作为决定性因素(wirkendes Element)的民事权利从诉讼中剔除出去”。

第四节

11 国家在民事诉讼中对民事案件(bürgerliche Rechtsstreitigkeit)行使司法权,这以个人向国家提出法律主张(Rechtsbehauptung)*[28]为前提。法律主张的目标是获得国家对申请人所主张的或者(在消极确认之诉时)否定的具体法律关系(konkretes Rechtsverhältnis)的法律保护。法律保护的内容要么是基于国家的绝对权威对待裁判的法律关系作出有约束力的裁判[29](也即法律宣示)(Rechtsdeklaration)[30],要么是由此产生的不同类型的权利实现(广义的强制执行),要么是临时性法律保全(通过假扣押或者假处分)。

上述所有情形的共同点是,只有当满足下列条件时,国家才会给予法律保护:

---

* 【译者注】Rechtsbehauptung 通常译为"权利主张"。但是,赫尔维格随后举出的消极确认诉讼请求也被作为这一概念的内容,而在消极确认之诉中并无实体权利的存在,也就谈不上权利主张。基于上述考虑,译者将这一概念译为法律主张。此外,Anspruch 一词既有请求权也有诉讼请求的含义。也是基于这一原因,赫尔维格才在脚注 25 中特别强调此处的 Anspruch 应当理解为诉讼请求。

〔28〕 这里指的是诉讼请求(Anspruch im prozessualen Sinne)。当《德国民法典》考虑到诉讼中的权利主张(prozessuale Rechtsverfolgung)时,也会在此意义上使用这一表达,例如,《德国民法典》第 1958 条以及《德国民法典施行法》(EG. zu BGB)第 6 条和第 253 条。Vgl. Hellwig, Lehrb. I S. 41/2, 150. 克莱恩菲勒最近提出的观点并不正确(Kleinfeller, S. 30 III, 264)。他认为,《帝国民事诉讼法》第 253 条和第 322 条使用的诉讼请求概念是公法上的请求权,是要求另一方(对方当事人)做或者不做一定行为(ein Tun oder Unterlassen zu verlangen)的权利。在消极确认之诉中是"对被告忍受争讼(Bestreiten)的要求。"

〔29〕 必须始终将这样的法律关系("请求权")作为诉讼标的(Prozessgegenstand)。

〔30〕 给付判决也是法律宣示。但这种判决不仅仅只是宣示,其中的命令也使判决成为强制执行所必须的执行名义,除非执行力(Vollstreckbarkeit)根据特别规定被排除(《帝国民事诉讼法》第 888 条第 2 款)。

1. 只有当事人要求法律保护的时候(以法律规定的类型和方式);

2. 当法律保护请求权被正确地主张时,这意味着要求国家提供法律保护(例如给付、扣押、请求作出和实施扣押命令)的前提条件具备时;

12 3. 就法律保护请求权向所在法院进行陈述,并且在必要的时候加以充分的证明。

我将第一类要件称为诉讼要件(Prozessvoraussetzung),将第二类称为法律保护条件(Rechtsschutzvoraussetzungen)。如果我们是无所不知的法官,那么第三项条件就不需要设置,因为在当事人主张法律保护请求的时候我们可以立即判断其法律保护请求权正当与否。

我们尝试在三种法律保护手段中对上述问题一同进行讨论。人们经常习惯于只是讨论法律保护请求与判决作出的关系。我们则希望对三种法律保护手段一起做出回应,进而不用回答法律保护请求权在审判程序中有何意义,在其他两种法律保护手段中的意义又何在。原因在于,后两种情形中的法律状态要简单和明确得多。

需要首先注意的是,当代民事诉讼法认可法律保护请求权的三种表现形式,即诉权(给付、单纯的确认或法律变动[Rechtsänderung]*)、执行权和要求法律保全的权利。当人们

* 【译者注】此处的 Rechtsänderung 直译为“法律变动”。但值得注意的是,它与形成诉权(Gestaltungsklagerecht)同义,而并不与形成权一一对应。只有形成权中的形成诉权,也即以法律明确规定必须以向法院起诉的方式并通过法院的检查性判决才能实现法律变动效果的特殊形成权,才产生形成之诉和形成判决。相反,通过诉讼主张一般形成权只构成确认之诉或给付之诉。详见任重:《形成判决的效力——兼论我国物权法第 28 条》,载《政法论坛》2014 年第 1 期。

将上述三种表现形式纳入法律保护请求权这一共同的称谓时,就能将其界定为针对国家的诉讼权利,即当事人请求司法机关根据相应的主张,针对对方当事人作出于有利于法律保护请求权人的裁判或施加强制力(Zwangsgewalt),从而满足申请人的法律保护需求。

13

第二章 I. 保全请求权（假扣押）

第一节

(假扣押的)诉讼要件在于,假扣押申请必须以《帝国民事诉讼法》第 920 条规定的形式被提出。如果申请人没有诉讼行为能力,应该由他的法定代理人代为提出申请。申请必须向有管辖权的法院(《帝国民事诉讼法》第 919 条)提出。

第二节

法律保护条件。任何人当然都可以提起假扣押申请。一旦提出申请,法院就有义务对此作出答复(Bescheid)。但是正当的申请必须满足如下条件:

1. 被保全债权的存在(《帝国民事诉讼

法》第 916 条）；

2. 扣押理由（Arrestgrund）的具备（《帝国民事诉讼法》第 917 条和第 918 条）。

只有当这种法律保护类型的条件具备时，法律才会说“准予假扣押”。假扣押命令的作出既不是随心所欲的事情，也不是对申请人的怜悯，而是履行法律明确规定的国家义务。如果申请符合法律规定的具体前提条件，就应当被认定为满足假扣押申请；这既是申请人对国家享有的权利，也是国家的义务。通过提出假扣押申请，申请人不仅构造出了国家的保全义务（Sicherung-spflicht），而且也行使了业已存在的针对具体法律保护机关的法律保全请求权，并且使国家得以通过其机构去履行其义务。

这种扣押权的条件部分源于诉讼法中援引的实体权利（《帝国民事诉讼法》第 916 条），部分则直接源于诉讼法规定。

尽管如此，这却是一项纯粹的诉讼权利（并非是被保全债 14
权的发展阶段）并且区别于实体法上的担保给付请求权（Anspruch auf Sicherheitsleistung）（《德国民法典》第 232 条、第 1051 条、第 843 条第 2 款）。

作为诉讼权利，扣押权是面向国家的：申请人通过向国家提出法律保护申请来主张这一诉讼权利。[1] 对方当事人无权提出这种法律保护申请。法律保护申请所要求的是国家的帮助（通过作出扣押命令），而对方当事人必须容忍国家对申请人的帮助，但这并不是债权人对债务人享有的实体权利的结

〔1〕 起诉时，法律保护申请的方向会被掩盖住，因为原告必须要推动（向被告）送达法律保护申请。参见本书第七章。

果,而是债务人必须服从于国家权力的表现。

第三节

只有当扣押条件被满足时才产生扣押权。但是,《帝国民事诉讼法》却为扣押申请人提供了如下可能,即可以只通过对扣押条件进行疏明(Glaubhaftmachung)或者通过提供担保(Sicherheitsleistung)就能够获得扣押命令(《帝国民事诉讼法》第921条)。申请人对假扣押申请自担风险。如果最终结果表明"扣押命令是不正当的",或者换句话说:扣押申请人并无扣押权,那么,他必将[2]承担损害赔偿责任,因为他利用了假扣押这种可能,且通过扣押命令的作出和执行损害了对方当事人的权利。

第四节

扣押权构成了对紧急救助权(Nothilferecht)的有益补充。《德国民法典》(第229条)出于"自力救济"(Selbsthilfe)[3]的考虑规定了紧急救助权。

---

〔2〕《帝国民事诉讼法》第945条。第717条、第600条、第302条包含了类似的法律规定。在穷尽认知手段后进行的强制执行则有所不同,第541条规定的情形也是如此。这里以"债权人"的过错(Verschulden)为必要条件。

〔3〕这也是《德国民法典》第226条之前的标题(Überschrift)。

扣押权是针对国家而设立的。国家规定扣押权是因为国 15
家原则上禁止自力救济。而紧急救助权则都是针对个人而设立的(有义务为或不为或容忍)。紧急救助权的行使是对个人采取强制手段(Zwangshandlung),其要件是:(1)请求权;(2)请求权受损害之虞;(3)不能及时获得国家救助。

在内容上,《德国民法典》第229条的紧急救助权并非是能够引发自我满足的权利(ein Recht zur Selbstbefriedigung)。例如,取走物或者抓住义务人后,总是必须立即寻求强制执行或者扣押(《德国民法典》第230条)。如果说假扣押只是临时性保全,那么自力救济行为就只能是对临时性措施的临时性措施:假扣押命令及其执行必须紧随其后,权利人的权利只有经过国家的强制执行才能获得满足。[4] 如果某一条件不具备,那么权利人在这里也绝对要承担损害赔偿责任。

扣押权是国家赋予当事人的权利,在我看来这从未被质疑过。难道假扣押权不是一项权利吗?难道(与法律保全相比)能够带来终局结果的权利在法律上还不如只能引发临时保全措施的权利吗?

---

〔4〕 Vgl. Hellwig, Lehrb. Band Ⅰ § 32, Ⅲ. 最近科勒在教科书(Kohler, Lehrb. Des BR. Ⅰ S. 229)中主张,如果不能及时获得法院的救助,可以通过自力救济实现假扣押的效果。这种表述是错误的,至少是不准确的。

第三章　Ⅱ. 执行权（执行请求权）

16 在本书看来，法律保护请求权具有公法属性，是依赖于特定条件的权利，据此可以要求国家动用强制力帮助权利人实现其债权。[1]

第一节

这里的诉讼要件也非常简单：由有诉讼行为能力的“债权人”（Gläubiger）向有地域（örtlich）和事务（sachlich）管辖权的执行机关以恰当的形式提出申请（也包括文书的

〔1〕 从广义上讲，执行还包括形成权（Recht auf Rechtsänderung）的实现。形成权直接通过判决就能被实现。此外，还包括法院裁判中所涉及的命令（Anordnungen）的执行，例如，为了实现（诉讼）异议权（Widerspruchsrecht）而作出的命令（如执行措施的撤销，《帝国民事诉讼法》第 771 条和第 796 条）。后一种类型的裁判也可以是临时可执行的，可类推《帝国民事诉讼法》第 708 条第 5 项。Vgl. näher Hellwig, Lehrb. I § 9, III.

递交)。

第二节 法律保护条件

1. 这里也十分明确的是,任何人都可以向执行机关提出执行申请。但是同样可以肯定的是,只有申请人有执行权(exekutionsberechtigt)时,他的执行申请才能获得批准,即诉讼法中规定的对其有利的法律保护手段的构成要件存在时,特别是(有执行力的正本[vollstreckbare Ausfertigung])执行名义。

2. 当具备上述构成要件时,债权人享有执行权(执行请求权)。

第三节 执行权

借助私法请求权,权利人只是有权要求义务人履行[2]并由此 17
产生相应的法律后果。但是义务人并不因为请求权的存在[3]

---

〔2〕 承租人也是如此。如果租赁物已经交付给承租人,那么他就是占有人。因为占有权(Besitzrecht),他有了比单纯的请求权人(Inhalber eines Anspruchs)更为特殊的法律地位(不仅是占有保护,而且也针对新的所有权人)。作为债务承担(Verpflichtungsübernahme)的出租并不是处分(keine Verfügung);在占有转移(Überlassung des Besitzes)时或许存在处分。

〔3〕 家事法律关系中则有所不同。父亲或监护人(Vormund)不仅有要求服从的权利(Anspruch auf Gehorsam),而且对孩子有直接的控制权(ein unmittelbares Herrschaftsrecht)(《德国民法典》第1631条)。当第三人侵犯这种权利的时候,父亲或监护人可以(以自己的名义[拉丁文:suo nomine])向第三人主张他对孩子并无管理权(《德国民法典》第1632条、第1686条和第1800条)。

而受到债权人的支配。给付标的物(der zu leistende Gegenstand)更是如此。即便在紧急情况下,权利人动用“自力救济”也并不会自动实现其权利。正如在本书第二章第四节已经论述过的,《德国民法典》第229条只是允许临时和即时的扣押行动(Arrestschlag),从而合法地补充国家的扣押措施。但自力救济并非代替了国家的履行强制(Surrogat des staatlichen Erfüllung-szwangs)(也不是暂时性的替代!)。原则上只有在根据诉讼法获得可执行的给付判决后,债权人才有要求强制履行的权利。除了判决,当然还包括一系列其他的执行名义,如诉讼和解(gerichtlicher Vergleich),还包括《帝国民事诉讼法》第794条第5项规定的可执行证书(vollstreckbare Urkunde)以及其他执行名义。

执行权(Vollstreckungsrecht)存在于以民法请求权为前提的给付判决中,存在于诉讼和解或者证明债权存在的可执行证书中,但是执行权与相关的实体权利既不同一,其也并非实体权利的特征(Eigenschaft)或者它的发展阶段。

18 1.执行权的内容在于,人们可以推动国家机关运用其强制手段(Machtmittel)创造义务人必须履约的法律和事实状态,以实现判决等执行名义中确定的民法请求权。强制执行因执行权利人(“债权人”)的申请而启动,其是为了保护权利人的利益,因此,其对“债务人”不利。但是,债权人并不能自己去执行,也不能通过代理人以他的名义去执行。只有国家才能强制执行,因为只有国家才有强制手段。国家通过执行法院(Vollstreckungsgericht)和其他被指定的机关来运用强制手段。一种极其牵强附会的观点可能会认为,强制执行的效果“依赖于原告这一发动者(Urheber)”。[4] 不!凡是对概念有清晰认识的人就会认为强制执行法院才是债权扣押(Pfändung der Forderung)的创造者,也是因为法院才使申请人获得了扣押质权(Pfändungspfandrecht)。被我们所批判的观点的错误根源在于,它的支持者没有能够从民法分析方法(privatrechtliche Betrachtungsweise)的束缚中解放出来。事实上,一种很流行的民法观点认为,当事人可以通过在法律关系中的意思表示(Wille),经由第三人对权利加以构造,此第三人被视为该当事人的代理人,法律效果的发动者依旧被认为是被代理的当事人。因为扣押是对申请人产生法律效果,因此,申请人本身必定是法律效果的发动者!同样,以下观点也是源于其采用了民法分析方法,其认为民事诉讼法律关系(通过诉讼程序所建立的法律关系的总称)只发生于当事人之间。[5]

2. 强制执行权的内容。强制执行并不属于私法规范,其被 19
规定在诉讼法中。判决(也包括具有临时可执行性的判决)或者其他执行名义产生的强制执行请求权应区别于被强制执行的民法请求权。强制执行请求权在执行名义的强制执行力消灭之前均有效力。[6]

---

〔4〕 魏斯曼这样认为。参见 Weismann, Lehrb. I S. 67, Kohler, ZZP. 33 S. 234。

〔5〕 对此参见本书第十章。

〔6〕 (与《帝国民事诉讼法》第 732 条的情形不同)这一般以判决的形式出现,即通过提出异议之诉(Widerspruchsklage)(“执行反对之诉”[Vollstreckungsgegenklage])引发的判决。如果债务人在支付被判债务(Judikatsschuld)之后根据《帝国民事诉讼法》第 767 条提起诉讼,那么他并未主张民法上的权利,其诉讼标的乃是“异议权”(Widerspruchsrecht)。异议权是诉讼法在特定的实体权利状况下赋予当事人的。异议权通过能够撤销执行力(因此是形成性的!)的判决被实现。因此,异议之诉并非确认之诉。Vgl. Hellwig, Anspr. u. Klagr. S. 491 fg., Lehrb. I § 62, Kisch, Beiträge zur Urteilslehre S. 165 fg. 也见本书第九章。

"执行权的产生并不以对债务人存在债权为前提,也不会因为在颁发有执行力的正本时错误地以为满足了所有前提条件而受到阻碍。这种公法权利的存续也不会受到以下因素的妨碍,例如,其所依据的债权的消灭或者效力受到限制,因此,对债务人行使债权是不正当的。"[7]

20 人们在综合以上内容后可以得出:要求强制执行的权利并不针对债务人,[8]它也并非私权利,而是诉讼法和公法权利。它是针对国家的权利,因为国家禁止自力救济,但是,只有诉讼法规定的特定条件得到满足时,国家才通过其强制执行机关来履行这一强制执行义务。如果我有强制执行权,这并不意味着国家需要立即执行,而是意味着如果我要求的话,它就应该执行。如果我现在向执行机关提出申请,我并非由此才使国家负

---

〔7〕 这段话摘自我的专著《请求权与诉权》(Hellwig, Anspr. u. Klagr. S. 492)。摘录这段话的目的是展示科勒批判法律保护请求权时,他反对的到底是何种权利(Zeitschr. 33 S. 217),"当人们(!)说:谁有民事权利,谁就有诉讼请求权,他就已经打开了后门,并把民法又一次塞进了诉讼当中。"我所坚持的观点恰恰与"有民事权利的人才有执行请求权"(S. 234)相反。"现代民事诉讼法"并不认为"只有确定判决才能强制执行",其绝不同于科勒在这里所讲授的诉讼法。

〔8〕 要求强制执行的权利也并非既针对债务人也针对国家。这种观点源于瓦赫,他认为法律保护请求权同时针对对方当事人,它要求对方当事人忍受法院的法律保护行为。我们的观点与瓦赫的观点(Handbuch I S. 1916, Feststellungsanspruch S. 31 fg.)有实质性的区别。拉班德(Laband, Staatsr. 4. Aufl. Band 3 § 84 S. 351)也不同意瓦赫的观点,他简要和正确地指出,并不存在服从国家权力的义务,而仅存在服从国家权力的法律状态(Rechtszustand)。如果存在服从国家权力的义务,那也绝不是个人要求对方忍受这一权利(Recht auf Duldung)的结果。如果债务人不服从执达吏(Gerichtsvollzieher),那么他就是在与国家权力作对。我们所反对的观点也并不能从容忍强制执行的判决(Verurteilung auf Duldung der Zwangsvollstreckung)中得到支持(如《帝国民事诉讼法》第737条、第739条、第743条和第748条)。法律选择的表述方式只是表明了有限责任(beschränkte Haftung)。Vgl. Hellwig, Lehrbuch I § 33 Note 35 fg. 也见本书第七章第44页脚注7。【译者注】本书所指页码都是德文原著页码,而不是中译本页码。

有强制执行义务,[9]我只是在行使早已存在的要求强制执行的权利而已。

只有针对执行机构的强制执行申请才能启动强制执行并 21
实现其民事权利。[10] 申请在债权人和其选择的国家机关之间构建出诉讼法律关系。即便执行申请不正当,也并不妨碍这种诉讼法律关系的建立。

彪罗旗帜鲜明地反对这种观点。他一方面承认执行权这一法律保护请求权的表现形式,[11]然而,另一方面,他又因为下述理由反对诉权。他认为,如果诉权存在,那么法官就有义务在当事人还未起诉的时候作出判决。[12] 这样的诉权不可能存在,因为人们只有在诉讼结束时才能判断给付判决和其他判决所依赖的前提条件是否存在,其无法在诉讼开始时做出判

---

〔9〕 泽克尔(Seckel,Gestaltungsrechte S. 249)是这样理解的,他将法律保护请求权理解为“法律上的能”(rechtliches Können)这一公法权利,而没有错误地建议将其理解为形成权。相同观点还有魏斯曼(Weismann I S. 676)。在我看来令人讶异的是,有作者在他关于确认之诉的专著中将其理解为与现存法律关系相联系的形成权。那么消极确认之诉的现存法律关系是什么呢?

〔10〕 这种只有当权利人“要求”的时候债务人才需要履行也才能够履行的请求权在民法领域中也是存在的,如《德国民法典》第 259 条“清偿宣誓”(Offenbarungseid)。朗海恩尼肯(Langheineken, Anspruch und Einrede S. 101 fg.)建议对此使用“克制的”(verhalten)请求权这一表达方式。这并不是附条件的请求权,不意味着只有在要求时才产生,而温德沙伊德(Windscheid I § 107)则认为,诉权是这种类型的民法请求权。冯·施鲁特卡(Schrutka a. a. O. § 1 Note 6)也认为诉权是附条件的请求权。“要求”构成了业已存在的请求权的一个发展阶段,并且与民法领域中撤销权的行使相区别,因为撤销权的行使产生了原物返还请求权(Ansprüche auf Rückgabe einer weggegebenen Sache)等权利(具有溯及力)。

〔11〕 Bülow,Zeitschr. 31 S. 201 Fn. 18. 其承认或许表明彪罗并未能明确区分我们所主张的具体的和依赖于个别法律状态之特定构造的诉权和抽象的诉的可能性。提起不正当的执行申请(Exekutionsanträge)和提起不正当的诉根本没有什么不同。只是前者在事实上比较罕见,因为它要求存在被公文书确认的执行名义,而诉权的前提条件可以用任何证据加以证明。因此,存在诉权这一主张更可能是错误的或者无法被证明的。

〔12〕 Bülow,a. a. O. S. 197.

断,更不可能存在诉前的(vorprozessual)权利,[13]因此,他认为我们的观点是不正确的。他认为,如果诉权在诉前就发生,那么就会引发错误判决。[14] 这在强制执行中是什么样子呢?不是同样存在错误的执行或者错误的拒绝执行的情况么?同样不是也存在不合法的或者不再合法的上诉吗?

22

第四节

我们由此区分被执行的私权利和公权利。正是因为这种公法权利,申请人才能要求国家动用其强制力实现执行名义中确定的债权。这种观点与法律规定完全一致,我们可以举出《帝国民事诉讼法》第 866 条,其中有如下措辞:"债权人'可以要求'(kann verlangen)实施多种执行措施中的一种或者多种。"

以权利的内容和义务人(债务人还是国家)作为判断标准,不仅可以识别出两种权利,也能够对重要的具体问题作出正确判断。

1. 我曾经提到,是否会通过扣押赋予启动扣押的债权人以担保(Sicherung)(《德国破产法》第 30 条第 2 项)。这个问题应该被肯定。[15] 真正的理由是,债权人即便有破产之虞依旧有针对国家的公法上的执行请求权,但是,其并不根据执行名义对债务人享有(也即私权属性的)担保权(Sicherungsrecht)。

〔13〕 彪罗喜欢这种表达方式,而不将其称为先在的权利(Präexistente Rechte)。这是一种在语言上和内容上均不正确而且很容易对其所批判的理论产生误读的表述。

〔14〕 本书将在第十章继续讨论这个问题。

〔15〕 So auch RG. 10 S. 33,32 S. 66.

私法请求权只是在可撤销性(Anfechtbarkeit)这一问题上起决定作用。[16]

2. 也只有坚持两种权利的严格区分,才能够对以下情况作出正确判断,即我在启动强制执行的时候虽然是诉讼法上的"债权人"(=执行权利人),但在私法上却没有请求权。如果执行权是面向债务人的,那么,根据"行使自己的权利,不去伤害他人的"(拉丁文:qui iure suo utitur,neminem laedit)这一罗马法谚,当然就不能说"债权人"因为不正当的强制执行而承担损害赔偿责任。[17] 但毫无疑问的是,债权人要承担损害赔偿责任。而在临时可执行(《帝国民事诉讼法》第717条)或者根据保留判决(《帝国民事诉讼法》第302条、第600条)申请强制执行的情况下,债权人也要承担损害赔偿责任。[18] 而在确定判决执行后其因为回复原状之诉(Restitutionsklage)被撤销时,只有在申请人有过错时才承担损害赔偿责任。[19] 从我们的观点出发,这里并不存在矛盾,因为执行权只是针对国家的诉讼权利。 23

国家对债权人负有执行的义务。对"债务人"的强制执行并不必须借助于其对于债权人特别的容忍义务,而只是表明债务人必须要服务于国家权力。由此,很有可能出现在诉讼法上 24

---

〔16〕 Vgl. auch KO. § 35,Anf. Ges. § 6.

〔17〕 尽管人们普遍正确地认为,在概念上没有针对正当防卫权(Notwehrrecht)的正当防卫权,科勒(Kohler,Lehrb. I S. 224)却认为在紧急情况下,受到威胁的任何一方都有权在必要时杀死对方。事实上只有获得胜利的人才是有这种"权利"的人。法律不能允许这种自相矛盾的权利存在。科勒得出的结论恰恰是,当两个遭遇海难的人为了救生木板搏斗的时候,任何人都没有权利把对方推到潮水中,但是这么做了的人却是无罪的。

〔18〕 到底这种绝对责任(unbedingte Haftung)可以扩展到多大范围,这是个有趣的问题。(如根据《帝国民事诉讼法》第727条由书记官颁发的没有被判决确定的执行文得到了执行。)在这里不再讨论。相关问题的总结参见 Hellwig, Civilprozesspraktikum 2. Aufl. Nr. 210。

〔19〕 《帝国民事诉讼法》第541条也是同样的情况。

合法,但在实体法上(对于“债务人”)看起来违法的情况。“债权人”没有债权就属于这种情况。[20]

第五节

从这一基本观点出发,可以引出独立的强制执行规范体系。它必须建立在以下基本思想的基础上:一方面,必须规定执行权的前提条件,另一方面,必须规定(被主张的)执行权的行使程序以及权利被认定为存在时的实现程序。即便是与概括执行权(Recht der Generalexekution)无异的破产权(Konkursrecht),也能够从这种观点中得出正确的体系结构(systematische Gliederung):(1)处于最顶端的是开启破产的前提条件理论(符合破产的财产状况,本国管辖权等)。[21] (2)然后,还必须规定开启破产的效果(宣告破产人、破产管理人和

---

〔20〕 只要确定判决依旧存在,“债务人”就不能主张损害赔偿,因为确定力使损害赔偿请求违背了判决的内容(拉丁文:contra rem judicatam),从而不能得到审理。当判决被撤销后就可以提起损害赔偿之诉。错误判决虽然依旧产生执行权,但并没有因为错误认为债权存在的判决而创设出债权。科勒则持完全相反的观点。判决“应该替代任何一种其他形式(的权利获得?)”“它应该引起土地所有权的转移”(Enzyklopädie 2 S. 44);“它创设了本来不存在的权利”(Lehrbuch I,S. 216)。这些句子被作为绝对真理(apodiktische Gewissheit)加以论述。(判决这一)最重要的诉讼行为(Prozeßakt)的实体法和诉讼法效果有所不同。正确的理解是,确认判决在诉讼标的方面的作用和结果只是对其描述的法律状态不能再行争议(Unbestreitbarkeit der deklarierten Rechtslage),这本身并未产生实体法上的变动,也即既没有“导致土地所有权的转移”,也没有使没有权利却主张自己有权的“债权人”获得债权。参见本书第十章。

〔21〕 债务人自己可以申请破产程序,在满足条件时就可以要求(启动破产),这并不与我们的观点相违背。启动破产也是宣告破产人(Gemeinschuldner)避免个别执行(Einzelexekution)的手段,借此其可以使自己的利益与债权人群体(Gläubigergesamtheit)的利益获得同样的保护。正是考虑到维护债权人群体的利益,法律经常将开启破产的申请规定为义务。

债权人的地位)。(3)破产财团(组成部分、撤销、财团债务)(Masseverbindlichkeiten)以及最后要规定。(4)程序的形式和进程(Form und Gang des Verfahrens)。

25 Ⅲ. 作为诉权的法律保护请求权

第四章 1. 诉的可能性

第一节

根据现行民事诉讼法，任何人都可以通过起诉(Klagerhebung)提出法律主张，要求法院作出裁判，以此也创造出了诉讼法律关系。刑事诉讼则不同，至少刑事审判程序(Hauptverfahren)的开启有赖于对“被告人”(Angeschuldigte)犯罪行为有充分的怀疑。[1]只有在检察官提供了这样的怀疑根据(Verdachtsgründe)后，他才能要求启动刑事审判程序。

26 但是在民事诉讼中，仅仅提出法律主张就足以要求法院送达起诉状(通过指定辩论

---

〔1〕《德国刑事诉讼法》第 201 条(StPO)。在没有足够嫌疑的情况下不应提起控诉(die Erhebung der Anklage)。但是法律当然并不保证这样的事情不会发生。

期日)并启动诉讼;这并不要求疏明(Glaubhaftmachung),不要求宣誓(Kalumnieneid)也无需担保(Sicherungsleistung)[2],就可以把对方置于被告的地位,使他开始考虑如何对不正当的攻击进行防御,在州法院的诉讼程序中还需要聘请律师。

不同处理方式的原因是一目了然的。刑事诉讼中的被告比陷入民事诉讼承受着更大的风险。当代法律认为,当事人面临的诉讼费用义务(Prozeßkostenpflicht)足以遏制对诉的可能性的滥用。如果原告无理由地提起民事诉讼,那么,他必须承担由此产生的诉讼费用。

第二节

任何人都享有诉的可能性[3]以及要求法院作出裁判的权限,这并没有被法律视为一种特别的诉讼权利。因为权利的概念要求权利人必须有相对于义务人优先的法律地位。[4] 但是,更具决定性的是如下的原因,正如本书第七章将要展示的,被告通过证实起诉并无依据而享有要求驳回攻击(Zurückweisung des Angriffs)的诉讼权利。如果抽象诉权论中的任何人都有诉讼权利,那么,我们就能够预见到两个相互矛

---

〔2〕 例外规定(《帝国民事诉讼法》第110条)证实了这项一般规则。

〔3〕 这是德根考布和他的追随者所主张的抽象诉权(Vgl. die Citate bei Langheineken, Urteilsanspruch S. 3 fg., 46 fg.)。

〔4〕 在教科书(Hellwig, Lehrbuch I § 22 Rdnr. 12)中,我已经有过表述,这种权限就像人的其他自由发展权(die Befugnis zur sonstigen freien Betätigung der Persönlichkeit)一样,只是人格权(并不独立)的结果。科勒也赞同这一点,他在论文中(Kohler, Zeitschr. 33 S. 220 fg.)有更多论述,且与我(的观点)一致。

盾的诉讼权利：一个提起诉讼的权利（具体如要求判决被告给付），但是，不能说这时候被告也有要求法院驳回起诉的权利。

27 ## 第三节

虽然彪罗猛烈批判民事诉权，但是，他却完全赞同宾丁（Binding）的刑事诉权论。[5] 宾丁把刑事诉权理解为“与刑法完全独立的能够构造诉讼法律关系的公法权利，其因判决而终结。”[6] 这种“刑事诉权”与通过民事起诉引起审判程序的可能性之间的不同仅在于，民事诉讼更容易被启动。这与我们主张的要求特定给付或其他内容的（具体）诉权完全不同。因为诉权在给付之诉中以给付请求为前提。（还有很多其他情形！）当彪罗将我们的诉权和刑事诉权放在一起加以比较时，这只能说明他混淆了我们主张的法律保护请求权与所谓的抽象诉权。

---

〔5〕 Bülow, ZZP. 31 S. 200, Note 12.

〔6〕 Binding, Strafrecht Band I, S. 193.

第五章　2. 诉权概念的法律根据

第一节

我们刚刚讨论了任何人都享有的诉的可能性,这并没有在法律中明确规定。法律认为,这是不言而喻的。当法律规定了特定的前提条件并且规定只有在满足这些条件时才“可以被诉请”(geklagt werden kann)* 特定内容的判决,法律也并非意指这样一种可能性。

当法律采取这样的表述方式时,它指的 28
是我们主张的诉权,即有权以诉的方式要求特定的、能够满足原告法律保护利益(das Rechtsschutzinteresse)的判决。

---

* 【译者注】klagen 一词有多义性,多指起诉和诉。但考虑赫尔维格多次强调区分起诉的可能性和诉权,因此,被其认为是关于诉权规定的德文表述 geklagt werden kann 宜译为“可以被诉请”,以避免与起诉的可能性相混淆。基于同样的理由,下文的 kann klagen 被译为“可以诉请”,ist berechtigt zu klagen 被译为“有权诉请”,而不译为“有权起诉”。

第二节

法学研究并不必局限于法律明确规定的概念。但是,我们可以很幸运地看到,当代帝国法律中有大量规定都持续地和明确地使用了诉权这一概念。这些规定表明,诉权概念属于成文法(positives Recht)范畴。人们或许可以合理地期待,那些要求消灭诉权概念的人不能只是满足于一般性的揣测,而是要首先处理本页和以下部分所讨论的问题。然而,无论是彪罗还是科勒抑或是魏斯曼及其他反对者却并没有这样做,尽管我已经多次指出过这个问题。[1]

我下面将会展示,我们的帝国立法在为数众多的规定中是在我的含义上赋予或者拒绝给予当事人诉权的,即规定在一定条件下"可以被诉请"或者不能被诉请。彪罗极少探究这些规定的内涵及其以此为基础构建出的理论,这可以从以下评论中看出端倪,"被误解的和应该被消灭的诉的概念(Aktionsbegriff)还是在我们的立法中留下了很多令人讨厌的痕迹"。作为论据,彪罗举出了《德国民法典》第1958条中"不能诉请"(nicht klagen können)这一表达方式。[2]

---

〔1〕 Vgl. Hellwig, Anspr. u. Klagr. S. 146, Lehrbuch I § 22 Rdnr. 16.

〔2〕 在我看来,《德国民法典》第1297条的表达方式有不同的内涵。由于结婚的法律义务(Rechtspflicht)依旧存在,第1298条以下规定的法律后果因此并不会发生。(《德国民法典》第1297条)显然不属于这种情况。(第1297条)也同样无法从法律义务的存在导出损害赔偿义务,就像人们希望从第814条关于善良风俗(die sittlichen und die Anstandspflichte)的法律规定中导出法律义务那样。违背婚约(Bruch des Verlöbnisses)违背了善良风俗,立法因此规定了《德国民法典》第1298条以下的法律后果(即便未成年人自己订婚也是如此)。如果人们持这种观点,那么,拒绝其诉的可能(Versagung des Klagenkönnens)并不是规定了不可诉的(klaglos)法律义务,而是几乎与民法典第一草案(I. Entwurf)第1227条采取了相同的形式("通过订婚并未建立起订婚人之间必须缔结婚姻的义务")。

如果其规定了接受遗产(Antretung der Erbschaft)是起诉权 29
限(die Befugnis zur Klagerhebung)的前提条件("诉讼和法院裁判的前提"),那么,彪罗和他的反对意见就是完全正确的了。然而,法律规定和我们的理论都不是这样的。被引用的《德国民法典》第1958条只是拒绝了针对暂定继承人(provisorische Erbe)享有胜诉权(Recht auf erfolgreiche Klage)意义上的诉权。之所以要否定其胜诉权,是因为继承人在拒绝继承时也被剥夺了对遗产的管理权,而遗产的管理权是与诉讼实施权以及防御的负担(Last der Verteidigung)相伴而生的。如果暂定继承人并没有遗产的管理权并且因此并无诉讼实施权,[3]那么,这并非是不具备"诉讼和法院裁判的前提",而是丧失了针对暂定继承人的胜诉可能性。《德国民法典》和《帝国民事诉讼法》通过"能够诉请和被诉请"(klagen und verklagt werden können)的表达方式明确了这一点。这种表达方式不仅不是不准确的,而且是完全正确的,只要人们正确地理解了诉权,只要人们不要像彪罗(Bülow, a. a. O.)那样彻底和明显地混淆了抽象的诉的可能性与诉权。[4]

---

〔3〕 进一步论述详见本书第九章第三节以下。

〔4〕 在古代,军功财产(peculim castrense)无论如何是家父的财产,其仅仅是由家子进行管理。(这一规则的)来源是:家子而非家父对特有财产享有诉权(拉丁文:Actionem …rerum castrensium semper filius etiam invite patre habet)(I. 4 § I D. 49,17)。而就特有财产法律关系是否可以向家父提起诉讼这一问题,答案是:家父没有必要进行防御(拉丁文:necessitas defendendi patri non imponenda est)。这与我们的思维方式如出一辙(详见本书第九章脚注42)。这种理解是完全正确的。这里并不涉及诉讼存在的条件,而是能够成功地实施诉讼的条件。同样正确的是,如果在法律上确定是家父就其军功财产起诉或者被诉,那么,裁判官(Prätor)将拒绝其诉权(拉丁文:actionem denegiert)。如果裁判官确认防御理由成立,不是也将拒绝其诉权吗?Vgl. Schott, das Gewähren des Rechtsschutzes S. 83 fg.

30 ## 第三节

我可以将相关论据整理如下：

1. 确认之诉。《帝国民事诉讼法》第 256 条规定了确认之诉特别的诉的前提条件。如果法律关系存在（根据实体法确定），“当原告存在法律上的利益，则可以诉请确认。”（与诉讼法上诉的前提条件）相应地，如果法律关系不存在（实体法上诉的前提条件）且存在消极确认的利益（诉讼上诉的前提条件），则“可以诉请”。显而易见的是，确认利益并不是诉讼存在的前提条件，其也并非应当被规定的诉讼要件，而是法律所规定的应该在诉讼中查明的前提条件：当被查明存在时，则原告“可以诉请”被要求的判决，这意味着原告有权利，这时就必须按照他所要求的内容作出判决。〔5〕

2.《帝国民事诉讼法》第 257 条到第 259 条规定了尚未到期的将来给付之诉“能够被诉请”的前提条件。

31 这同样一方面涉及实体法律关系（关于被告的给付义务），然后由《帝国民事诉讼法》规定诉讼上的前提条件，这取决于请求权人是否具有诉权（是否他以自己的名义在诉讼中主张权利［拉丁文：ob ihm nomine illius obligationis actio competit］）。〔6〕

---

〔5〕 法律（虽然）没有要求必须具备一般的诉的前提条件（die allgemeine Klagvoraussetzungen）（见下文第九章），但这是不言而喻的。

〔6〕 人们可以根据 I. 10 D. 44,7 作出这样的表述。早在那里就已经严格地区分债权（obligatio）和诉权（actio），尽管罗马法的诉权（actio）经常指在法院前实体权利的主张（das materielle Recht im Hinblick auf seine gerichtliche Verfolgbarkeit）。

《帝国民事诉讼法》一般性地规定了何时可以基于将来给付请求权诉请将来给付。我还要补充《德国民法典》中关于诉权（das Recht zur Klage）的具体规定。其最常涉及的是停止侵害请求权（Ansprüche auf Unterlassung einer Rechtsverletzung）。[7] 当《德国民法典》第 12 条、第 862 条、第 1004 条、第 1227 条、第 1053 条、第 1134 条、第 550 条规定，如果存在进一步干扰之虞时，人们“可以诉请”不作为，我在这里再次强调其赋予的是（公法）权利，从而基于（民法上的）不作为请求权而在诉讼中要求判决被告不作为。[8]

《德国竞争法》（Wettbewerbsgesetz）第 1 条第 1 款和第 8 条 32
也属于这类规定，其中“也可以主张不作为请求权”的表述是指以民事诉讼的方式（im Wege der Civilklage）。

3. 关于形成之诉[9]存在大量的规定，即在满足特定的前

---

[7] 对于是否应当认可针对任何人的不作为请求权这一众所周知的争议，我不再进行更深入的论述。在我看来，这种请求权已经获得了规范文本的认可。我只是指出科勒在非财产权（Immaterialrechte）的范畴内认可了防御性请求权（negatorischer Anspruch）。“它因特殊的原因被唤醒：妨害唤醒了沉睡的权利，权利进而迸发出来。”（Kohler, Enzyklopädie I S. 625）。法学上的表达是：要求不作为的请求权针对任何人存在，但是只有在被告人有违反不作为义务之虞时才可诉（klagbar）。Vgl. Hellwig, Lehrbuch. I § 31（S. 201 fg.）und § 57（S. 373 fg.）.

[8] 因为有《帝国民事诉讼法》第 259 条最新的一般规定（拉丁文：lex generalis），这些特别规定是多余的。Vgl. Hellwig, Lehrbuch. I § 31（S. 201 fg.）und § 57（S. 373 fg.）; Vgl. Jetzt auch RG. 52 Nr. 79, 53 Nr. 99, 54 S. 415 fg. 上述判例并没有简单肯定（还未实施干扰时）不作为之诉的正当性，但也未简单否定它。曼哈特（Mannhardt, DJZ. 8, 417）的论述是正确的，但却绕了弯路。

[9] 对此参见本书第九章第二节。科勒还是一如既往地固执己见，即认为形成之诉与确认之诉并无不同。但是，他在论文 Kohler, Zeitschr. 33 S. 226 中却又说他赞同瓦赫的观点，瓦赫在 Wach, Handb. I S. 12 中用权利规范化（Rechtsnormierung）代指在判决确定时，不需要借助强制执行就可以立即实现其诉求。而在 Zeitschr. Bd. 32 S. 7 中，瓦赫的“形成性判决”（konstitutive Urteile）明显与科勒的观点分道扬镳。在同样的位置（S. 226），科勒在分析第二次婚姻是否在离婚判决被撤销后依旧有效的问题时提出的观点在结果上与我在论文 Hellwig DJZ 1904 S. 834 中批判的观点如出一辙。科勒的观点（第二次婚姻将通过诉讼中包含的“离婚”意思表示而产生离婚的法律效果）是自相矛盾的。Vgl. Hellwig, Bemerkung in der DJZ 1904 S. 1074.

提条件后才赋予当事人诉权。我首先指出《德国民法典》第1565条以下，这里规定了（民法上的）离婚权，并且还有“可以诉请”（kann klagen）和“有权诉请”（ist berechtigt zu klagen）这一对在相同含义上被使用的表述。[10]

33 “可以诉请”这一表达方式还出现在《德国民法典》第1418条、第1425条和第1468条关于不溯及既往的法律变更（ex nunc wirkende Rechtsänderung）的规定。对于撤销权（溯及既往的撤销）（Aufhebung ex tunc），法律区分了民事权利前提条件的设置（例如《德国民法典》第1331条）和关于形成权（das Recht auf Rechtsänderung）*行使的诉讼法律规定。上述规定的表达方式并不十分恰当。但是，当《德国民法典》第1341条和第2342条规定“通过提起撤销之诉撤销”时，毫无疑问其与“可以诉请”有相同的含义。

《帝国民事诉讼法》关于异议之诉的规定也非常明确。例如第767条规定，对于涉及（可执行的）请求权本身的异议，“以诉讼的方式主张”。这一方面是诉讼异议权（如因为偿付）

---

[10] 如果反对者否认诉前的诉权（ein vorprozessuales Klagrecht），那么就会直接违背法律的文义。“离婚权”（《德国民法典》第1570条）应该如何理解呢，这不是诉讼上的权利么，不是只能以诉讼的方式来行使么？如果人们否认后者，也将否认前者。遭受严重殴打的妻子能否诉请离婚？这个问题就像“对法学熟记于心的考生”是否有通过考试的权利，或者无论如何应当获得诺贝尔奖的人是否有获奖的权利一样（科勒也使用了这样的论据，Kohler，Zeitschr. 33 S. 213/14）。

* 【译者注】das Recht auf Rechtsänderung 直译为法律变动权，对应我国的形成权概念。目前更为普遍的德文表述是 Gestaltungsrecht，直译为形成权。为了便于读者理解，本文将两种德文表述统一译为形成权。本书中，赫尔维格是在形成诉权（Gestaltungsklagrecht）的意义上理解形成权概念，即只能够以诉讼的方式主张的形成权。除此之外，广义的形成权还包括可以单方面意思表示行使的普通形成权（einfaches Gestaltungsrecht）。只有形成诉权才存在“形成诉权—形成诉讼—形成判决—形成力”的递进关系。普通形成权在诉讼中对应的是确认之诉或给付之诉。详见任重：《形成判决的效力——兼论我国物权法第28条》，载《政法论坛》2014年第1期。

的赋予,另一方面也规定了根据正当的(不仅仅是被主张的!)异议权所提起的诉讼将必然导致判决的执行力被撤销。我的教科书第1册第六十二章已经对这些多次出现的相同类型的规定进行了梳理。[11] 我在此处特别强调其中两项规定。

一项是《帝国民事诉讼法》第784条。该条第1款规定在哪些条件下继承人“可以要求”(verlangen kann)撤销特定的执行措施。第2款则规定了遗产管理人有相同的权利。

第785条接着规定,第767条、第769条、第770条规定的 34
抗辩(Einwendung)* 必须以诉的方式才能被实现。

最后,我要提到最具有代表性的规定。《帝国民事诉讼法》第323条[12]同样是关于形成判决的规定,其与再审之诉中原判决的撤销(拉丁文:*judicium rescindens*)一样是形成性的,因为其通过确定裁判变动了诉讼法律状态。第323条则涉及判

---

〔11〕 对于这段论述和消极确认之诉,科勒认为,在他所反对的理论看来,只有享有民事权利的人才有法律保护请求权(Kohler, ZZP. 33 S. 217),这种认识是难以被理解的,魏斯曼的表述也一样(Weismann, Lehrb. I S. 69),“诉权和被主张的权利之间的相互关系并不重要。诉权是否是独立的权利,或者是民事权利的组成部分也同样无关紧要”。

* 【译者注】Einwendung 和 Einrede 都被译为抗辩,但二者在民法和民事诉讼法中有不同的内涵。造成民事诉讼法与民事实体法概念用语差异的历史原因在于《帝国民事诉讼法》先于《德国民法典》颁布实施,但在《德国民法典》立法过程中并未以民事诉讼法和民事诉讼理论中的相应概念为标准,从而使民事诉讼法与民事实体法沿用了不同的概念理解,并形成了相互区别的概念体系。以概念的外延为标准,民事诉讼抗辩(广义,对应德文词 prozessuale Einwendung)包含诉讼抗辩(狭义,对应德文词 prozessuale Einrede)和诉讼否认,其中,诉讼否认针对诉讼请求所根据的要件事实,诉讼抗辩(狭义)针对反对规范的要件事实。诉讼抗辩(狭义)又进一步包含诉讼规范抗辩和民法规范抗辩(民法抗辩,对应德文词 materielle Einwendung)。民法抗辩包含三类反对规范,分别是权利妨害规范、权利消灭规范和权利排除规范,其中权利排除规范对应民法抗辩权概念(对应德文 materielle Einrede),如同时履行抗辩权。详见任重:《民事诉讼视野下的共同危险行为》,载《法制与社会发展》2015年第6期。

〔12〕 同样具有典型性的还有《德国著作权法》(Urhebergesetz von 19. 6. 1901)第43条(“权利人可以要求承认其权利),此外还有第42条(“要求判决消除”)并结合第46条(“通过主张民事权利要求消除”)。

决的“变更”(Abänderung eines Urteils),变更原因是在针对将来到期债务作出给付判决后出现了法律关系的实质性变化,这对确定给付的额度或者偿付期限都有决定性影响。[13] 如果这些前提条件(诉的前提条件)具备,则“任何一方当事人都有权以诉讼的方式要求作出相应的变更判决”。[14]

这项最重要的规定与上述列举的大量条文并无二致,但它的规定更为清晰且根本不会引起误解,这是其他法律条文所无法比拟的。鉴于总是一再出现的混淆和误解,我有必要强调以下被误解的和有被误解之虞的几个方面:

35 第一,法律规定了特定的前提条件,只有当其存在时,才能引发特定的后果。这些前提条件并不受当事人的左右,其存在于当事人具体法律状态的特定构造中(in einer bestimmten Gestaltung der konkreten Rechtslage)。

第二,法律规定的特定后果在于,因改变法律状态[15]而获益的当事人有权要求对判决作出相应变更。也就是说:企业主有权;企业主已经获得了这种权利;企业主并不是通过起诉才获得了这种权利,也不是因为他成功证明了工人恢复了劳动能力才获得了这种权利。

企业主为何有权利?权利的内容是什么?他可以对恢复劳动能力的工人主张什么?变更判决肯定要以这一权利为基

---

[13] 关于其与执行异议之诉(《帝国民事诉讼法》第 767 条)的区别参见 Hellwig, Anspr. u. Klagr. S. 167。相反观点参见施瓦尔茨(Schwarz, Das Billigkeitsurteil des § 829 BGB. S. 68 fg.)。我认为施瓦尔茨的观点并不正确。

[14] 《帝国民事诉讼法》第 324 条的表述“权利人可以要求”具有相同的含义。第 255 条也使用了相同的表述:“如果原告有权因为不履行而要求损害赔偿,那么他可以要求在判决中确定期限。”

[15] 例如,被诉的运输企业主被判决支付每季度 300 马克的抚恤金给有残疾和被法院认为失去了劳动能力的工人;随后,这位工人奇迹般地恢复了劳动能力。

础,但是作为基础的只是权利的法律状态,即目前依旧不能争议的是企业主要向工人终生支付每季度 300 马克的抚恤金。工人有权要求支付这一款项。这种(诉讼)法律状态应该被改变!除了法院,还有谁可以变更呢?如果上述状况确定无疑,那么,(企业主)就有权要求变更判决,这项权利针对作为国家机构的法院而不是其他什么人。对于企业主的此项权利也只有当国家根据《帝国民事诉讼法》第 323 条履行变更判决义务时才能够被满足。就像给付诉权或者单纯的确认诉权一样,它们需要相应的国家义务的呼应才能得以实现。诉讼权利人(Klagberechtigte)的这种权利只可能是公法性质的,这既取决于它的来源,也是源于它的内涵,同样是因为它的义务人。

第三,只有(当事人)要求变更时才能够进行变更,根据法 36
律规定这是毋庸置疑的。它同样是这样一种请求权,其只有权利人提出要求后才可能被满足。彪罗怎么会认为,《帝国民事诉讼法》第 323 条所认可的要求作出判决以满足原告法律保护需要的权利与“没有诉讼就没有判决”的法谚相矛盾呢?[16]

第四,必须“通过诉讼的方式”要求判决的变更。法律以此表明,诉讼途径是这种权利的行使方式。任何人都有诉的可能性,但并非主张自己有权的人,而是只有真正有权的人才能要求变更。

〔16〕 具体请参见本书第三章,第 21 页和第 22 页。

第四节　结论

综上所述,我认为已经可以确定帝国立法的观点何在。如果我们遵循“法律产生规则”(拉丁文:regula ex iure fit)的基本原则,而不是尝试用先入为主的观点去修正法律,那么就可以得出如下结论:诉讼法中特别规定了法律状态的形成(Gestaltung der Rechtslage),其诉讼法律后果是可以通过诉讼要求法律保护,即要求作出特定内容的判决。如果欠缺任何一项前提条件,那么就只存在着提起诉讼的可能性,而并不存在诉权。

在我看来,上述论据的分量要重于彪罗和其他反对者论证不存在也不可能存在法律保护请求权的尝试。

上述法律保护请求权的表现形式被我称为诉权。就像人们已经看到的,我刚刚对这项权利给出的定义是最紧密地结合了现代德国立法的表达方式,无论是在术语上还是在内容上。

37 我的学说的正当性还在于,它赋予了“诉权”这一古老的和目前饱受争议的术语以新的生命。[17]

法律保护请求权有三种表现形式,分别是扣押权(第二章)、强制执行权(第三章)和要求特定内容的判决的权利(单纯的确认、给付和形成)。上述不同表现形式无疑需要用简短的表述加以区分。有学者[18]建议用“判决请求权”

〔17〕 这一表述源于冯·施鲁特卡(v. Schrutka a. a. O.)。

〔18〕 Langheineken, Der Urteilsanspruch.

(Urteilsanspruch)这一表达方式替代我们所说的诉权。朗海尼克考虑到满足原告法律保护需要的途径,并认为我选取的表达方式并没有能够体现出这种途径,无法显示通过何种类型的判决加以法律保护。我认为,“诉权”更值得推荐,因为其更具有可识别性。诉讼以特定的申请(原告希望的判决)为前提条件。当我们说,原告有诉权时,我们以此表达的思想是,他有权要求满足这一诉讼请求(Klagantrag)[*]。反对“判决请求权”的理由在于:(1)“请求权”这一经常被使用的表达方式更容易被误解;(2)它没有考虑到如下情形,无论原告对被告的起诉是否正当,其都可以请求法院作出判决(回应)。因此,“判决请求权”更容易与纯粹的诉的可能性相混淆,这一风险无法被有效避免。

虽然我建议将诉权界定为诉的前提条件具备时可以要求特定判决的具体权利,但冯·施鲁特卡并不认同,他的理由是: 38
(1)人们将诉的可能性称为(抽象的)诉权;(2)共同法时期的语言习惯将通过诉讼主张的实体权利称为诉权。然而,第一个疑虑并不存在,因为现在人们已经用诉的可能性代替了抽象诉

---

* 【译者注】Klagantrag 直译为“诉的申请”,也被译为“诉的请求”。采取直译的表达方式会引起理解上的困难,因此,译者试图将其与我国常用的法学概念对应起来。Klagantrag 的语义与我国“诉讼请求”这一常用概念最为接近,尽管如此,依旧有必要考察其内涵和外延。我国学界在使用诉讼请求这一概念时有广义和狭义之分,狭义的诉讼请求等同于狭义的诉讼标的(以权利为标准而不是以法律关系为根据),广义的诉讼请求指原告请求的内容是什么,而不包含法律上或事实上的根据。例如,原告向法院起诉要求判决被告返还借款人民币 10 万元,其中,广义的诉讼请求仅指要求法院判决被告给付人民币 10 万元。由于给付人民币 10 万元既可能基于借款,也可能是人身损害赔偿等其他多种多样的理由,因此,广义的诉讼请求在外延上涵盖了考虑请求原因的狭义诉讼标的概念。《最高人民法院关于适用〈中华人民共和国民事诉讼法〉的解释》第 247 条在诉讼标的标准之外引入诉讼请求标准,其更倾向于从广义上理解诉讼请求概念。综上所述,译者将 Klagantrag 译为诉讼请求。

权这一早已被彻底抛弃的概念。在《德国民法典》生效的那一年,我曾建议将诉权概念理解为要求通过判决给予法律保护的权利,那时候我也有第二个疑虑,其实它不足为惧。因为人们可以期待法学家的用语会遵从《德国民法典》,而《德国民法典》已经不再把诉权理解为私法请求权或者其他的实体权利。[19] 如果人们坚持这一点,那么,诉权的表达方式就是恰当的并且能够被诉讼法学用于概括法律保护请求权,即确认、给付抑或形成。只要人们不用民法概念来理解诉讼的表达方式,就可以避免发生混淆。虽然民法和诉讼法的彻底分离在罗马法看来是极其陌生的,但是,它却贯穿于现代帝国立法中,[20] 这一德国法学的伟大成就要归功于19世纪末经过漫长的付出和努力才实现的民法法典化。

39 当立法充分意识到了诉讼法和民法的分离,并且在用语上也有意识地进行了区分时,我们的理论就可以真正发挥作用了。也只有这样,才能够最终消除在共同法时期的理论中就存在的模糊之处,这也是我们探讨的问题。并且也只有如此,才能够清晰界定民法和作为公法的诉讼法之间的界限,才能够对一系列具有重大理论价值和实践意义的问题不仅是作出正确的判断,也能加以正确的论证。全部诉讼法律制度的灵魂(die Seele des ganzen Prozeßinstituts)都源于诉讼权利:判决的效果及其前提条件依赖于判决的内容,而判决的内容依赖于要求特定

〔19〕 关于《德国民法典》第1297条参见本章脚注2。

〔20〕 美中不足的是,人们在以《德国民法典》制定为契机审视旧的帝国法律时忽略了这一点。《德国票据法》(WO)第81条的标题是"票据权利人的诉权"(Klagerecht des Wechselgläubigers),应当替换为"票据权利人的请求权"(Ansprüche des Wechselgläubigers)。该法第81条到第83条只规定了义务人对票据权利人负有的"义务"(Verpflichtung)。

判决的诉讼权利,我们可以称其为诉权。有观点认为,诉权是源于具体的私权利,这不仅是完全无用的,而且是彻底错误的。这种观点也与《德国民法典》相悖。我们依旧可以使用“诉权”这一早就被普遍接受的表达方式。人们在“实体意义上”理解诉权的错误做法并不应归责于“诉权”这一表达方式。

第六章 3. 诉权的种类

第一节

由于诉权是纯粹的诉讼权利，诉权的分类也是纯粹的诉讼法律问题。此外，由于诉权是要求特定判决的权利，诉权的分类也应根据诉权所追求的和引发的不同裁判内容而定。据此，我们可以将诉权分为确认(Feststellung)、给付(Verurteilung)和形成(Rechtsänderung)三个类别。

第二节

这是与罗马诉权体系(die römischen Aktionensysteme)完全不同的分类。罗马诉权体系的分类标准是非常多样的。

根据程式方案(Formelkonzeption)，按照

市民法(拉丁文:jus civile)和裁判官法(Amtsrecht),事项的分类方法早在优士丁尼大帝(Justinian)那里就已经存在了,他保留了古代的称谓及其历史上的含义。[1]

对物诉权(拉丁文:*in rem*)和对人诉权(拉丁文:*in personam*)的分类,诚信诉权(拉丁文:*bonae fidei*)和严格的法定诉权(拉丁文:*stricti iuris*)的分类,追索诉权(拉丁文:*rei persecutoriae*)和罚款诉权(拉丁文:*Poenales*)以及混合诉权(拉丁文:*mixtae*)的分类,普通诉权(gewöhnliche action)和公众诉权(拉丁文:*action populares*)的分类,都是在本质上[2]取决于所主张的私权利的类型。只有当返还财产诉权(拉丁文:*Vindikation*)或者归还借款诉权(拉丁文:*actio depositi*)以及引水诉权(拉丁文:*actio legis aquiliae*)等被认定为正当时,这时才能够这样称呼它们并确定它们的内容。

---

〔1〕 市民法诉权(Actio civilis)—荣誉诉权(Actio honoraria);直接诉权(actio directa)—扩张诉权(actio utilis)(拟制诉权)(ficticia);法律诉权(actio in ius)—事实诉权(actio in factum);诉—请求返还不当得利诉权(condictio);有法官裁量的诉权或者无法官裁量的诉权(actiones mit oder ohne arbitratus indicis);普通诉权(Klage im ordo iudiciorum)—需要特别认可的诉权(Klage in der extraordinaria cognitio);优士丁尼法典关于禁令(interdictum)的规定只是指出,根据(当事人)要求诉讼裁判的权利(Rechte der Prozeßentscheidung)可以先进行禁令程序(Interdiktenverfahren)。

〔2〕 对物诉权(也包括继承诉权)(hereditatis petitio)的诉讼法本质看起来并非是财产请求权(Eigentumsanspruch),而是以作为(财产请求权)前提条件的所有权为基础。所有权才是诉讼标的(Prozeßgegenstand)。相反,给付诉权(condemnatio)只是对应给付判决(Verurteilung)。尽管如此,却依旧要对所有权进行判断,其在判决驳回(absolutio)时尤为明显。这也使罗马法学家陷入了困境(vgl. I. 17 D. 44,2)。我们现在严格区分(1)关于所有权的诉讼(只可能是确认诉讼)和(2)关于财产请求权的诉讼,非所有权人也可能享有这种请求权,从另一个方面讲,即便存在所有权也可能不具备请求权或者可以通过抗辩权(Einrederecht)使其失效。

第三节

对于我们今天的诉权分类而言,上述不同种类只在很小的范围内还会被考虑,即只有当被主张的私权利的类型对于判决种类的确定有意义时。(罗马法的分类标准)对确认判决完全没有任何意义:无论被主张的私权利的类型如何,确认判决的
41 诉讼本质总是相同的,不管它涉及绝对(absolut)或相对的(obligatorisch)法律关系,也不管是财产法律关系还是家庭法律关系。相反,给付判决只能根据请求权作出,形成判决也只能根据形成权作出。〔3〕*

第四节

我们今天的诉权分类的根据是不同的法律保护形式。法律保护形式的不同也已经为罗马人所熟知。罗马人在预备诉讼(拉丁文:*praeiudicia*)中已经承认了纯粹的确认判决。我们不仅能够在分配诉讼(拉丁文:*adiudicatio*)中,也可以在遗嘱撤销诉讼(拉丁文:*rescissio testamenti*)(与违反义务的遗嘱有关的诉[拉丁文:*querela inofficiosi testamenti*])中以及回复原状诉讼中遇到形成判决。但是,这些法律保护形式在罗马人那里是作

〔3〕 对此详见本书第九章。

* 【译者注】赫尔维格在本书中使用的形成权概念实为形成诉权,只有形成诉权才引发形成判决。

为背景出现的。如果这没有被人们忽视的话,就当然应将其视为不同类型的法律保护形式。

第五节

当为了获得特定判决有不同诉讼途径可供选择时,其并不会构成诉权的不同类型。这仅仅是给付判决需要讨论的问题。给付判决的作出一般要经过普通程序(im ordentlichen Prozesse)(在地方法院或者州法院进行),在某些情况下也可能通过书证程序(im Urkundenprozesses)或者督促程序(im Mahnverfahren)。上述两类程序的诉权总是相同的;不同的只是实现的路径而已。诉权也不会在出现下述情况时发生变化,即在终局判决之前作出了保留判决(Vorbehaltsurteil)[4]或者支付命令以及执行命令(Zahlungs-bezw. Vollstreckungsbefehl)[5]。此外,也并不存在简易判决请求权(summarischer Urteilsanspruch)和简易诉权(summarisches Klagrecht)。[6]

---

〔4〕《帝国民事诉讼法》第599条。

〔5〕执行命令主要出现在临时可执行的判决中,其在经过异议期(Einspruchsfrist)后等同于确定判决(《帝国民事诉讼法》第700条)。

〔6〕Vgl. näher Hellwig, Anspr. u. Klagr. § 22 a. E.

第七章 4. 诉权与诉的可能性之相互关系以及被告的法律保护请求权

42 第一节

任何人都有诉的可能性,但是,仅当对其有利的诉的前提条件具备时,原告才享有诉权。

1. 如果原告有诉权,那么,起诉就是其权利的行使,即“以诉讼的方式要求”[1]其所申请的给付、积极或消极的确认或者法律变动,为了实现他享有的(面向国家的)[2]诉讼权利,他必须向相关法院主张这一权利。要求

---

〔1〕 这是《帝国民事诉讼法》第323条的法律表述。对此参见本书第五章第三节(第34页以下)。

〔2〕 诉权针对的是哪个国家?对此的讨论参见本书第九章脚注37。

给付或其他内容的诉权在诉讼之前就已经存在了，[3]起诉只不过是诉权的一个发展阶段，并最终走向诉权的实现（通过给付判决等）。诉权的实现有赖于两个前提条件：（1）诉讼必须以符合法律规定的方式被提起，[4]（2）必须成功证明诉权的存在。[5]

为了论证我在上面的文字中提出的观点，还有必要再对起诉的意义加以讨论。

根据其内容及其法律后果，起诉在今天被理解为权利受到侵害（Rechtskrändung）或者有被侵害之虞（Rechtsgefährdung）时提出的控诉（Beschwerde）以及对法官救助的要求（das Verlangen der richterlichen Hilfe）。起诉是原告对法律保护的呼吁。原告主张他享有要求给付或其他内容的法律保护请求权并且在这里行使被称为诉权的权利。诉权针对的是国家并面向具体的法院。国家肩负对原告主张的法律关系进行判决的法律保护义务。 43

这在诉讼请求中就有明确的体现。这种对判决的请求是起诉行为（Klagakt）的灵魂，它必须指明判决的内容，[6]即法院应当如何作出有利于原告并对被告不利的判决。诉讼请求因此是面向法院作出的表示（Erklärung）。原告所要求的是给付、

---

〔3〕 如果诉权是在诉讼过程中才产生的，那么，只要我们还遵循古罗马的基本原则，诉就必须被驳回，即诉讼的开启有赖于诉权的存在。但是，我们今天坚持的原则是，判决的作出以诉权的存在为前提，因此，只要诉权在这个时候存在就足够了。Vgl. Hellwig, Lehrbuch I § 29.

〔4〕 另一种表述是：当诉讼要件被满足时。参见本书第八章。

〔5〕 另一种表述是：当诉的前提条件（本书第九章）也被证明时（本书第十章）。

〔6〕 尽管如此，我们的诉讼法也在相当大的范围内允许诉讼请求的事后扩张和限缩以及诉讼法律关系的其他变动（《帝国民事诉讼法》第 264 条、第 268 条第 2 项和第 3 项）。

确认和法律变动。被告则不被允许提出上述诉讼请求,[7]因为被告的要求是毫无意义的。

被告必须服从法院作出的判决,但是,被告之所以必须这样做,并不是因为他对原告负有容忍义务。[8]

44 判决对被告的约束只是源于作用于被告的国家权力。只要判决没有因为普通或特殊的法律救济程序而被撤销,它就对被告产生约束力,而并不用考虑判决基础(Urteilsgrundlage)是不是错误的。起诉不能被理解为是对这样的容忍义务的主张并由此认为起诉的对象是被告。

由此可见,起诉是一种请求法院作出不利于被告的法律保护的诉讼行为。因此,这一诉讼申请(prozessuales Gesuch)的真正相对人是法院。起诉对被告而言只是间接的,即法院的行为是针对他作出的。被告必须了解攻击的内容,因为必须能够让他对此进行防御。[9]

当起诉以口头方式(通过向法院陈述)被提起时,起诉的性质就能够通过其外部形式被最显著地表现出来。毫无疑问,

---

〔7〕 被告只能够消除法律救济的必要,也即他只能消灭诉权,例如,通过清偿对原告负有的债务(以此只是"消灭"[erledigen]了请求权[更准确地说是对请求权的争议(der Streit über den Anspruch)],而并非消灭了诉讼。即便起诉从一开始就是不正当的,诉讼也依旧会存在)。但是,(原告)在审判程序(Urteilsverfahren)中要求的并不是清偿债务,而是要求法院对被告作出给付判决。

〔8〕 学界通说认为,在国家提供法律保护的义务之外,还存在被告的容忍义务。本书也承认这一点(参见本书第三章脚注8)。这与还未彻底销声匿迹的所谓实体诉权理论一脉相承。实体诉权理论并未明确区分被诉请的权利(针对对方当事人)和为此提起诉讼的权利(在法院那里)。魏斯曼一再认为,"起诉权限"(Klagbefugnis)只针对对方当事人(Weismann, Bd. I, SS. 67 – 70)。

〔9〕 我记得,假扣押和强制执行申请的相对人只有在法院实施法律保护行为的时候才会了解到存在相应的攻击。在审判程序中则有所不同,因为审判程序必须以双方辩论结果为基础作出判决。而对于督促程序,被申请人是在法院的裁判(支付令[Zahlungsbefehl])送达给他时,他才能了解到申请人攻击的内容。

支付令申请(Gesuch um Erlass eines Zahlungsbefehls)也是这样的。支付令申请的送达与诉讼请求的送达具有相同的诉讼法意义。

在申请假扣押命令和申请国家强制执行时,可以肯定的 45
是,这也是面向法院的,尽管法律保护行为的作用会延伸到对方当事人。这种协调一致并非偶然。如果人们能够正确理解诉权,即强调法律保护行为的公法本质,[10]那么诉讼的本质也就呼之欲出了。

在书面起诉时,识别诉的真正本质则较为困难。(1)实质的困境是递交诉状(Einreichung der Klagschrift)时并未完全建立起诉讼法律关系。(2)形式的难题是原告负责把诉状送达给被告(的情形)。关于第一点,我们应该想到,向法院递交诉状的首要目的是确定期日。[11] 第二点绝非纯粹的外部行为

---

[10] 魏斯曼(Weismann,Lehrb. I S. 69)认为,起诉并不针对法院,而是针对被告。在我看来,这是倒退回了私法诉讼观(die privatrechtliche Auffassung des Prozesses)。魏斯曼混淆了起诉的要求(判决)和判决可能产生的效果。这也就不会让人感到奇怪,魏斯曼在界定他的“实体起诉权限”(materielle Klagbefugnis)时为何会左右摇摆:实体诉权既“不是纯粹的公法性质的”“另一方面也不是纯粹的私法性质的”(S. 67)! 这是共同法时期诉权论中最糟糕的“雌雄同体”(Zwitterbildung)构造。奇特的是,魏斯曼在结论中却说道:“对于诉权和被主张的(私)权利的关系,诉权到底是独立于被主张的权利抑或是被包含在民事权利中,这对民事诉讼而言并没有什么不同。”(难道对于消极确认之诉也是如此么?)如果魏斯曼能够试着无条件地和实质性地回答问题,那么,他或许就可以避免评论(S. 71)中的谬误了。

[11] 克莱恩(Klein,Schuldhafte Parteihandlung S. 4,57)认为,向法院提交诉状这一行为的“目的只是产生特定的外部效果,是为了改变外部世界中两个对象之间的相互关系。递交诉状的第三人在诉讼上是否正当(zum Prozesse legitimiert)或者是否有诉讼代理权(zur prozessualischen Vertretung befähigt)是无关紧要的。”如果这真的是无关紧要的,那么,是不是我自己递交还是通过代理人抑或是使者递交诉状,或者某个人背着我提交了诉状,这难道都是无所谓的吗? 正确观点参见 Weizsäcker,ZZP. Band 27 S. 29 fg。

(ein rein äußerlicher Akt),其本质是法院对诉状的送达[12]以及关于辩论和裁判的送达。

46 因此,法院才赋予了原告实施送达的可能性。与当事人进行(Parteibetrieb)相联系的是,尽管传唤也是因为当事人的申请而启动,但是却必须由法院实施。

对此应当强调的是,所有起诉客观上都具有完全一致的法律意义。以这样的形式还是那样的形式起诉并不会产生任何差别。[13]

要求提供法律保护的申请(要求给付判决等)可以识别出诉的本质。而存在于诉状中的旨在引发民法效果的其他意思表示对诉的本质并无影响。诉讼系属的产生这一事实引发的实体法效果更是与诉的本质无关。[14]

47 诉讼法上的起诉(Klagerhebung)* 是建立诉讼法律关系的诉讼行为,其也建立起法院的裁判义务并使对方当事人被迫进入被告的角色。作为诉讼法律行为的起诉无论如何不是民事

---

〔12〕 送达是否会因为这样或那样的理由被拒绝,这对于我们讨论的问题无关紧要。同样无关紧要的是,对可信性的预先审查(Vorprüfung der Schlüssigkeit)。共同法时期允许对可信性进行预先审查。今天这已经被原则上禁止,例外限于支付令申请(《帝国民事诉讼法》第691条)。

〔13〕 上诉和异议也是如此。抗告在本质上也是向法院提出的申请,因此,其以这种方式(向法院递交)被正确地作出。对当事人进行诉讼的误解也会导致对其他情况的法律状态的误读。由于这会得出难以忍受的结果,因此,我们希望能够明确(参见《帝国民事诉讼法》第207条第2款!)和彻底地消除这种误解(Vgl. Hellwig, DJZ. 1904 Nr. 8)。《〈帝国民事诉讼法〉施行法》(EG. zu CPO)第7条规定,可以通过向法院提交书状的方式提出上告(Revision)。目前正在审议的修正案草案则意图对上告加以统一。

〔14〕 所有这些实体法律效果的产生,一方面独立于原告表示的内容,也不受制于他的意愿,另一方面,与《帝国民事诉讼法》第263条至第265条的后果不同,其只有在起诉是正当并且原告胜诉时才可能产生实体法律效果。《德国民法典》第212条的例外规定证实了这一规则。

* 【译者注】Klagerhebung一般被译为“起诉”,不过特别值得注意的是其与递交诉状(Einreichung der Klageschrift)的关系。德国法意义的起诉包含两个主要阶段,即递交诉状和送达诉状,并且只有诉状的送达才完成了起诉。而在我国语境下,起诉这一概念较为贴近递交诉状,而非德国法意义的起诉。

法律行为(civilistisches Rechtsgeschäft)。[15]

2. 如果原告没有诉权,那么在起诉中:

(1)要求法院履行法律保护义务的请求实际上并不存在,也因此不需要被满足,而且也不能被满足;

(2)针对被告的法律声明或法律争议(Rechtsberühmung oder Rechtsbestreitung)[16]并不存在,因此,原告并不享有法律保护请求权。[17] 这将导致诉的驳回(Zurückweisung der Klage)。

例如,人们可以想一下,原告基于早就被清偿的借款返还 48

---

〔15〕 科勒(Kohler,Enzyklopedie II S. 104)认为,起诉是"能够引发诉讼时效在民法上和诉讼上后果的法律行为"。这种论述至少是极易引起误解的。当科勒继续论述到:"对于违反善良风俗的起诉,可以像违反善良风俗的法律行为一样直接驳回之(参见《民法典》第138条)",这就是将民法原则用于诉讼法律行为并断然驳回起诉。诉讼法律行为遵循自己的规则;如果人们将其置于民法的规则之下,就是将诉讼法塞进了"民法的牢笼"(civilistischen Fesslen)。"不符合善良风俗"的起诉只是为了不符合善良风俗的民事法律行为而提起的诉讼。这样的起诉将因为不正当而被判决驳回诉(als unbegründet zurückweisen),因为这样的行为并不会产生请求权,但其起诉并不是"无效"(nichtig)的。

〔16〕 在消极确认之诉的情况下。

〔17〕 彪罗(Bülow,Zeitschr. 32 S. 261)认为,在这一点上我们的观点显然是站不住脚的。然而,他在脚注6却承认,我在教科书中的论述"符合真正的事实和法律关系",但却依旧说出了上面的话。在脚注对应的正文中,彪罗认为我们的支持者也不得不一再背离我们的理论。这里所说的"一再"或许是因为我们并没有得出以下结论,即法官必须在不存在起诉的时候也要作出与给付等内容的判决。被彪罗认为不能一以贯之的还有,我们并没有承认被告在诉讼之前就享有的驳回请求权(vorprozessualer Freisprechungsanspruch des Beklagten),也没有对此发展出与原告的诉权"等量齐观的理论"。正如我的论述所表明的那样(vgl. auch Hellwig,Lehrb. S. 145 nach Note 6),这在第二草案和第一草案中都找不到根据,本书第三章脚注11已经表明其基础的薄弱。科勒(Kohler,Zeitschr. 33 S. 216)谈到(或许是为了驳斥我们的理论),除了原告可以主张以民事权利实现为目标的法律保护请求权,我们同样必须接受被告在原告的权利并不存在时享有驳回请求权。(其实我们并不是必须这样做,而是我们已经这样做了。)然后,科勒继续谈到"人们应该坚持认为:法官不能说,原告没有权利,但我依旧要对被告作出判决;或许是出于同情,或者是基于对被告道德上的义务"。我不理解的是,科勒是出于何种理由认为法官不能这样做呢?这种情况可以用简单和肯定的话来描述:当法官认为起诉不正当时,他应当驳回诉。

请求权请求法院判决被告给付,或者要求确认他的继承权,而事实上被告才是真正的继承人(拉丁文:*verus heres*)。有观点认为,如果有人在诉讼外提出这样的法律主张,并且威胁到了对方当事人的法律地位,那么,被告对虚构的法律主张应当享有确认诉权;他有权针对虚假权利人提起消极确认之诉。〔18〕如果人们不考虑当事人地位的话,当对方当事人提起诉讼后,其诉讼法律状态与第一种情形*完全一致。

49 它们的区别仅在于:(1)诉讼中虚假的法律主张以有威胁的方式出现,从而使被告无疑具有了确认利益;(2)受到非正当起诉的被告并不需要提出驳回申请。相反,法院必须依职权驳回不正当的攻击。〔19〕

---

〔18〕 为了反驳我们的理论,科勒(Kohler, Zeitschr. 33 S. 217)论述道:"我们必须说:'在无权利的情况下,对方当事人存在要求确认权利不存在的利益,他可以向国家主张法律保护请求权。'"我们当然是这样认为的,在我们看来,这与法律规定(《帝国民事诉讼法》第256条)相一致。科勒认为这是"请求权乱麻"(Anspruchsknäule),是"请求权的乱线团"(Gewirr von Ansprüchen)。然而,这种看法并不客观。我很难理解,人们何以得出这样的结论。实际情况真的非常简单。如果我是债权人,当我对我的权利有确认利益时,我就有要求确认的权利。如果我主张我实际上并不享有的债权时,那么,因此受到威胁的债务人(也即非真正的义务人!)就有请求确认我没有权利的诉权。科勒却由此认为:"不仅仅是(!)权利人,即便是没有权利的人也有(!)法律保护请求权",他由此虚构出"请求权乱麻"。在科勒看来,权利人可能同时是非权利人!坚持这并不可能的法学家(或许赞同科勒的其他观点),也会认为"请求权乱麻"是难以理解的。

* 【译者注】本书第七章第一节第1种情形以下的内容:如果原告有诉权,那么起诉就是对其享有的权利的行使,即"以诉讼的方式要求"其所申请的给付、积极或消极的确认或者法律变动,为了实现他享有的(面向国家的)诉讼权利,他必须向相关法院主张这一权利。

〔19〕 这根据《帝国民事诉讼法》第331条第2款是毫无疑问的。即便被告在期日缺席,法官也必须驳回诉,更不要说被告已经做过一些防御。由此同样可以得出,单纯的驳回申请在律师诉讼(Anwaltsprozess)中从来不会被考虑,因为其不是以《帝国民事诉讼法》第297条规定的形式提出的。这样的申请并不需要被宣读。

这是很容易被理解的,[20]因为诉讼必须被裁判。如果不能够判决被告给付或其他内容,那么就只能在驳回裁判中确认诉是不合法的[21]或者是不正当的。依本书第 47 页以下所强调的观点也能够得出上述结论。

同样需要强调的是起诉的意义。起诉是对国家履行法律保护义务的要求和对自称享有的此项权利的主张,这也会引发其他方面的重要后果。与法律保护请求权有关的待判(实体)法律关系的存在与否并不涉及国家利益。因此,当被告对原告所主张的实体法律主张加以认诺时,法院不再对其真实性进行审查(《帝国民事诉讼法》第 307 条)。而对于下述问题的审查则全然不同,即与待判(实体)法律关系有关的国家法律保护义务是否成立,原告是否试图为了自己的利益而不正当地动用国家权力。这事关原告和国家的相互关系,[22]在这种关系中,国家机关(法院)要依职权审查,从原告证明的事实或被告自认的事实中是否能够得出法律保护义务。[23] 50

〔20〕 彪罗(Bülow,Zeitschr. Bd. 31 S. 263)认为,这是无法理解的。正文的后续论述会说明,彪罗所虚构出的困难其实并不存在。在我们看来,彪罗提出的具有讽刺意味的解释方法也无关紧要。

〔21〕 如果在这个意义上驳回诉(Klagabweisung),或者诉讼驳回(Prozessabweisung)(因为缺乏诉讼要件),那么被告不需要等待原告的再次起诉,而是可以在具备足够的确认利益时自己提起诉讼以获得法院的确认,就像前诉若能对本案进行裁判就已经获得的那样。

〔22〕 按照本书坚持的观点,诉权只针对国家,而并不针对被告。参见上文第 44 页脚注 7。

〔23〕 对于这个还部分存在争议的问题,参见 Hellwig,Lehrb. I S. 165/6 cum cit,对此还有 Hegeler,Anerkenntnis und Verzicht(1903),Weismann,I S. 375。

第二节

诉讼法律关系的建立并不取决于诉的正当性。

51 1.“要求法律保护的权利需要满足特定的前提条件。如果具备了这些前提条件,也就不需要再去审查法律保护请求权存在与否。如果这些是通过判决进行法律保护的前提条件,那么,就称其为诉的前提条件。如果诉的前提条件存在,那么诉权就存在,即有权要求通过适当的判决满足其特定的法律保护利益(Rechtsschutzinteresse)。如果诉的前提条件欠缺,那么通过驳回诉(Klagabweisung)* 对被告施以法律保护。”“(我的教科书)第四编处理的问题是(自称的)诉权应该如何被主张。通过起诉总是(并不是在作出实体判决的要件存在时才产生)一方面在原告和被告之间,另一方面在他们与相关法院之间构建起诉讼法律关系;针对法律保护申请作出的判决将终结诉讼法律关系。我在这里将讨论相互对立的法律主张,讨论(法律主张的)种类和方式,以及法院对此如何获得裁判基础,根据教科书具体阐述的基本原则究竟应当判决原告胜诉抑或是被告胜诉。”

上述文字摘自我的教科书的前言部分(第 7 页),我在那

---

* 【译者注】按照赫尔维格诉权体系,诉讼要件的欠缺引发诉讼驳回(Prozessabweisung)。诉不合法和诉不正当时引发驳回诉(Klagabweisung),其中前者称为因为不合法驳回诉,后者称为因为不正当驳回诉。值得注意的是,赫尔维格界定的诉讼要件不同于现代德国民事诉讼理论中的诉讼要件,因此,诉讼驳回也并不能与诉讼判决驳回诉相对应。赫氏诉讼要件的范围具体参见本书第八章。

里还引述了教科书第 145 页和第 147 页的内容。摘录上述文字是为了获得正确的认知,进而能够甄别出他人的转述是否准确。[24] 当彪罗驳斥我的观点时,他认为我的观点是“将兼具实体法和诉讼法要素的诉讼法律概念[25]作为诉讼和法院判决的前提条件”。他同时还说,“根据这种观点,如果随着诉讼的发展,原告被证实并不享有法律保护请求权,这也就意味着这些诉讼根本没有存在过(gänzlich ins Leere fallen)”。[26]

同样显而易见的是,彪罗并没有正确理解我们的观点。我 52
们的具体诉权被他等同于(抽象的)诉的可能性。不是,绝不是!诉权并不是诉讼的前提条件。只要原告以法律保护为目的,通过诉讼请求要求特定内容的判决,诉讼就已经存在了。至于原告所宣称的诉权是否真的存在,这是需要在诉讼中判断的问题。[27] 根据我们当前的诉讼法,判断诉权存在与否的标准时点是判决作出时而不是提起诉讼时。如果诉权在判决作

---

〔24〕 Bülow, ZZP Band 31 S. 259.

〔25〕 彪罗或许说的是诉权的概念。

〔26〕 科勒的“反驳”也建立在相同的误解之上。科勒的表述与他在 Kohler, ZZP. 33 S. 212 中所持的观点相矛盾。他认为,用权利实现请求权(Rechtsverwirklichungsanspruch)来替代法律保护请求权或许更符合德语表达。(这位作者在这里的观点与他的下述观点相矛盾,即所有判决都是确认判决!)然后,科勒得出结论:“如果程序是为了权利实现这一论断是正确的,那么,不能实现权利的程序——就不是诉讼……由此,法律保护请求权就自我了结了。”真的是这样吗?

〔27〕 彪罗(Bülow, ZZP. 31 S. 257)认为,我的上述表述(z. B. Hellwig, Lehrb. I S. 3 Fn. 11)和诉权早在诉讼之前便存在的观点(如果我称为诉的前提条件的那些要件早在起诉前就已经存在的话)之间存在矛盾,彪罗费尽心思也无法解开这个矛盾。我必须承认,尽管竭尽了全力,但我依旧无法找出所谓的循环论证(拉丁文:circulus vitiosus)。(冯·施鲁特卡和我私下询问的其他法学家也未能找到彪罗所说的循环论证[v. Schrutka a. a. O.])。彪罗之所以会这样认为,或许源于他对我的误解。他认为,在我的理论体系中,诉权和诉的可能性是完全一样的(s. o. bei Note 24),因为我主张诉权存在与否在起诉之前还并不确定。对于这句话,我所尊敬的对手混淆了客观和主观的确定性(objektive und subjektiveGewissheit),混淆了诉权的存在与法院对其存在的确定。

出时存在,就判决原告胜诉;如果诉的前提条件在这个时候消灭了,就判决原告败诉,因为他这时不再享有诉权。[28]

53 诉讼是为权利而进行的斗争,抑或它可能是这样。如果双方当事人之间发生争议,那么,只有其中一方可能享有权利。至于谁有权利,这应当通过言辞辩论和证据调查被澄清。至于这如何发生,将在诉讼法律关系发展理论(本书第十章)中得到答案。

---

〔28〕 这句话在我的教科书(Hellwig, Lehrb. I § 27)中有详细的论述。彪罗(Bülow, ZZP. 31 S. 236)认为,这句话与我自己的观点相悖,并且这句话是对其观点的肯定,即要求给付判决的请求权最早也要在言辞辩论终结后才能被确定。根据上文和脚注26末尾的内容可知,这种想法是自相矛盾的。冯·施鲁特卡也已经对彪罗进行了非常中肯的反驳。

5. 诉讼要件与诉的前提条件

第八章　a）诉讼要件

第一节

诉讼要件这一概念并没有被规定在法律中。将诉讼要件引入诉讼法学是彪罗的伟大贡献。彪罗将诉讼要件理解为“合法性的必要条件(die Erfordernisse für die Zulässigkeit)，整个诉讼法律关系产生的前提条件”〔1〕“诉讼法律关系的存在条件”“诉讼法律关系有效产生的必要条件”。〔2〕

根据罗马法的观点，诉讼被理解为走向 54
实体判决的程序。换句话说，这种观点认为，即便法院处理过纠纷，但如果没有作出实体

〔1〕 Bülow, Lehre von den Prozesseinreden S. 6.

〔2〕 Bülow, ZZP. Band 27 S. 236.

判决，那么，诉讼法律关系就根本不存在。[3]

对此，首先应该被强调的是，诉讼要件只是限定了法院可否作出判决（das Dürfen），而并非能否作出判决（das Können）。即便欠缺诉讼要件，法院作出的判决依旧是有效的，只要它是确定的。诉讼要件的欠缺只是通过上诉撤销原判决的理由；在判决产生确定力后（《帝国民事诉讼法》第579条第4项），只有在相当少的情况下可以撤销原判决（通过无效之诉）（Nichtigkeitsklage）*。

即便不考虑这一问题，彪罗的全部观点也是不能够被赞同的。其对诉讼的理解是基于罗马程式诉讼（formularprozess）的特殊构造，即便这对程式诉讼是适用的，但也并不能移植到现代诉讼中。即便言辞辩论后必须以诉讼驳回终结诉讼（absolutio ab instantia，Abweisung angebrachtermaßen），在法院和当事人之间的诉讼法律关系也依旧存在。[4] 当今，所有对诉讼法律关系的发展起到决定作用的基本原则都可以支持这样的理解。

---

〔3〕 魏斯曼（Weismann，Hauptintervention S. 117 Fn. 22a）将诉讼要件称为“通过起诉建立诉讼的前提条件”（更准确的表述参见他的教科书 Weismann，Lehrb. I § 89，XI）。施泰因（Stein，Erl. I zu § 274）和比尔克麦耶尔（Birkmeyer，Enzuklopädie § 6）认为，在欠缺诉讼要件时只是“事实上存在诉讼”，却否认其“法律上的存在”。科勒（Kohler，Prozess als Rechtsverhältnis S. 52）认为，在欠缺诉讼要件时，“起诉是无效的，且未形成诉讼”“诉讼法律关系因此并不会产生。”

* 【译者注】Nichtigkeitsklage 也被译为“取消之诉”。根据现行《德国民事诉讼法》第578条的规定，再审的种类包括无效之诉和回复原状之诉。参见《德意志联邦共和国民事诉讼法》，谢怀栻译，中国法制出版社2001年版，第137页以下；《德国民事诉讼法》，丁启明译，厦门大学出版社2016年版，第132页以下。

〔4〕 法院是否得以对本案作出裁判，这可能成为本案审理的前提条件。在州法院程序中的特定情况和特定案件中就必须以此为前提，但这并不能论证出我们所反对的观点。如果出现了那种可能性，则它仅涉及诉讼法律关系发展的一种样态。如果人们将处理诉讼要件问题的程序称为前程序（Vorverfahren），将处理本案问题的程序称为主程序（Hauptverfahrne）（so Wach，I § 3，II），那么就不仅是州法院的特定诉讼程序才是如此。应该强调的是，即便被告对本案进行了无保留的辩论，也依旧存在诉讼驳回的可能性。

诉讼系属的产生也是这样。无论是诉讼程序中止时,还是 55
在当事人地位承继(Succession in der Parteistellung)的情况下,抑或是法院有通过终局判决终结诉讼系属的必要时,都会产生诉讼系属。

如果这是不能否认的,那么,人们就不能将诉讼要件(在通说的含义上)作为诉讼法律关系存在的前提条件。相反,这些要件只能被视为法院得以对本案作出裁判的前提条件。[5]

第二节

上述广义诉讼要件概念[6]并不流行而且也并不值得推荐。相反,这些前提条件有必要被分为两大类别,一类能够识别起诉是否符合规定,另一类可能导致本案被驳回(因为“无理由”[unbegründet]*)。[7] 其中前一类我保留其诉讼要件的

---

[5] 《〈德国民法典〉第一草案》在第171条使用了“诉讼要件”的表述。《德国民法典》第212条则避免使用这一表述,这是恰当的。它在同等含义上规定“并非对案件本身(nicht in der Sache selbst)(=本案)进行判决”。

[6] (根据广义理解)人们也必须要将确认利益或《帝国民事诉讼法》第257条到第259条所要求的法律保护理由(Rechtsschutzgrund)作为诉讼要件的一部分。同样,在妻子违反《德国民法典》第1400条第2款而提起诉讼或者宣告破产人(Gemeinschuldner)通过诉讼主张属于破产财产的权利时,人们必须以欠缺诉讼要件为由驳回诉。参见本书第九章结尾的论述。

* 【译者注】unbegründet通常译为“不正当”,其与“不合法”(unzulässig)相对。然而,在赫尔维格体系中,现代德国法学理论中诉讼要件的部分事项被界定为诉讼法上诉的前提条件,因其欠缺引发的裁判被定义为实体裁判,进而与因狭义诉讼要件欠缺引发的诉讼驳回相区别。为了避免术语翻译可能引发的误解,此处将unbegründet译为了“无理由”。

[7] 彪罗(Bülow, Zeitschr. 31 S. 254 Fn. 5)也承认存在上述不同。但是他并没有进一步研究差别究竟有多大。彪罗(Bülow, Zeitschr. 31S. 255)对我的批判是建立在误解之上的,这已经得到了冯·施鲁特卡的证实。参见本书第七章脚注26和脚注27。

称谓,而后一类我已经建议称其为诉的前提条件。

56 两类法律保护条件(Rechtsschutzbedingungen)最本质的区别如下:

1. 诉讼要件(这里采取我建议的狭义理解)的共性在于,任何一个要件欠缺都必须拒绝作出实体判决。诉讼必须就此终结,而不能对本案,也不能对诉的合法性(容许性)(Statthaftigkeit)*(这意味着只与诉权有关)进行裁判。这种情况下,虽然也作出裁判(以终局判决的形式),但是它既不对原告有利,也不对被告有利。〔8〕 据此,无论如何应当避免使用"驳回诉"(Klagabweisung)的称谓,而是使用"诉讼驳回"这一特有的表述方式。

当起诉行为和起诉方式存在本质缺陷时,就必须作出诉讼驳回。为了避免诉讼驳回,就必须满足以下条件:

(1)如果原告自己诉讼,那么他必须有诉讼行为能力〔9〕。以其名义进行诉讼的代理人必须有代理权(诉讼的合法性)(拉丁文:*legitimatio ad processum*)。〔10〕 在律师诉讼(Anwaltsprozess)**中,

---

* 【译者注】上诉的容许性与诉的合法性对应,是特殊的上诉要件。现行《德国民事诉讼法》第511条和第542条分别对控诉和上告的容许性作出了规定。参见《德意志联邦共和国民事诉讼法》,谢怀栻译,中国法制出版社2001年版,第117页、第126页;《德国民事诉讼法》,丁启明译,厦门大学出版社2016年版,第113页、第121页。

〔8〕 当拒绝作出实体裁判(也包括强制执行)时,或许只谈得上对被告有利。但是这种利益并不源自终局判决的内容,而只是不作出实体裁判的结果。

〔9〕 (有诉讼行为能力的)原告是否有当事人能力则完全是另外一类问题,如无权利能力社团或外国僧侣提起诉讼。参见本书第九章第66页以下。

〔10〕 通过授权(经过有诉讼行为能力的原告)或者作为法定代理人。

** 【译者注】现行《德国民事诉讼法》第78条的标题是律师诉讼,其中第1款规定:"当事人在州法院、州高等法院、依据《德国法院组织法实施细则》第8条设立的州最高法院,及联邦最高法院必须由律师作为诉讼代理人代行诉讼。在联邦最高法院进行诉讼的,必须由联邦最高法院许可的律师代行诉讼。"《德国民事诉讼法》第79条的标题是当事人诉讼,据此当事人可以自己进行诉讼。参见《德国民事诉讼法》,丁启明译,厦门大学出版社2016年版,第16页。

诉状必须由诉讼法院(Prozessgericht)许可*的律师进行签名。

(2)诉状必须送达给有诉讼行为能力的被告或者他的法定代理人或者由他或他的法定代理人授权的人。 57

(3)送达的外部行为(der äußere Akt)的作出必须符合法律实质规定的形式。[11]

(4)诉状必须包含《帝国民事诉讼法》第253条第2款实质规定的内容。

(5)诉讼类型必须合法,原告实施的诉的合并必须得到准许,如果提起反诉,起诉的类型不能违反禁止性规定。[12]

(6)原告选择了唯一或者其中一个有管辖权的法院。[13][14]

上述所有前提条件具有以下共同特质,也因此有必要用统一的立场去看待它们,并且将它们归入共同的称谓之下也是正当的。

(1)这些诉讼要件的欠缺会引发相同的后果:诉讼驳回。 58

---

* 【译者注】基于律师行业保护和地方保护的考虑,《帝国民事诉讼法》原则上只允许受诉法院许可的律师代理当事人进行诉讼。这一限制不断得到缓解。谢怀栻老师译本所依据的2001年《德国民事诉讼法》改革之前的第78条规定,当事人在州法院必须由初级法院或州法院所许可的律师,在所有上级审法院必须由受诉法院所许可的律师作为诉讼代理人代行诉讼。参见《德意志联邦共和国民事诉讼法》,谢怀栻译,中国法制出版社2001年版,第16页。丁启明博士译本所参照的改革法之后的第78条则进一步将其限缩为在联邦最高法院进行诉讼的,必须由联邦最高法院许可的律师代行诉讼。参见《德国民事诉讼法》,丁启明译,厦门大学出版社2016年版,第16页。

〔11〕 或许应当区分:(1)从未送达;以及(2)已经实施的送达存在可以被补救的瑕疵(例如可参见《帝国民事诉讼法》第187条和一般性的第295条)。

〔12〕 如可参见《帝国民事诉讼法》第595条第2款和第615条第2款。

〔13〕 如果欠缺德国法院主管(deutsche Gerichtsbarkeit)则完全不同(因为被告有治外法权,或者《帝国民事诉讼法》第606条第4款的情况,没有任何一个德国法院有管辖权)。对此欠缺的是诉的前提条件。参见本书第九章脚注37。

〔14〕 正文中所列举的诉讼要件的种类(并不属于诉的前提条件)并不包含涉及法官个人能力(Fähigkeit des Richterpersonals)的诉讼要件,尽管它经常被归入诉讼要件。它只是对诉讼法律关系的发展有意义,而并不会对诉讼法律关系的产生发挥作用。

(2)原告无论如何可以避免出现诉讼要件的欠缺,因为这只涉及诉讼行为的必要条件。通过选择正确的行动方式(拉丁文:*modus procedendi*),原告就可以避免出现诉讼要件的欠缺。[15]

(3)基于同样的理由,相关要件存在与否的判断原则上以相关诉讼行为实施时为标准时点,[16]也就是说不是以判决作出时为准。只要在实施时具备了这些条件,相关诉讼行为就是有效的。而即便诉讼法律关系发生了变化,使诉讼法律行为在事后看起来不再具备相应的诉讼要件,也通常绝不会影响诉讼行为的效力。只要诉讼法律关系形成时,法院的管辖权是存在的,那么管辖权就会一直保持下去(《帝国民事诉讼法》第263条)。如果相关必要条件没有得到满足,那么仅当起诉行为的瑕疵是可以被弥补的并且已经得到了弥补时,才能避免出现诉讼驳回的结果。[17]

---

〔15〕 诉的前提条件则完全不同(参见本书第63页以下)。诉的前提条件要视具体的法律状况而定(当事人能力、法律途径的合法性[Zulässigkeit des Rechtsweg]、国内法院主管[inländische Gerichtsbarkeit]、当事人适格[Sachlegitimation]和诉讼实施权[Prozessführungsrecht]、法律保护利益),即不以当事人的意志为转移的情形。

〔16〕 这与那些涉及判决内容的前提条件存在根本差异(我的"诉的前提条件")。

〔17〕 本书不再对这方面的细节做进一步论述。我只想指出的是,补救的可能性远远比被一般接受的范围要宽广得多。令人欣慰的是,帝国法院的判决已经走在了正确的道路上。Vgl. RG 52 Nr. 36.

第九章　b）诉的前提条件

59

第一节

在诉的前提条件这一称谓之下，我总结了成功提起诉讼的条件，也即与具体的法律状况相联系的前提条件，从而可以要求特定的给付，对具体法律关系进行积极或消极的确认或者要求法律变动。[1] 因为一再出现的误解，我要再次强调的是，这些前提条件并不决定诉的可能性，而是制约具体诉权。诉的前提条件并没有告诉我们，诉讼程序在何时

〔1〕 科勒（Kohler, Enzyklopädie Ⅱ S. 107）对我所提出的诉的前提条件这一概念的误解到了何种程度，对此我已经在本书第一章脚注16a进行过论述。

开始,而是告诉我们处于未决状态(anhängig)* 的诉讼中必须有怎样的法律状态才能够使起诉看起来是正当的,才必须作出上述内容的判决。这一理论可以回答哪些事实对于实体裁判是至关重要的,以及在发生争议时需要对哪些事实加以证明。

这样的理论是客观存在的。否则,律师该如何回答下述问题:法律关系是否存在?法律关系的内容是什么?如果权利被认为存在的话,是否可能以及如何[2]主张这一权利?律师应当如何应对才能够让他的客户免受对方当事人不正当和非分的法律要求(Rechtsprätention)的侵害呢?

60 对于相同的问题,罗马法学家已经千百次地在他们的判决中进行过判断,即满足还是驳回起诉(拉丁文:*actio competit oder non competit*)。对于同样的问题,皇帝的诏令(kaiserliche Reskripte)在请求以事实为根据(拉丁文:*si preces tuae veritati nituntur*)时以同样的方式作出了回应。[3] 这也是每个法学家现在对处于未决状态的或者对计划提起的诉讼进行鉴定

---

* 【译者注】与诉讼系属(Rechtshängigkeit)相对,德国民事诉讼还有未决状态(Anhängigkeit)这一概念。根据现行《德国民事诉讼法》第 261 条第 1 款的规定,诉讼案件于起诉时即发生诉讼系属。与此不同,诉状递交给法院时即产生未决状态。诉讼系属和未决状态分别为不同的民事诉讼法律制度提供起算时点。例如,根据现行《德国民事诉讼法》第 64 条的规定,主参加制度以未决状态为标准时点。而根据第 261 条第 3 款第 1 项和第 2 项,诉讼系属分别是禁止重复起诉和管辖恒定制度的标准时点。参见《德意志联邦共和国民事诉讼法》,谢怀栻译,中国法制出版社 2001 年版,第 13 页、第 63 页;《德国民事诉讼法》,丁启明译,厦门大学出版社 2016 年版,第 13 页、第 60 页。

〔2〕 法律途径(Rechtsweg)还是行政途径(Verwaltungsweg)?普通民事诉讼还是刑事诉讼(罚款,销毁底单复印件[Busse, Vernichtung von Nachdrucksexemplaren])?确认之诉?现在抑或将来给付之诉?对丈夫还是对妻子起诉?对继承人还是对遗嘱执行人(Testamentsvollstrecker)起诉?对社团还是对社团成员起诉?

〔3〕 汉谟拉比(Hammurabi)在他的法典后记(Epilog)中说道:“因为诉讼案件(Rechtssache)而悲伤的人走到我的墓前,看到作为公正之王的我的画像,读到碑文,领会到我的箴言,在碑文中他将看到他的案件,他将看到他的权利,他的心将变的愉悦无比。”汉谟拉比指出的也是同样的问题。

(Gutachten)时所必须面对和必须回答的问题。法学家总是将这个问题与另外两个问题严格区别开来。第一个问题是：前来咨询的当事人是否能够证明他所主张的事实(鉴定人的回答是以这些事实主张为真作为基础的)？第二个问题是：法院是否也能够机智和敏锐地找到对判决起到决定性作用的法律规范，并且对法律构成要件作出与鉴定人相同的涵摄(Subsumition)？

在彪罗看来，有良心的法学家根本不应该做这样的鉴定。他对我们说："要了解法院会依法作出怎样的裁判，"就"不仅仅要求对过去全知全能，而且还要对未来有全面的了解，这就要求当事人必须有预言的禀赋。"[4]他认为"在诉前就了解到实体法案件事实(materiell-rechtlicher Tatbestand)是不可能的""而在诉前就预知特定的诉讼案件事实(prozeßlicher Tatbestand)也同样是不可能的。"[5]

第二节 61

在胜诉的前提条件中，我还将区分实体层面和诉讼层面。我将涉及"诉讼标的"(Prozessgegenstand)[6]、"诉讼请求"

[4] Bülow, Zeitschrift. 31 S. 250.

[5] Bülow, Zeitschrift. 31 S. 251.

[6] 《帝国民事诉讼法》第 2 条和第 3 条："诉讼标的"，第 5 条："诉或者反诉的标的"，第 263 条第 1 款："争讼事件"(Streitsache)。

(在诉讼意义上*使用这个概念时,其指的是帝国法中的含义)[7]和“本案”(Hauptsache)的前提条件简称为实体上诉的前提条件(die materiellen Klagvoraussetzungen)。这是原告诉称或者否认的法律关系,[8]他据此请求法律保护。[9] 由于通过起诉请求特定判决的权利有赖于实体法律关系,因此,诉讼法与实体法产生了联系。[10] 根据(本国的或者外国的)实体法,不仅需要判断诉讼标的是否存在,而且需要判断以下问题,即谁是法律关系的主体,当事人是否有管理权(Verwaltungsrecht)或者现在是否有权进行处分,被主张的私权利是否有完全的效力(vollgültig)或者其是否只是自然债务(naturalis obligatio),对此是否存在撤销权或者其他反对权(Gegenrecht)等。对于这方面

---

* 【译者注】Anspruch 有实体法和诉讼法内涵,通常前者译为“请求权”,后者译为“诉讼请求”。由于《帝国民事诉讼法》的概念术语并未被之后制定颁布的《德国民法典》所接受,因此,出现了同一词语在不同法典中有不同含义的现象。一般而言,在《德国民事诉讼法》中的 Anspruch 应当被理解为诉讼请求,而不能被理解为实体请求权,这也是民事诉讼法与民法二元格局的具体体现。不仅如此,Anspruch 与我国民事诉讼理论中的诉讼请求概念也存在并不细微的差别。我国诉讼请求概念更贴近于德国诉的声明(Klageerklärung)或诉的申请(Klageantrag),指不包含诉因(Klagegrund)的实质性的法律主张。而德国诉讼法上的诉讼请求原则上与诉讼标的是同义词。详见任重:《论中国民事诉讼的理论共识》,载《当代法学》2016 年第 3 期。

〔7〕《帝国民事诉讼法》第 253 条第 2 款第 3 项、第 281 条、第 322 条、第 328 条第 2 款;《德国民法典》第 1958 条、第 2115 条,《〈德国民法典〉施行法》(EG. zu BGB.)第 6 条、第 25 条第 2 句。

〔8〕 每项权利都有相应的法律关系,但是,并非每个法律关系都需要有具体的或者孕育出已经发展成熟的权利。

〔9〕 原告主张或否认的法律关系构成了诉讼标的。诉讼标的不是(如瓦赫所主张的那样,Wach, Handb. I S. 296/97)法律保护请求权(我们的诉权)。Vgl. Kipp bei Windscheid I § 122 Fn. 6, Gaupp-Stein Erl. III vor § 253, Hellwig, Anspr. u. Klagr. S. 157 fg.

〔10〕 例如,人们可以参见《帝国民事诉讼法》第 256 条到第 259 条、第 323 条、第 767 条、第 771 条(参见本书第五章第三节)。

的细节问题我不再详细论述。[11]

我想指出的只是，要求形成判决的诉权以形成权为前提。 62
这种形成权是仅借助形成权人的意思表示[12]所不能被实现的。这种权利（如离婚权，因继承权的丧失而要求撤销遗产继承的权利）构成了诉讼标的，而并不是要去变动的法律关系，即并不是婚姻和继承权。如果因为不正当而驳回诉，那么形成诉权也就被否定了；如果判决变动权利——自动发生对世效力（Wirkung für und gegen alle），[13]那么，这种权利就经由判决被确认和被实现了。[14]

---

〔11〕 我的教科书在理论的具体讨论中曾经强调过那些经常被诉讼法使用的民法基本概念（如《帝国民事诉讼法》第 76 条：对占有人本人提起的诉讼［Klage gegen den Besitzer als solchen］；第 325 条：承继人［Rechtsnachfolger］；第 256 条：法律关系［Rechtsverhältnis］；第 257 条：请求权［Anspruch］）的重要意义。虽然相关论述表面看起来使用的是民法的基本概念，但是，应特别强调其在诉讼中的不同侧重。我认为这种做法是正确的。尽管我已经在我的教科书第三十章脚注 1 中明确强调，以“实体上诉的前提条件理论”为标题的章节从严格的体系视角观察并不属于诉讼法体系。尽管如此，彪罗（Bülow，Zeitschr. 31，S. 259 Note 4 a. E.）还是认为，这是“将民法混入了诉讼法”“民法被彻底归入了诉讼法的范畴”。

〔12〕 撤销表示、解约表示（Anfechtungs-，Kündigungserklärung）等。

〔13〕 像罗马的遗嘱撤销诉讼（拉丁文：*rescissio testamenti*）和回复原状诉讼（拉丁文：*restitutio in integrum*）都是这种情况。它们都具有溯及力，因此它们都不是确认行为（Feststellungsakte）。

〔14〕 不溯及既往（拉丁文：*ex nunc*）和溯及既往（拉丁文：*ex tunc*）的情况都产生对世效。进一步论述参见 Hellwig，Anspr. u. Klagr. § 58 bes. S. 478 fg.，Lehrb. I S. 47 fg。泽克尔（Seckel，Gestaltungsrechte，Festschrift für Koch S. 242）注意到形成判决中包含的国家行为是“形成行为，但不是执行行为”。其实这并不矛盾；所有执行行为也都是形成性的（rechtsgestaltend）。（与非讼事件［freiwillige Gerichtsbarkeit］的形成行为［konstitutive Akten］相反）形成判决因此也是执行行为，因为它直接服务于形成权的实现（vgl. näher m. Lehrbuch I § 9 II，3 und bes. § 12，III，3）。在我看来，泽克尔（Seckel）已经对起诉的意义（作为对形成权的行使）进行了足够的强调。但这却被基施（Kisch，Beiträge zur Urteilslehre，1903）否定了。在基施看来，“意图实现的法律变动才是真正的诉讼标的”。（如本书第 71 页）但是诉讼标的只能是形成权。基施混淆了诉讼标的和诉讼目标（Ziel des Prozesses）。按照基施的观点，人们可以说给付之诉中借款返还请求权不是诉讼标的，给付才是诉讼标的。其实，基施眼中“引发的判决”（das auslösende Urteil）与具有溯及力的形成判决并无二致。对科勒观点的反驳参见本书第五章脚注 8。

63 而对于要求改变诉讼法律状态的形成之诉,其诉讼标的是《帝国民事诉讼法》赋予的诉讼“异议权”(Widerspruchsrecht)。[15] 回复原状之诉和无效之诉也是如此(只要涉及撤销原判决[拉丁文:iudicium rescindens]),所谓的执行异议之诉(Vollstreckungsgegenklage)也是如此,其请求撤销的是执行力(Vollstreckungsfähgikeit)。如果这是正当的,就会直接引起撤销的后果。[16][17]

第三节 诉讼上诉的前提条件

1. 总论

一系列诉讼法上的前提条件被归入这个概念之下。这些前提条件有共同的特征。当其欠缺时,就像诉讼要件的欠缺一样(狭义上的诉讼要件),法院不能做出实体裁判,但也并不能作出诉讼驳回,而是引发驳回诉。

64 驳回诉并不是否认原告诉称的实体权利,而只是判决原告不享有诉讼上的权利,不能要求国家(普通[ordentlich])法院

---

〔15〕《德国民法典》第1407条催生了这一精确的技术性表达。

〔16〕在我的教科书第1册第六十二章,我列举过适用异议之诉的情形。但是,我并没有对其中一类判决加以足够的强调,这种判决并不会直接带来法律变动,而只是命令其他的国家机关并委托其他国家机关执行(如退还违背《帝国民事诉讼法》第771条而扣押的物)。这样的判决具有外部的执行力(einer äußeren Vollstreckung fähig),并且其临时可执行性(如第708条第5项规定)具有实践意义。

〔17〕魏斯曼(Weismann, I § 18 II)将形成之诉归入给付之诉。而对上述异议之诉,魏斯曼(§ 18 VI)则满足于认为民事诉讼法是在纯粹程序意义上使用“诉”这一表达方式。

(Gerichten)[18]对其民事权利提供法律保护。因此,驳回诉只是否定了我们所界定的诉权。[19] 驳回诉是一种实体裁判(sachliche Entscheidung)。* 它与诉讼驳回相反。驳回诉是对于原告不利的裁判,因为其不承认原告享有诉权,除非具体的法律状态发生了改变,从而产生了之前欠缺的诉的前提条件。[20]

以被主张的请求权还未届清偿期为由在当时驳回给付之诉的做法早就非常普遍了,这被称为当时驳回(Abweisung zur Zeit)。我曾经建议过,为了与因不正当驳回诉相区别,可以将这个概念作为适用于所有相关类型的简要的和技术性的表达方式。我也清楚地知道这一表达方式可能引发的质疑。[21] 或许可以进一步将这个概念表述为"因不合法而驳回诉"(Abweisung der Klage als unzulässig)。

2. 诉的前提条件各论 65

根据欠缺时引发的后果,可以把诉的前提条件分为两个大

---

〔18〕 大家注意这里用的是复数!因为没有管辖权而驳回只是受诉法院不能作出实体裁判。

〔19〕 这一概念的反对者也绝不可能对当时驳回(作为不合法)的含义给出统一和抽象的界定。这也已经能够说明,诉权概念有多么重要的价值。

* 【译者注】sachliche Entscheidung 直译为"实体裁判"。赫尔维格眼中的实体裁判比现代德国民事诉讼理论以及我国的理解都要宽泛,除了狭义的诉讼要件事项以外,对其他事项的裁判都是实体裁判,因为这些事项都与诉讼标的和具体的法律状况相关。

〔20〕 旧理论对这样的判决少有研究,这是因为《帝国民事诉讼法》(第322条)完全没有考虑过这个问题。对此,施泰因做出了突出贡献,在他关于法官裁判约束力的研究(Stein, Über die bindende Kraft der richterlichen Entscheidungen, 1897)中注意到了这个漏洞。在关于拒绝诉讼(拉丁文:*denegatio actionis*)的研究中,罗马法学家讨论过这一问题。Vgl. Schott, Das Gewähren des Rechtsschutzes bes. S. 76 fg.

〔21〕 质疑在于,即便是因不正当驳回("永久"[auf immer],就像人们在共同法司法实践中所说的)也不是对诉请的权利的永久否定(auf alle Zeiten),而只是在之前的事实辩论基础上的否定。标准时点之后的再次起诉与此并不矛盾。

类,即一般条件和特殊条件。一般条件适用于以判决进行法律保护的三种形式(给付、确认和形成),三种形式的特殊条件则相互区别。下面,我将根据上述观点对诉的前提条件概览〔22〕加以分组。

(1)一般诉的前提条件包括:

①第一项一般诉的前提条件是当事人能力(Parteifähigkeit)。〔23〕在诉讼法律关系中,与法院相对的主体叫作诉讼当事人(Prozessparteien)。原告是以自己的名义发起进攻并请求法律保护的主体;法律保护则针对被告作出。谁在具体的诉讼中是当事人,这纯粹是一个事实问题。对这个问题的回答只应该以起诉的内容为准。在以下范围内可能考虑法律问题:如当我是"X 的监护人"或者"我是 X 的破产财产的管理人"或"遗嘱执行人"而提起诉讼,或者"作为 X 所有土地的代理人"〔24〕或"作为遗产管理人"(nachlaßpfleger)被诉。

66 抽象的当事人能力则完全是另外一个问题。抽象的当事人能力是能够享有当事人权利(Parteirechte)的能力,就像法律总是规定的那样,"能够诉或者被诉"。〔25〕"能够诉"与抽象的

〔22〕 诉的前提条件在我的教科书中(第二十二章到第六十二章)已有详尽的论述。以诉的前提条件为基础形成的体系是我阐述民事诉讼法的基准。对此,我区分了能够确定诉权和判决内容的前提条件以及诉讼法律关系中能够决定诉讼开始和发展的基本原则。参见本书第十章(诉讼法律关系)。

〔23〕 Vgl. Hellwig, Lehrb. I § 23, III, I, § 43 bis 47.

〔24〕 这是《德国诉讼费用法》(GKG)第 47 条第 9 项对《帝国民事诉讼法》第 58 条指定的代理人的称谓。此外,普朗克(Planck)对《德国民法典》第 928 条中代理人(Vertreter)的理解是确切的,与我在教科书第 1 卷第四十三章第二节中阐明的观点一致,他将其称为"财产管理人"(拉丁文:curator bonorum);在对《德国民法典》第 1914 条的论述中,他又再次承认了管理人(拉丁文:cura rei),否则就必须坚决否定(其诉权)。

〔25〕 这里"能"(können)的含义(如《帝国民事诉讼法》第 17 条和第 171 条)与本书第五章第三节所讨论的"有权"(berechtigt sein)没有什么不同。这里只是采取了抽象的表示方式。

当事人能力并无二致,它们都是说人们有权[26]基于自己的权利或者是因为他人的法律关系而基于自己的权利寻求法律保护。“能够被诉”的含义也无异于原告所请求的法律保护所针对的被诉人,这要根据他与原告之间存在的法律关系或可能的法律关系来判定。显而易见的是,当事人能力一定会与民事权利能力(Rechtsfähigkeit)发生重合。在法律没有例外规定的情况下,能够成为当事人的人或组织限于那些有民事权利能力的或者被视为有民事权利的人或组织。[27] 否则的话,肯定或者拒绝其权利或者确认其义务就是毫无意义的了。[28]

如果当事人能力是享有诉讼权利(prozessuale Rechte)的能 67

---

〔26〕 但具体是否真的有权,还取决于其他诉的前提条件存在与否。

〔27〕 对此,我首先想到了胎儿(Leibesfrucht)。在科勒(Kohler,Lehrb. I S. 354 fg.)看来,胎儿是“沉默的法人”(stillschweigende juritische Person)。此外,我还想到了破产财产或者遗产还有其他独立管理的特殊财产,只要还存在财产分割(拉丁文:*separatio bonorum*),就完全不考虑它属于何人。我在教科书中(Hellwig,I § 46)发展出的观点已经被菲廷(Fitting,Konkursrecht S. 32 fg.)所接受,即独立的特别财产具有民法上的权利能力,但这就像法人一样只是概括性的表达方式,就像《帝国民事诉讼法》第 50 条第 2 款所规定的那样。这种表达并不考虑特殊的和高度复杂化的破产财产问题,并不是源于法律规定的一般规则(拉丁文:*regula,quae ex iure sumpta est*),也不是意图对法律中具体规定的以及大量法律虽然没有规定但是被(如帝国法院判决[RG. 29 Nr. 10])发展出来的法律规则进行高度总结,进而使所有的法律规则看起来都能够被包含在定义之下。虽然基尔(Keihl,Zeitschr. Band 31 S. 301)认为,我没有能够根据其效果重塑破产财产,但是我认为我的观点是正确的。我依旧坚持以下原则:法生规则,而非法源于规则(*regula ex iure sumatur,non ius ex regula*)。

〔28〕 我也因此认为,我们不应该继续使用“对物诉讼”(拉丁文:*Prozesse in rem*)这一表达方式(Kohler,Enzykl. II S. 91)。一个物不可能被给付;一块土地(《帝国民事诉讼法》第 58 条)也不可能负担诉讼费用;它也不可能成为租赁关系的主体。即便物被征收(Aneigung)时也必须坚持认为,主体是国库而不是物(持相同观点的还有绍尔迈耶尔,Schollmeyer,Schuldverhältnisse 2. Aufl. S. 75)。我也不可能向一块土地发出土地债务(Grundschuld)的解约通知。只有在无法通过其他方式主张权利时,才可能向土地发出解约通知。当然,一定还是存在针对土地提起的诉讼。尽管使用了以下怪异的表述(die Verlegenheitsphrase),即代理人以自己的名义进行诉讼(代理的是什么呢?)或对物诉讼,土地都不可能也不应该是诉讼权利人。

力,那么,它也决定了最重要的诉讼权利:诉权。因此当事人能力并不是诉讼要件,而是诉的前提条件。如果某人或组织是不存在的,那么也就谈不上相应的起诉了,因此无疑欠缺了诉讼要件。但如果某人或者组织本身是存在的,那么,这就涉及诉的前提条件问题。可能成为问题的并且明显构成问题的是无民事权利能力社团和(外国的)僧侣。尽管他们无疑具有诉讼行为能力,但他们可能完全没有当事人能力,或者是部分具有,也可能是具备完全的当事人能力。如果原告只是欠缺当事人能力并因此导致诉被驳回,那么这是实体裁判,即对被其主张的具体的法律保护请求权的否定,〔29〕而不是否定了被其诉请的(实体)权利。〔30〕

68 ②第二项一般诉的前提条件是法律途径的合法性(Zulässigkeit des Rechtswegs)。这意味着,国家对相关法律事件(Rechtsangelegenheit)以(普通的)民事诉讼的方式进行法律保护,而不是行政途径(Verwaltungswege),不是刑事诉讼(罚金!),也不是非讼事件(freiwillige Gerichtsbarkeit)。〔31〕如果民事诉讼途径关闭了,那么这意味着国家拒绝了诉权。

③如果对于具体的案件不能行使本国裁判权(inländische Gerichtsbarkeit),那么也将导致诉的前提条件的欠缺,如针对享有治外法权的人(Exterritorialen)提起的诉讼,除非诉讼程序属于不

---

〔29〕 而不是一般性地对当事人能力进行裁判(因既判力范围而显得特别重要!)。

〔30〕 如若认为,对没有当事人能力的人作出的判决是无效的(参见本书第十章脚注5),那么也就会认为,如果无民事权利能力的社团(nicht rechtsfähige Verein)不具备积极的当事人能力(aktiv parteiunfähig),那么,地方法院的法官(Amtsrichter)可以判决无效为由拒绝执行对无民事权利能力社团有利的给付判决!

〔31〕 我的教科书(Lehrb. I § 12 脚注 48 ~ 56)已经指出,非讼程序也会例外涉及具体私权利的保护和裁判。

动产专属审判籍（ausschließlicher dinglicher Gerichtsstand），[*] 或者涉及两个外国人的离婚诉讼。对此，我们的《帝国民事诉讼法》第606条第4项规定，尽管存在（德国）国内住所，但他们的祖国（Heimatsstaat）对此享有专属管辖权。〔32〕

④另一个诉讼上诉的前提条件是诉讼实施权 69
（Prozessführungsrecht）（原告和被告方面）。我曾经建议使用这个概念，从而使当事人适格（Sachlegitimation）〔33〕概念限定在其本来的含义，即对待判法律关系的主体权限（subjektive Zuständigkeit des abzuurteilenden Rechtsverhältnisses）。这个意义上的当事人适格概念在旧理论中被使用并延续至今。〔34〕最近，很多人将当事人适格概念理解为我这里的诉讼实施权。包括我自己之前的作品中也持这种观点。现在，我将其称为诉讼实施权。〔35〕诉讼实施权这一概念的优点如下：符合德语表达习惯；词能达意；能与帝国法律用语紧密衔接。诉讼实施权也经常被称为诉讼实施权限（Prozessführungsbefugnis），即能够（以诉讼的方式）向法院提出诉讼请求（Anspruch im

---

* 【译者注】ausschließlicher dinglicher Gerichtsstand 的翻译方法参考了《德国民事诉讼法》中文译本第24条标题。参见《德国民事诉讼法》，丁启明译，厦门大学出版社2016年版，第4页。

〔32〕 我的教科书（Lehrb. I § 15,16）曾经尝试对本国裁判权的边界这一极为困难的问题进行回答。这也同时能够得到被彪罗忽视的问题的答案，即如果某国民事诉讼法规定其法院有义务进行裁判（专属的或者选择的），那么，就对某国享有诉权。

〔33〕 最新的论著是罗森塔尔《当事人适格》（Rosenthal, Die Sachlegitimation, 1903）。但是，他并没有给出明确的结论。Vgl. Hellwig, Lehrb. I § 23, III 4 und über die Einzelheiten § 48–56.

〔34〕 Vgl. z. B. Planck, Lehrb. I S. 215; Seuffert, Komm. I S. 70.

〔35〕 依这一术语就必须说：虽然妻子对相关权利有原告适格（Aktivlegitimation bezüglich der eingebrachten Rechte），暂定继承人（provisorische Erbe）虽然有被告适格（Passivlegitimation），但尽管如此，却欠缺诉讼实施权（《德国民法典》第1400条第2款和第1958条）。

prozessualen Sinn)的权限,[36]也即据此能够在诉讼中向某人主张或不能主张请求权的权限。防御的必要性(拉丁文:necessitas defendendi)[37]指的是被告的诉讼实施权。

70 一般而言,诉讼实施权是管理权的结果。像其他的诉讼概念一样,诉讼实施权的间接根据也是民事权利。如果法律关系的主体被剥夺了管理权或者有赖于第三人的同意,那么,这种效果也将延伸至诉讼实施权。[38] 就像管理权一样,诉讼实施权也使第三人可以自己的名义行使权利。[39] 但也存在若干纯粹的诉讼法律规范,据此,即便第三人不具备管理权,却依旧被授予了诉讼实施权。《帝国民事诉讼法》第 265 条就是这样的法律规范,其拒绝赋予继受人诉讼实施权,而是使诉讼实施权依旧保留在出让人那里。如此规定的目的是使系争物的转让

---

〔36〕《帝国民事诉讼法》第 265 条第 3 款现在也是如此,其以这种表达方式代替了旧《帝国民事诉讼法》中使用的当事人适格概念。

〔37〕这种表达出现在《法学阶梯》和《学说汇纂》中(I. 18 § 4 D. 49,17)。根据旧法,家父虽然是因为军功而形成的特别财产的权利主体,但是却并无义务对相应的诉讼进行防御。与此相联系的是,儿子"即便对于家父"(拉丁文:*etiam invito patre*)都享有积极的诉讼实施权(I. 4 § 2 D. 49,17)。上述两项裁判的理由在于,军功财产的管理权(Verwaltungsrecht)专属于儿子。参见本书第五章脚注 3。除此之外,还有非常丰富的罗马法规定可以成为支持我们的素材。如可参见例外享有的诉讼实施权。例如,儿子对于家父授予的特别财产(拉丁文:*peculium profecticium*)享有的诉讼实施权;丈夫在被授予管理权后对妻子的债权(Paraphernalforderung)有诉讼实施权。

〔38〕如《德国民法典》第 1400 条。

〔39〕例如《德国民法典》第 1380 条。即便是刑事诉讼也认可这种法律地位(Rechtsfigur)。科勒(Kohler, Jahrb. F. Dogm. 24, S. 188 fg.)在探讨处分用益人(Dispositionsnießbraucher)的法律地位时将其称为诉讼担当(Prozeßstandschaft),即通过自诉的方式(im Wege der Privatklage)行使国家刑罚权(das staatliche Strafrecht)的权利。这一概念对于国家法也有重要价值,它可以把摄政王(Regent)与君主(Monarch)的代理人的法律地位区分开来。以自己的名义对他人的法律关系进行诉讼,这一权利的概念在我看来也是正确理解辅助参加人(Nebenintervenient)法律地位的钥匙。诉讼担当概念在这里只是附属性的(akzessorisch)。人们也可以想到《帝国民事诉讼法》第 634 条。

不对诉讼产生影响。[40]

自诉案件(selbst klagende)的当事人,其诉讼能力及其代理人的代理权是诉讼要件。这方面的缺陷总是能够被避免。[41] 而对于诉讼实施权,这涉及当事人享有的权利的内容。[42]

因此,这总是取决于当事人,而并不取决于他的法定代理人或诉讼代理人。代理人并不能行使归属于当事人的诉讼实施权。 71

诉讼实施权是一项诉讼权利。他是诉权的前提条件,但是,诉讼实施权并不能被等同于诉权,就像它不能被等同于被诉的法律关系一样。如果特定法律关系中,特定的人欠缺诉讼实施权,那么,他就并不享有诉权。尽管如此,即便其享有诉讼实施权,也并不能说在具体的案件中他就有了诉权。[43]

(2)特殊的诉的前提条件

法律保护理由(Rechtsschutzgrund)是特殊的诉的前提条件,[44]即对诉讼法所要求的具体诉讼法律关系而言,给付判决、确认判决和形成判决的作出是存在足够的利益的。这些前提条件一般被规定在《帝国民事诉讼法》第256条到第259条。虽然其也被具体规定在《德国民法典》中的相关条文,如第12条、第862条、第1004条、第322条第2款和第1965条第2款,但这并未改变其诉讼法本质。

---

〔40〕 Vgl. Hellwig, Lehrb. I § 52.(在教科书中)我还提到了其他法律条文,如《德国商标法》(Warenzeichengesetz)第9条和《德国民法典》第1148条。Vgl. Hellwig, Lehrb. § 49–51.

〔41〕 参见本书第八章,第58页。

〔42〕 帝国法院判决对此也有准确的表述(RG. 53 S. 10)。

〔43〕 尽管存在《德国民法典》第1380条,但丈夫的具体诉权还是有赖于其他一般性诉的前提条件的具备以及法律保护理由(Rechtsschutzgrund)的存在。

〔44〕 Vgl. Hellwig, Lehrbuch § 57–62. 参见本书第五章第三节。

据此,在成功起诉后又重复起诉的问题也能够迎刃而解。重复诉讼的不合法并不是出于对被告利益的维护,也不是基于默示(nichtsagend)的一般恶意抗辩(拉丁文:*exceptio doli generalis*)。同样,这也并不是因为违反了确定力。相反,这显而易见是因为诉权是针对国家的。当国家已经履行了法律保护义务,那么,在没有(其他)理由的情况下,国家就不再负有这样的义务。

72 就像古典罗马法中的诉权(das Recht,zu klagen),(而不是被诉称的实体权利[das einzuklagende Recht])一经使用即被消灭,根据现行法也同样是如此。但其并不是因为起诉,也不是因为随便哪一种判决,而是因为获得了能够满足原告法律保护利益的判决而被消灭。法律保护利益的丧失是当代诉权消灭的原因,这不仅适用于给付之诉,也同样适用于确认之诉。[45]

(3)诉讼抗辩权(Prozesseinreden)

如果诉讼上诉的前提条件欠缺,那么,法院无须考虑被告的责问(Rüge)就应当加以注意,并以(=当前)不合法为由驳回诉。现在也存在若干情形,其只是赋予了对方当事人拒绝诉讼的权利。[46] 更准确地说:在特定条件出现时,诉讼法使对方当事人得以对正当的诉权行使加以反驳。这种情况将产生诉讼抗辩,更准确地说是诉讼抗辩权(Prozesseinrederecht)。这又再次清楚地表现出诉权理论丰硕的成果和巨大的价值。作为反对权,抗辩权以其所反对的权利为前提条件:民法抗辩权以其反对的民法请求权为前提,诉讼抗辩权则以我们的诉权为前提。如果没有诉权,那么诉讼抗辩权就会悬在空中而无法得到

---

〔45〕 Vgl. Hellwig,Lehrbuch § 26.如果诉权是针对被告的并且是要求被告给付,那么,也就无法理解为什么给付判决将排除同样内容的诉。

〔46〕 详见我的教科书(Hellwig,Lehrbuch § 27/8)。

正确的评价。如果人们以我们的理论为基础，那么就可以避免以下风险，即混淆对诉讼要件或诉的前提条件瑕疵的责问与抗辩事实具备时产生的抗辩权。

仲裁协议（Schiedsvertrag）并没有排除诉权，也并没有阻止原告胜诉。相反，被告必须主张诉讼抗辩权。与民法抗辩权不同，被告必须在法院面前主张抗辩权。诉讼抗辩权的主张与给付的拒绝（Verweigerung der Leistung）不同，这是因为诉讼抗辩权的主张不同于拒绝给付的权利，其并不面向对方当事人，而是针对法院。通过诉讼抗辩权的行使，被告使（诉讼意义上的）诉权归于无效，并且使法院有义务通过（当时）驳回诉向被告提供法律保护。 73

第四节 准据法（Maßgebendes Recht）

实体上诉的前提条件是根据实体法加以确定的。总体而言，实体法也是诉讼标的的判断标准。而实体法的来源有可能是外国法，本国法包括根据《〈德国民法典〉施行法》中确立的原则所制定的帝国法和各州州法。准据法的标准时则以有关过渡时期的民法适用原则（Grundsätze über das intertemporale Privatrecht）为准。*

---

* 【译者注】赫尔维格认为，民法以不溯及既往为原则，民事诉讼法以溯及既往为原则，即诉讼时有效的诉讼法律规范。此外，德国理论对基本原则的理解要比我国宽泛，凡是具有一般性并对若干具体规定具有指导作用的法律制度都可能被称为基本原则，如真实义务原则（Prinzip der Wahrheitspflicht）。因此，不能只因为文字表达方式就将诚实信用原则理解为可以与辩论原则和处分原则并列的民事诉讼基本原则。我国民事诉讼立法和理论对基本原则的理解较为严格，一般指贯穿民事诉讼并对民事诉讼活动具有指导意义的根本性和指导性规则。参见张卫平：《民事诉讼法》（第 4 版），法律出版社 2016 年版，第 39 ~ 40 页。

1. 诉讼上诉的前提条件与诉讼要件的共性是：

(1)它们所依据的总是诉讼法[47]。法官总是根据德国法和诉讼时有效的规范进行判断。[48]

74 (2)它们都是对本案进行判决的前提条件。如果欠缺其中的这一种或那一种，那么就不能对诉讼标的作出有利于原告或是有利于被告的裁判。

2. 两种前提条件的区别在于：

(1)首先，其欠缺时所引发的效果不同。诉讼要件的欠缺将引发诉讼驳回。诉的前提条件的欠缺将导致因(当时)不合法而驳回诉。[49]

(2)诉的前提条件需要根据具体的法律状态确定。这并不以诉讼权利人的意志为转移。诉讼驳回总是可以避免的，但是，因不合法驳回诉则无法被避免。[50]

(3)诉讼要件原则上以起诉时为基准时，因为这涉及诉讼

---

〔47〕 这种情况并不少见，因为诉讼法总是在实体法基础上进一步构造出诉讼概念。

〔48〕 不同观点参见魏斯曼(Weismann I § 9 IV, § 20 IV, 1.)。他认为，诉讼法并未建立溯及既往规则。他进一步指出，虽然《德国民法典》第686条规定“不具备可诉性(Klagbarkeit absprech e)”，但是1900年1月1日之前因婚姻介绍产生的请求权(Forderung aus Ehevermittlung)却依旧是可诉的。不过，魏斯曼忽略了如下因素：《德国民法典》第656条规定的是“不产生债务”(keine Verbindlichkeit entstanden)，而并没有说虽然它产生了，但是不具有可诉性(klagbar)。因此，这一规定并非是诉讼性质的，而是纯粹的民法属性的，故而并不违背正文所强调的与民法不同的基本原则。同样没有什么说服力的是他的如下论证，即既判力只有在判决作出后才能被确定。对此可参见我的教科书(Hellwig, Lehrb. I § 5, III, 1, 3)和英格曼(Engelmann, Zeitschr. 32 S. 46 fg.)的论文。彪罗(Bülow, Zeitschr. 31 S. 235)认为，如果新法不再认可诉权，那么诉前存在的“诉权”就归于消灭，由此可以得出诉权并没有产生过，否则它就会存续下来。其实，只有当诉权是私权利时，彪罗的推理才是成立的。如果《德国选举法》(Wahlgesetz)修改了，选举权还依旧存在么？Vgl. Hellwig, Lehrb. I § 5 Note. 9.

〔49〕 本章第二节一般和特殊的诉的前提条件部分已经对此进行过特别讨论。彪罗(Bülow, Zeitschr. 31 S. 254 Note 5)却认为，两种驳回就像两个鸡蛋一样类似！

〔50〕 参见本书第八章结尾部分。

行为的必要条件。[51] 而对诉的前提条件有决定性的时间点是判决作出时,[52] 因为这是作出判决的前提条件。

(4)如果诉讼中是否存在诉讼要件和诉讼上诉的前提条件 75
是存疑的,那么,必须首先对诉讼要件进行检查。在这些问题得到澄清之前,不应该以诉的前提条件的欠缺为由驳回诉,因为这同样是实体裁判。这种裁判的作出以诉讼要件的具备为前提。

上述对本案作出实体裁判的前提条件中存在的区别,[53] 使两类前提条件在术语上的区分变得至关重要。[54] 将诉讼要件泛化理解为包含法律保护理由的必要条件和诉讼实施权的做法,无论如何是不恰当的。基于上文所阐述的理由,绝不能将其与法定管辖(Rechtszuständigkeit)混为一谈。法律保护必要和诉讼实施权在诉讼要件内部找不到自己的位置,因此,只能要么默默地将其作为(从诉讼要件向本案判决的)过渡,要么将其作为独立(不再进一步界定)的必要条件。

---

〔51〕 参见本书第八章脚注 7。彪罗(Zeitschr. 31 S. 254)试图将法律保护理由(如《帝国民事诉讼法》第 256 条)归入起诉行为(Klagehandlung)的必要条件,但这种尝试只是徒劳。

〔52〕 这一诉讼基本原则虽然没有在民事诉讼法中被明确加以规定,但却在《帝国民事诉讼法》第 767 条第 2 款得到了运用。参见本书第七章脚注 2。

〔53〕 彪罗(Bülow,Zeitschr. 31 S. 254)也并未对二者的区别视而不见。他只是希望将它们都称为诉讼要件。

〔54〕 参见我的教科书(Hellwig,Lehrbuch § 24.)。如果有人能够提出比“诉的前提条件”(Klagvoraussetzungen)更好的概念,我愿意欣然接受。不过,魏斯曼的建议其实是完全不同的术语。他区分了 1.“可诉性条件”(Klagbarkeitsvoraussetzungen),这个概念和我们的法律保护理由(本书第九章第三节“特殊的诉的前提条件”)相符(Weismann § 20);2.“诉的诉讼前提或者诉讼要件”(prozessuale Voraussetzungen der Klage oder Prozessvoraussetzungen)(§ 89)。对于后者,魏斯曼进一步区分为:第一,“诉的必要条件”(Klagerfordernisse),其与我们的诉讼要件对应(例外是管辖权,其被魏斯曼归入了第二类);第二,起诉行为(Klaghandlung)以外的必要条件。其正文论述的理由与这种分类相互矛盾。“可诉性条件”割裂了其与诉权的联系(其是一类诉权条件)[魏斯曼(Weismann S. 67)认为实体诉权是针对被告的];诉讼实施权则完全消失在他的体系中。

第十章 6. 诉权和诉讼法律关系

第一节

下面所进行的讨论是为了阐明,本书所坚持的(具体公法)诉权理论能与诉讼法律关系理论实现完美融合。诉讼法律关系(Rechtsverhätnis)被理解为诉讼中产生的具体法律关系(Rechtsbeziehung)的总和和统一体。[1] 下面的讨论将会表明,对诉讼法律关系

〔1〕 拜科尔(Bekker,System I,36.)极为正确地说道:"诉讼是一个进程或者是进程的总和(eine Summe von Vorgängen),其中并无关系,特别是法律关系"。但是,希望以此抛弃诉讼法律关系这个概念则是不正确的。人们不能倒果为因。虽然诉讼是一个进程,但是,恰恰是这一进程创造出了诉讼法律关系。"诉讼"概念的歧义进一步增加了混淆的风险。人们虽然也在诉讼法律关系的含义上使用"诉讼"这一概念,但是却并不像科勒(Kohler,Enzuklopädie 2,103)的表达方式,即"诉讼是法律关系"(Der Prozess ist ein Rechtsverhältnis),正确的表达方式如"进入诉讼"(in den Prozess eintreten)(《帝国民事诉讼法》第75条)或者"承受诉讼"(den Prozess übernehmen)(《帝国民事诉讼法》第76条第

这一基础性概念(Fundamentalbegriff)的创立有伟大贡献的彪罗恰恰最不应该自始至终拒绝法律保护请求权这个概念。

以前提条件为标准,我们可以分别构建出民法法律体系和 77
民事诉讼法律体系。考虑到强制执行请求权和诉权有不同的前提条件,我们可以建立起强制执行法律体系。同样,人们也能够对民事诉讼法中关于审判程序的规定建立起令人满意的体系,前提是人们要区分:(1)过作出给付、形成和(积极或者消极的)确认判决[2]履行国家法律保护义务的前提条件和(2)诉讼法律关系理论。[3]

第二节

诉讼法律关系(在审判程序中)因起诉而产生。起诉这一诉讼行为的法律内涵和经由起诉建立起来的具体法律关系的内容可以呈现出诉讼法律关系的性质。

1. 如前文早就阐述过的,起诉是要求法院对原告所主张的和在诉的声明中描述的诉权进行审查,并提供不利于对方当事人的法律保护。当事人对法院提出的请求有以上两项。法院

---

3 款)抑或是"诉讼承继"(Sukzession in den Prozess)。魏斯曼(Weismann, Hauptintervention S. 92 fg.)曾经是诉讼法律关系概念坚定的支持者,现在(Weismann, Lehrb. I § 5 a. E., § 89, XI)却满足于用"作为行为总和的程序概念"(Begriff des Verfahrens als seinerHandlungsgesamtheit)来代替诉讼法律关系概念。尽管如此,他却依旧使用"法律争议中的承继"(Nachfolge in den Rechtsstreit)这一表述(z. B. S. 589)。然而,当事人却无法承继行为,而是要自己做出行为。

〔2〕 即便是驳回诉的情况也包含着这样的内容。

〔3〕 我的教科书就是以此为基础建构体系的。Vgl. hierüber die Übersicht Band I, S. 3.

通过接受起诉(Entgegennahme der Klage)表明它将要对这两项请求进行审查。[4]

由此,在当事人之间产生的法律关系以法院的裁判权为特征。如果我们认可诉讼法律关系具有独特属性,那么,法院的裁判权就应该被强调。只有当事人的行为能够推动裁判权的发展,这时候它才是有意义的。裁判权属于作为国家权力机关的法院,并且其能够约束当事人,因为当事人必须服从于国家。并且只是因为国家的权威,法院的裁判特别是具有确定力的终局判决才具有了约束力(bindende Kraft),这绝非当事人行为的结果,[5]更谈不上是当事人都享有要求对方容忍或者承认法

[4] 参见本书第七章第一节,第46页。

[5] 最显而易见的是,即便代理人没有代理权却以其名义进行诉讼,确定判决所指向的当事人也必须要服从判决,且该判决同样是有约束力的和合法的。这一瑕疵只是产生了在有限时间内可以撤销判决的权利(《帝国民事诉讼法》第579条第4项);而在被撤销之前,判决依旧根据其内容发生相应的效力。《帝国民事诉讼法》第579条第1~3项所列举的程序瑕疵也是如此。所有其他的瑕疵也并不能导致判决的无效(通过无效之诉)。只有在极少的情形下,判决的内容或者判决的种类基于某种原因而失去了正当性,人们进而可以合法地忽略确定判决,也可以再次提起诉讼(拉丁文:contra rem iudicatam)请求作出裁判。现代民事诉讼法的确定力完全不能与罗马法同日而语。罗马法的判决无效(拉丁文:sententia nulla)并不被现代法所接受。帝国法院的做法其实是存在疑问的。它允许提起破坏确定力的“虚伪裁判”(拉丁文:simulierte Judikat)抗辩(RG. 36 S. 251)。它还允许质疑生效判决中对债权确定无疑的确认,只要当事人主张他是迫于利息的压力(unter dem Drucke des Wuchers)才接受了缺席判决的抗辩(施耐德已经正确地强调,这种情形下,当事人只能够通过回复原状之诉获得救济。Schneider, Treu und Glauben im Prozesse, S. 37)。这是不言而喻的!被告人已经经历了三个审级,而现在还要允许另一个法院基于上述理由再一次对相关问题进行处理!——当然,我们讨论的前提是判决是由有争议裁判权的国家机构作出的,并且判决的内容也并不是荒谬的。如果一个国家机构没有裁判权,那么就不能作出对法院有约束力的判决(Vgl. Hellwig, Lehrb. I, 87 fg. 我反对宾丁的观点。Binding, Grundriss des Strafpr. S. 245.)。人们或许会举例,如果生效判决的内容是被告要忍受鸡奸,他仍旧要服从判决吗?德国法官并不会作出这样的判决。法律无论如何不会考虑到存在这样的法官,因此,对这样的案件也就不存在既判力的例外规定。预见到这种可能性的人,有义务去推动法律修订,而并不是仅仅因为举出如此极端的例子就可以去破坏法律,去动摇作为当代民事诉讼基石的既判力制度。

院行为的权利(ein Recht auf Duldung der Gericht-shandlung oder auf ihre Anerkennung)。 78

79 与法院裁判的这些特征并不矛盾的是,应当由法院加以注意的裁判的前提条件总是存在于当事人的行为当中,不仅如此,国家在很大程度上让当事人提供诉讼资料和提出恰当的申请,以维护其自身的利益。

2. 诉讼开始后,法院的裁判权和指挥权(Befehlsgewalt)对双方当事人的作用决定了诉讼法律关系的内容。法院有义务按照诉讼法律规定运用裁判权和指挥权。只有当人们认为当事人也能够动用裁判权和指挥权的时候,才可以用当事人而不是法院来界定诉讼法律关系。

(1)总体而言,法院有义务接受当事人陈述[6]并针对起诉作出裁判。双方当事人中的任何一方都可以要求法院作出裁判(答复),[7]即便原告的起诉显然是不正当的,抑或是被告的防御显然站不住脚。

(2)为了获得裁判,要经历或长或短的流程,因此,诉讼法律关系也经历形形色色的发展阶段。关于诉讼流程发展的规范生成了诉讼法律关系理论。

80 终局判决作出之前的法律状态并没有多少独立的意义,这就像引发法律状态的诉讼行为一样。之前的法律状态的意义只在于,其构成了后续发展的基础并引发了终局判决。也因

---

〔6〕 但这并不是说,当事人有权利提出任何主张(也包括虚假的主张)以及对对方当事人的任何主张都可以反驳(即便对方当事人的主张是真实的)。提出虚假的事实主张是违法的,其至少有义务承担相应诉讼费用(全部的或者是因为个别法律救济[Rechtsbehelfe]而引发的诉讼费用)(《帝国民事诉讼法》第91条和第96条)。

〔7〕 法律保护请求权只可能由一方享有。

此,诉讼法律关系应当被理解为一个整体,而不是能够独立引发法律关系变化的个体的集合。

(3)所有申请和其他诉讼行为都是面向法院作出的,据此,当事人提供了判决的基础(Urteilsgrundlage)。[8] 证据提出也必须针对法官,证明也是如此。法官不仅要聆听当事人的法律陈述[9]或者他们之间的争论,[10]而且,同样要看原告在起诉中向法院提出的申请是什么,[11]要看言辞辩论中当事人向法院作出的陈述,即便只有一方当事人到庭。

81 根据缺席程序的基本原则(《帝国民事诉讼法》第 330 条和第 331 条)和明确的法律规定,不需要对方当事人的接受

---

〔8〕 这与准备行为(vorbereitende Handlungen)不同(如《帝国民事诉讼法》第 129 条以下)。作为例外的是,撤诉(Zurücknahme der Klage)和上诉(Rechtsmittel)不仅要向法院作出表示,而且也要向对方当事人作出表示才能够发生作用(《帝国民事诉讼法》第 271 条和第 515 条),然而,这在本质上是不正当的。抗告(Beschwerde)则没有这样规定,在产生未决状态时(Anhängigmachung)抗告就已经发生了(《帝国民事诉讼法》第 569 条),因此,人们也就不用怀疑,其撤回也绝不可能向对方当事人作出,而是必须当书状到达法院或者在言辞辩论中作出了表示后才会发生。(Vgl. Seuffert, Vorb. 4 vor § 567, Gaupp-Stein, Erl. I,4 zu § 573)——关于向被告送达诉状参见本书第七章。

〔9〕 如物权变动的让与合意(Auflassung)和结婚。

〔10〕 科勒将当代的诉讼描述为"在法官面前发生的当事人之间的行为(Geschäft)"(Kohler, Prozess S. 93),描述为"一种双方当事人之间不断变化(obschwebend)的相互关系,其目的在于在法官的帮助下(!)实现现有的私法请求权或者确认现有的权利或者法律关系"(Kohler, Enzykl. 2,51)。在他看来,当代的破产也只是"在法院监督下的自力救济"(Kohler, a. a. O. S. 179)——最近,乌拉萨克(Wlassak, Zeitschr. Der Sav.-Stiftg [rom. Abt] 25 S. 81 fg.)证实,即便在古老的罗马诉讼中也不能说裁判官(Prätor)只不过是被动的进行帮助。

〔11〕 基于这一理由,并不存在法律意义上(im Rechtssinne)的表见诉讼行为(Scheinprozesshandlung)。因为表见行为(Scheingeschäft)的本质是在受领人的同意下只是在表面上作出的意思表示。科勒(Kohler, Prozess S. 93)持不同观点,他认为当事人虚伪约定(Simulationsabrede)的作用与以下情况没有什么不同,即在登记官(Standesbeamte)面前虚伪地作出不动产转让(Transskription einer Liegenschaft)或者结婚的意思表示。可见,科勒彻底混淆了两种完全不同的情况。不动产转让是有可能出现表见行为的。根据现行法,伴侣之间虚假结婚的效力已经被特别规定(《德国民法典》第 1323 条)予以排除。

(和到场)就会发生自认的效果(《帝国民事诉讼法》第288条第2款)。这也完全适用于被告诉讼认诺和原告承认自己的诉不正当(所谓诉的舍弃[Klagverzicht])的情形。[12] 诉讼和解(Prozeßvergleich)则完全不同。诉讼和解有独立的意义;在这里并不作出判决。其意义在于:①在诉讼法层面,其终结了诉讼法律关系,并且在和解涉及给付的情况下还形成了执行名义;②在实体法层面,其调整了争议法律关系。[13]

82 就像诉讼和解一样,双方当事人相互一致的行为(协议或者相互一致的行为)也偶尔会成为产生法律效果的前提条件。但即便是这种情况,也并不是当事人之间的法律关系,而依旧是当事人一方与法院之间的法律关系。这只能够间接表明一方当事人对另一方当事人能够要求什么或者不能要求什么(即当事人向法院提出申请,要求针对对方当事人作出生效的裁判抑或不提出申请)。同样,管辖协议(Prorogationsvereinbarung)只是产生了向特定法院起诉的权限。被告同意诉之变更的效果只在于,被告不能再就他已经同意变更之后的诉向法院提出

---

〔12〕 这里也只是存在诉讼行为,它的效果只能够在本次诉讼中表现出来,即因此产生与认诺判决(sententia agnitoria)一样的效果。并不奇怪的是,魏斯曼(Weismann I S. 105)再次反对上述观点,其认为认诺同时是民事法律行为,如果民事权利事实上并不存在,那么通过认诺就"创设"了请求权,在舍弃的情况,如果原本享有请求权,则因此丧失请求权。然而,所有权和继承权也是如此吗?科勒对此明确加以了肯定(Kohler ZZP. 29 S. 35),他认为舍弃会转移所有权,而不需要在土地登记簿(Grundbuch)上登记,也不需要转移占有(Besitzaufgabe)。这是因为认诺"产生了法律关系,并对民事秩序(civilistische Ordnung)产生了干扰"!就这样(脚注36),当代诉的舍弃甚至被等同于为罗马法中法庭上的让与(拉丁文:*in iure cessio*)!

〔13〕 就此而言,事实上是民法在发挥作用。出于促进达成和解的考虑,为了和解而授予诉讼代理权的同时也在民法上赋予了代理权(Vertretungsmacht)。

异议。[14]

3. 在审判程序进程中,法院无疑负有诉讼法上的作为义务(prozessrechtliche Verpflichtungen zum Handeln)。而在当代民事诉讼法中,当事人在多大程度上内负担这样的义务,本书对此不予讨论。但至于为何当事人负有这样的义务,本书的看法是,法律规定当事人负有的诉讼行为义务或者是法院根据法律的授权使当事人负有的诉讼行为义务必须服务于公共利益的维护。

83 这就要求不能将不真实的事实主张作为裁判的基础,诉讼应当尽可能迅速地完成,避免不必要的拖延。因此,所有当事人负有的诉讼上的义务都是面向法院的。[15][16]

当事人之间并不存在诉讼上的权利。当然,当事人行使其

---

〔14〕 上述论述也表明,即便考虑到罗马法中双方当事人的共同作用对于诉讼形成的必要性,也并不能认为,诉讼法律关系是一种合同关系或者类似于合同的关系。即便罗马的法学家真的持这种观点,其对我们当代的诉讼也并不是决定性的。即便是民法也认为双方法律行为(zweiseitige Rechtsgeschäfte)并不是或当然不仅只是规制双方当事人之间的法律关系,如通过登记成立社团(die Gründung eines zur Eintragung bestimmten Vereins)和利他合同(Vertrag auf Leistung an Dritte)。人们也可以想到对他人法律行为的同意(Zustimmung zu fremden Rechtsgeschäften)。

〔15〕 这里不再进行具体论证。我只是想指出的是,当事人在下述情形中违反了诉讼义务:当事人争议证书的真实性,但是,当法院命令其提出对照证书(Vergleichungsurkunden)时(《帝国民事诉讼法》第 441 条),他却拒绝这样做;在法官要求其到庭时依旧不亲自出庭(《帝国民事诉讼法》第 141 条和第 619 条)或者尽管法官命令提交证书(《帝国民事诉讼法》第 427 条)却不提出(对不服从的处罚:《帝国民事诉讼法》第 432 条和第 444 条)——这些诉讼行为同时也将被作为对私法利益的侵害,进而引发损害赔偿义务(《德国民法典》第 823 条第 2 款和第 826 条),但这从条文中是无法导出的。

〔16〕 诉讼费用义务并非是诉讼中的义务(eine Pflicht im Prozesse),而是跳出了实施诉讼的范畴。对于谁负有这项义务以及义务的具体内容,要看诉讼法律关系发展的类型。诉讼费用义务可以说并不仅是法院的惩罚手段(Strafmittel),而且是与败诉相联系的不利益(Nachteil)。由于诉讼费用义务以诉讼法律关系为基础,因此,其同样是一种诉讼法律(公法上的)义务。诉讼费用是依职权被确定的(《帝国民事诉讼法》第 308 条)并且在同一个程序中加以处理,这也完全能够契合诉讼费用的公法属性。

享有的权利时会影响到对方当事人,而这种效果的发生也正是诉讼行为的目的。但是,这种效果是法院带来的。法院基于当事人的申请而做出诉讼行为,其目的是履行法律保护义务。但是,法院并不是当事人的代理人,[17]而是国家机关。法院的行为只有基于国家权力才会产生效力并作用于当事人。[18]

当事人之间可以互相攻击,但是,这并不是通过他们的行为,而是要借助他们所申请的法院裁判。当事人受到法院作出的裁判的约束。如果没有获得对方当事人的同意,[19]当事人就无法从作为裁判基础的诉讼法律状态中解脱出来。 84

第三节

从法律产生的规则中归纳出定义,这才是正确的做法。只有当定义所表达的基本观点能够将具体的法律规定统一地串联起来,并且,具体法律规定就像从是从定义中导出的一样,概念才具有价值。本书之前对诉讼法律关系定义的讨论显然就

---

〔17〕 这不仅适用于诉讼法院,也适用于执行法院,法院执行员(Gerichtsvollzieher)也不例外,只要他行使的是国家强制力。除此之外,执行员也会作为代理人实施法律行为(im Abschluß von Rechtsgeschäften)(延期清偿[Stundung],接受支付[Annahme an Zahlungsstatt]等)(执行法院并不会这样做),但这并不会抵消上述基本原则。帝国法院的判决也坚持了正确的理解(RG. 56 S. 90 fg.)。

〔18〕 与此并不矛盾的是,法院作出不合法的诉讼行为可能产生损害赔偿的义务(如参见《帝国民事诉讼法》第717条和第945条)。这是一类独立的侵权行为(拉丁文:*delictum sui generis*),不合法的扣押(本书第23页)并不会产生占有权(Besizeseigenschaft)(也不是教唆行为)。

〔19〕 至少不合法的撤诉(本案言辞辩论开始后)体现的是这一规则(《帝国民事诉讼法》第271条第1款)。规则也能够证实例外:事先被准许的撤诉或者第266条情况下出卖系争标的物的当事人的退出(Ausscheiden der veräussernden Partei)就是如此。

是这样。

诉讼法律关系是一种公法关系，是诉讼开始后法院作用于原告和被告的公法关系。但诉讼法律关系并非是三方的，[20]更不是像科勒[21]所说的两方关系（只在当事人之间）。

85 科勒认为，法院并不是诉讼法律关系的参与者，因为人们是通过诉讼所保护的利益（das dabei obwaltende Interesse）来构建诉讼法律关系的。这种见解适合于民法法律关系，但并不符合诉讼法律关系，因为诉讼法律关系是公法法律关系。因此，人们不应该用私法的视角来看待民事诉讼法律关系。[22]

诉讼法律关系是进行裁判的法律关系，是行使国家权力的法院[23]作用于当事人的法律关系。我并没有说，诉讼法律关系是国家法律关系。虽然法院是国家的一个机构，但是，只有具体的法院被要求时它才必须作出裁判。因此，如果诉讼被一个法院移送给另一个法院，[24]则存在法院之间诉讼法律关系

---

〔20〕 彪罗（Bülow, Prozesseinreden S. 5 fg.）、瓦赫（Wach, I § 4, V）和施密特（Schmidt, Lehrb. § 4）都这样认为。彪罗（Bülow, ZZP. 27, 233）将诉讼法律关系理解为三方关系只是基于脚注 19 中的相互制约关系。如果人们只是因此就认为诉讼法律关系是三方关系，其实也并没有什么错。但是人们应当自问，三方关系对于民事诉讼法律思维而言是不是恰当的表达方式。不过，如果将诉讼权利或义务归入当事人之间的权利义务，那么，三方法律关系就是完全另一种含义了，即便是彪罗（Bülow a. a. O.）也拒绝这样做。

〔21〕 Kohler, Prozeß als Rechtsverhältnis S. 6, ZZP. 33, 233 fg.

〔22〕 科勒（Kohler, Enzyklopädie 2 S. 54）认为，将法官纳入民事诉讼法律关系的观点"是对国家行为的误读，就好像国家是个酒馆，而国家公务员是服务生。如果他没有马上满足人们的愿望，人们就可以把他召唤过来甚至严词训斥。"然后他说道："如果我们信服国家的权威是崇高思想的体现，那么，我们对上述观点就无法苟同"。我们也并不认同上述观点！

〔23〕 而并不是法官。当事人不是向法官，而是向法院提出的诉请。因此，即便是代表法院的法官根据法律规定必须回避，也依旧存在诉讼法律关系（与此相对的错误观点参见本书第八章脚注 14）。因此，如果法官人选发生了变化也并不会导致诉讼法律关系主体的改变。

〔24〕《帝国民事诉讼法》第 276 条（向地方法院移送）和第 505 条（向州法院移送）。

的承继,就像是新的当事人代替了原来的当事人的地位时产生的当事人层面的诉讼承继一样。

第四节 86

诉讼法律关系(在审判程序中)的终结通常以终局判决为标志。

1. 诉讼法律关系的终结要么是以诉讼驳回的方式,即诉讼要件(采取我们坚持的狭义理解)的欠缺,要么是驳回诉抑或是对诉的认可(klaggemäßes Erkennen)。

驳回诉总是意味着:原告并不享有诉权;他只是运用了诉的可能性,而并不具有法律保护请求权,起诉因此在客观上存在违法性(Rechtswidrigkeit)。[25]* 对于国家,他要求其履行实际上并不存在的法律保护义务。对于对方当事人,他试图引发对其不利的裁判,但实际上他并无权这样做。

此外,驳回诉也存在不同情形。其否定的(1)要么只是诉权,(2)要么是被诉请的权利:如果只是诉讼上的诉的前提条件的欠缺,将引发第一种情况。如果这些前提条件虽然具备,但是实体上的法律主张(诉讼意义上的"请求权"[der „Anspruch“ im prozessualen Sinne])是不正确的,则引发第二种情况。

---

〔25〕 参见本书第47页。每个人都享有的诉的可能性并不是每个人都享有的诉讼权利。否则,我们就必须面临两个相互矛盾的权利。

* 【译者注】这里两个相互矛盾权利意指原告和被告同时享有诉讼权利,作为义务人的法院无论作出支持还是驳回诉讼请求的判决,都将面临一方当事人对其义务违反的责难。

在后一种情况作出本案判决(eine Entscheidung zur Hauptsache)。如果判决是有利于原告的,那么,判决满足了原告的法律保护请求权,也即诉权,我们在这里使用的是一个"饱受争议"(diskreditiert)的概念。[26] 如果判决驳回诉,那么,这意味着法官履行了和满足了被告的法律保护请求权。被告因不正当的起诉而获得了法律保护请求权。[27]

87 2. 一个正确的终局判决应当包含哪些内容呢?

(1)首先,诉讼要件理论回答了这一问题。我曾建议对这一个概念进行狭义理解,将诉讼要件理论限定于诉讼法律关系理论的一部分。诉讼要件理论涉及诉讼的形成(Prozessgründung),也即回答原告是如何建立诉讼法律关系从而使法院得以作出实体判决。

(2)诉权是否有依据的问题,则需要根据法律状态的具体构造加以回答,如实体层面和诉讼层面必须具备的法律状态的具体构造,从而使当事人有权以诉讼的方式要求给付判决。为此提供答案的是诉的前提条件理论。

与彪罗的观点[28]相反,我认为,应当将整个法律体系被视为完美无瑕(lückenlos)。[29] 根据法律规范特别是诉讼法[30]的基本思想,只有在法官根据基本原则对待适用法律规范加以确定之后才能够适用现行法律(bestehendes Recht)。这也同样适

---

〔26〕 再次使用了法律中独特的表达方式,如"通过诉讼要求变更判决的权利"(《帝国民事诉讼法》第 323 条,本书第五章第三节)。

〔27〕 参见本书第七章第一节的第二种情形。

〔28〕 如彪罗在《法律和法官职务》(Bülow, Gesetz und Richteramt)以及最近(Bülow, ZZP. 31,263,264)所表达的观点。但在他的《自认》(Bülow, Geständnisrecht, 1899)一书中对"法学思维的限度"的论述却与我们一致。

〔29〕 Vgl. hierüber Zitelmann, Lücken im Recht (Rede), 1903.

〔30〕 如参见《德国法院组织法》(GVG)第 1 条。

用于上告(Revision)。错误的法律适用因违反法律规定(Gesetzverletzung)[31]而可以被上告,如法官原本可以填补的立法漏洞,可以使不确定的规定更加确定并且能够符合一般法律理念(allgemeiner Rechtsanschauung),而即便是立法者(现在)也会这样规定,例如,法官根本没有处理相应的法律问题或者他本可以做更进一步的处理。[32]

人们可以将法学家的这种至高无上的活动(allerhoechste Tätigkeit)称为法律塑造活动(rechtschaffende Tätigkeit)。但确定无疑的是,法学家在个别案件中[33]的法律塑造(Rechtsschöpfung)并没有产生新的法律规范。相反,他只是使规范适用于现实生活。法官只是将规范适用于过去的案件事实,被适用的法律规范必须被视为已经得到了当事人的注意。这样的法律塑造也绝对不是法官的特权,而是同样属于理论家(Theoretiker)和每一位作者(Schriftsteller)。 88

3. 我因此主张:要求给付、确认和形成的诉权是否存在,这需要根据诉讼外和诉讼前的案件事实在事实层面和以法律规范为基础的法律层面进行客观和全面的判断。由此也完全可以确定的是,应根据起诉的内容作出有利于原告的裁判抑或是判定被告享有法律保护请求权。

现在看来,诉讼的进行(Abwicklung eines Prozesses)是相当

---

〔31〕 在《帝国民事诉讼法》第550条的含义上:“不适用法律或适用法律不当,即为违反法律。”

〔32〕 彪罗(Bülow, ZZP. 31 S. 264 Note 7)引用的《瑞士草案初稿》第1条所表述的规范内容其实与我们的法律规定相契合。遗憾的是,这条规范虽然总是被引用,但却总是以错误的形式出现。其被理解为,人们要问,当事人想要的是什么。这就像优士丁尼总是特别偏爱古代罗马法学家,总是将(他们的话)视为约定俗成(拉丁文:tacita conventio)的法律规范。

〔33〕 作为对照,我想到了习惯法(Gewohnheitsrecht)的形成。

简单的事情，只要（1）官对于重要的事实关系无所不知并且（2）如果我们有简单和显而易见的立法（gestaltetes Recht），从而使法学家内部不会产生任何观点的分歧。

89 彪罗[34]对此投入了全部心血。彪罗从毫无争议的语句出发：法官只有以诉讼行为为基础才能够作出判决。彪罗通过将我们的诉权理解为“要求有利诉讼裁判的权利”（Recht auf eine günstige Prozessentscheidung）后提出下述问题：因为我们不可能在诉讼之前认识到待判案件事实，那么，又何谈在诉讼之前或者在言辞辩论终结之前就存在的诉权呢？

在上面的论述之后，他相信自己已经彻底驳斥了我们的观点。因为瓦赫已经论证了彪罗的这一观点是完全站不住脚的，[35]我只需要补充以下论述，即令我讶异的是，在一个明确接受“先在”（Präexistent）的执行权和“刑事诉权”（Strafklagrecht）的人嘴里却能够听到上述论证。或许指出以下问题就足以反驳彪罗的观点，即虽然某事在主观上是不确定的，但是，其在客观上却无疑是确定的。彪罗混淆了二者。他混淆了权利的存在（Existenz eines Rechts）和实现权利的可能性（Möglichkeit seiner Durchsetzung）。

当我们说一个人有诉权，我们的观点不偏不倚就是法律的内涵，如法律规定某人在特定前提条件下“有权利以诉讼的方式要求特定的判决”（《帝国民事诉讼法》第 323 条）。

当然，法律并非以此预言，“早在诉讼开始之前就产生有利

〔34〕 Bülow, ZZP. 31, 238 fg.

〔35〕 Vgl. Wach, ZZP. 32, 5 – 10. 瓦赫在第 10 页脚注 6 说到，如果将彪罗依赖于表象（äußere Erscheinung）的“经验”（empirisch）观察法推到极致，他甚至会认为，只有诉讼案件事实确定后（nach Maßgabe des Prozeßtatbestandes）才产生实体权利。

的诉讼结果”。[36]

但是,法律以这样的方式规定了诉讼权利,就像《德国民法典》规定在特定条件下人们可以请求给付一样。 90

而以下问题则完全是另一回事:人们是否能够在诉讼中依法向审理法院提出和证明诉权的前提条件?如果原告已经成功证明了根据证明责任分配原则应当由其证明的事项,被告是否也能够成功证明其负证明责任的事项?以及人们是否能够让法官对事实问题和法律问题获得正确的认识?[37]

终局判决是诉讼法律关系发展的最终结果。终局判决的目的是澄清双方当事人中的哪一方有权利。诉讼因此既不决定民事法律关系,也并没有提供在诉讼中变动实体法律关系的可能性。终局判决的结果总是对既存法律状态的描述(Deklaration des bestehenden Rechtszustandes)。如果诉被驳回 91

---

〔36〕 这是彪罗的表述(Bülow,ZZP. 31,276)。他认为他已经正确地描绘了我们诉权的特征。出现类似误解的还有魏斯曼(Weismann I,68):“人们不能说因为原告有权,所以法院就有义务认为其有权,但是,当事人有要求法院作出有利判决时就会出现这样的谬误。法院负有的义务只是根据程序的结果作出判决”。在魏斯曼看来,我们的观点是前后矛盾的!人们也应当注意到,同一位作者(S. 67)却主张在满足特定条件时,原告享有“实体诉权”,只不过它针对的是被告。

〔37〕 正文中区分的问题真的这么难以区分吗?当人们看到科勒(Kohler,ZZP. 33,215)的论述时人们可能真的会这样认为:“判决确定的不是存在着权利,而是法官确认权利存在。并非当事人享有法律保护请求权,而是(!)法官有义务根据他自己的确信作出判决。并不是因为请求权存在,法官才有义务满足起诉的要求,而是当他认为请求权成立时他才有义务这样做。”科勒在第216页写道:“判决的基础并不是与真正的权利相对应的法律保护请求权,诉讼法才是它的基础。”对于这些论述的细节没有必要进行更深入的讨论。我只想说他在第215页表达的内容无法让我理解:“更进一步地说,即使原告没有权利,法官也不能说,‘虽然我认为原告有权利,但是我拒绝作出对原告有利的判决’”。科勒曲解了法律保护请求权,第219页和第220页的论述可以清楚地表明这一点。科勒认为法律保护请求权“同样与实践相矛盾”“是否享有权利是与诉讼的要求相联系的”。科勒认为《帝国民事诉讼法》第114条就足以驳倒我们的观点,因为《帝国民事诉讼法》规定,诉讼在实体上虽然正当但是欠缺胜诉前景时,就拒绝赋予其要求诉讼费用救助的权利(Armenrecht)!

或者起诉只要求进行确认，那么，终局判决也同样是描述性的。如果作出了给付判决，它也只是以命令的形式描述了应当被履行的义务。[38] 如果要求作出形成判决的起诉被认为是正当的，那么，它既是对形成权的表述，同时也是形成权的实现（Vollziehung）或者执行命令（Anordnung der Vollziehung）。

民事诉讼无疑与刑事诉讼一样是国家的制度安排，其目的是权利保护（Wahrung des Rechts）。民事诉讼并不是竞技场，不应该将胜诉的结果系于偶然或者是当事人的技巧或手段。对就是对，不能将错的说成是对的。

92 法官的判决应当是一种"认知"（Erkenntnis）。判决应该并且也希望对权利进行认知。判决不应该并且也不希望改变既存法律状态（Rechtszustand），而是保障和维护既存法律状态。

尽管如此，无论是民事诉讼、刑事诉讼还是行政诉讼程序，都很有可能出现诉讼程序的进程给法官留下的图景与客观法律状态不一致的情况。其原因可能是重要的事实片段没有被提出或者没有被证明，也可能是法官在完整和正确的案件事实认定之后进行了错误的法律适用。即便在这样的情况下，判决也只具有法律描述的作用，而并不希望产生其他效力。[39] * 只

---

〔38〕 只要这样的判决被宣称是临时可执行的，或者在确定力产生之后成为了执行名义，则这样的判决也是具有形成性的法律行为（Rechtsakt），因为它产生了执行权，任何人都不能争议它的产生（与此相反，可以质疑其效力的存续［Fortdauer der Wirksamkeit］），如竞合扣押质权人（konkurrierender Pfändungspfandgläubiger）也不能提出质疑，除非他以债权人撤销（Gläubigeranfechtung）的方式消灭了执行名义。Vgl. Hellwig，Anspr. u. Klagr. S. 466，Rechtskraft §2.

〔39〕 如果人们认为判决只具有描述力（deklarativeKraft），但却主张错误判决能够变动现有的法律状态，那么，这就是自相矛盾了。一个描述性的判决却能够变动现有的法律状态，这是形容词中表现出来的矛盾（拉丁文：*contradictio in adiecto*）。本书第三章脚注20 对科勒关于确定力的观点进行了介绍。

* 【译者注】contradictio in adiecto 译为在"形容词中表现出来的矛盾"（如四方的圆、黑色的白马）。参见陈卫佐：《拉丁语法律用语和法律格言词典》，法律出版社 2009 年版，第 35 页。

要判决产生了主观确定力,那么,再对判决中的描述"进行争执"(bestritten werden kann)就不可能取得成功。[40] 就像《帝国民事诉讼法》第 318 条所规定的判决对于审理法院的"约束",只要其已经被宣告并且已经产生确定力,那么,判决也将"约束"任何一个法院,其不能在其他的诉讼程序中处理同样的法律问题。[41] 因此,当事人必须"接受对其生效"(gegen sich gelten lassen)的法律描述,而不论判决对其产生有利还是不利的"作用",[42] 即便判决结果毫无疑问与真正的法律状况并不相符,即既存的诉权并没有得到满足,或者被告享有要求驳回诉的法律保护请求权却败诉。

确定力并不是对正确性的保证,而只是意味着对于判决内 93
容的不可争议性(Unbestreitbarkeit des Urteilsinhalts)。如果诉权的存在已经最终被否定,那么,就不能再提出这个问题并对此再做斟酌。对于国家和服从于国家的人而言可以确定的是,被确定判决驳回的人不享有诉权。

以上情形是一种病态(pathologische Fälle)。在确定诉讼的本质的时候,人们不应该以这种病态作为出发点。这就像医疗活动的本质不能够以可能的误诊为标准,或者考试的本质不能够像科勒[43] 所说的考试成绩那样,"一些有能力的人却没能

---

〔40〕 对于确定力作用的本质,《德国合作社法》(Genossenschaftsgesetz)第 122 条第 3 款作出了上述最清晰的表述。对于帝国法院突破不可争议性(Unbestreitbarkeit)的做法我已经在脚注 5 进行了批判。

〔41〕 如《德国民法典》第 407 条、第 1344 条、第 1435 条。

〔42〕 帝国法律习惯于使用这一并未再进一步界定的表述,如《帝国民事诉讼法》第 325 条。

〔43〕 Kohler,ZZP. 33,213.

及格，更普遍的情况是，很多及格的人却没有能力”。[44]

有人希望通过这些病态推导出我们的诉权不可能存在，这是完全不可理喻的。如果原告正当的起诉被驳回了，这在客观上当然是对其诉权的侵害。当事人可以通过向有过错的法官提起辛迪加之诉(Syndikatsklage)主张自己的权利。而对于对方当事人，判决的确定力禁止当事人主张判决是错误的，除非其通过再审之诉撤销原判决。

---

〔44〕 我的观点与科勒(S. 214)恰恰相反。一个考生虽然对全部法学知识铭刻于心(die volle Jurisprudenz im Leibe hat)，也并没有参加考试的权利，只有其获准参加考试，才有“要求通过的请求权”(Anspruch auf Durchkommen)。对于奖学金的发放，我的观点也是如此。只有在奖学金文件中所注明的向其颁发奖学金的前提条件和特定要求被满足时，其才可能有并且真正具有请求奖学金的权利。民事诉讼法也对权利产生的前提条件作出的准确的规定，只有在条件被满足的情况下，人们才“能够诉讼”(klagen kann)(“有权诉讼”[zu klagen berechtigt ist])。其实，科勒(Kohler, Lehrbuch I § 182, III)在其教科书中也持这种观点。

附　　录

诉和判决：关于私法和诉讼相互关系的基本问题*

人们之前总是将诉和私法联系在一起， 191
认为诉是行使私权利。这种在私法事件(Privatrechtsangelegenheiten)中通过起诉实现权利的可能性,在过去一直被作为一种源于私法的权利,被作为原告对被告享有的私法请求权的组成部分或其结果。

现在,人们在处理私法和诉讼相互关系

---

* ［德］奥斯卡·彪罗:《诉和判决:关于私法和诉讼相互关系的基本问题》(Oskar Bülow, Klage und Urteil: Eine Grundfrage des Verhältnisses zwischen Privatrecht und Prozess),载《德国民事诉讼杂志》(Zeitschrift für Deutschen Zivilprozess)1903 年第 31 卷。

时已经彻底抛弃了这种错误的思维方式。[1] 人们已经认识到,提起诉讼的权利并不依赖于也并不能依赖于原告所主张的私法请求权:对于是否真正存在私法请求权,这需要通过起诉并由法院加以裁判。

192 人们已经注意到并且承认,主张私法请求权对于起诉而言并非不可或缺的——确认之诉足以清晰地说明这一点!对于以下问题也已经存在基础性共识,即起诉的权限(die Befugnis zur Klageerhebung)以及通过起诉引发法院判决的权限都并不是私法问题,而是公法问题,是纯粹的诉讼法律问题。

以此为起点,瓦赫(Wach)将诉理解为原告的"法律保护请求权",[2]这意味着,其并不是私权利,也不是要求被告给付的权利,而是公法请求权,它的对立面是国家。这种请求权是为了能够让法院作出赋予原告权利的、满足原告法律保护利益的和对原告有利的法律保护行为:原告通过起诉主张

---

〔1〕 这主要归功于德根考布(Degenkolb,Einlassungszwang und Urteilsnorm,1877)和柏罗慈(Plósz,Beiträge zur Theorie des Klagerechts,1880)令人信服的论述。之后不久,佐姆(Sohm in Grünhuts Zeitschrift Bd. 4 S. 465 ff.)也作出了相同的表述。柏罗慈(S. 5 ff.)指出了旧诉权理论的错误之处,强调诉的必要条件(Klageerfordernisse)具有公法本质,并且认为这正是我关于诉讼抗辩和诉讼要件一书(Prozesseinreden und Prozessvoraussetzungen,1868)中阐述的诉讼观点自然而然的"逻辑结果"(logische Konseqünz)。德根考布和柏罗慈所提出的公法抽象诉权是独立于实体权利的诉权。我认为这是诉讼法律认知(Prozeßrechtserkenntnis)过程中的重大进步。对此,我已经在本杂志另文(Bülow,ZZP Bd. 27,1900)进行过详尽的论述。

〔2〕 Wach, Handbuch des Civilprozessrechts Bd. 1 (1885), SS. 19 – 24 und Feststellungsanspruch(1888)。在后一种文献的第14页和第15页中,瓦赫将法律保护请求权界定为"虽然是服务于民法(dem Privatrecht sekundäres)但也是相对独立的,是民法和民事诉讼相结合的公法上的权利"。

了其享有的要求作出对其有利判决的权利，即“判决请求权”（Urteilanspruch）。[3] 根据不同的判决类型，这在给付之诉中是要求判决被告给付的权利，在确认之诉中是要求确认法律关系存在与否的权利以及要求确认文书真伪的权利等。

这种理论的提出激起了若干反对意见。[4] 近年来，这 193
种学说却得到了越来越多的支持，其在一些方面产生了更为深远的影响，也得到了更为详尽的论证和更为全面的

〔3〕 瓦赫（z. B. Wach, Feststellungsanspruch S. 23）（他还特别谈到过给付判决请求权[Verurteilungsanspruch]）和朗海尼肯（Der Urteilsanspruch, 1899）将通过起诉要求作出对法律保护申请者（Rechtsschutzsucher）有利判决的权利简称为判决请求权。下文也在此意义上使用判决请求权概念，它区别于要求强制措施的法律保护请求权，即强制执行请求权（Vollstreckungsanspruch）和扣押请求权（Arrestanspruche）。赫尔维格在教科书（Hellwig, Lehrbuch des Civilprozessrechts Bd 1, 1903）中使用的诉权概念正如他明确表明的那样，同样只是瓦赫“法律保护请求权”的一种“特殊表现形式”（besondere Erscheinungsform）（S. 146 Anm. 8）。赫尔维格将诉理解为“成功的诉”（erfolgreiche Klage）（S. 146），诉权则被理解为成功起诉的权利，据此，原告所请求的给付和确认等目标能够被实现。法律保护请求权意味着要求作出“相应的确认、给付或者法律变动”的请求权（S. 146）。这种与德根考布和柏罗慈所提出的公法抽象诉权严格区分的诉权表达也被瓦赫理论的其他支持者们所采用。他们将法律保护请求权整体界定为民事诉讼法律属性（vgl. Wach, Handbuch S. 28）。

〔4〕 可以参见朗海尼肯的多处论述（Langheineken, Urteilsanspruch S. 12 Anm. 10 – 21）。朗海尼肯谈到，1899 年，大多数人“很显然还无法理解”瓦赫的理论。除了朗海尼肯列举的反对者，还包括雷根斯伯格（Regelsberger, Pandekten Bd. 1 S. 678），自然还有德根考布和柏罗慈以及佐姆，瓦赫用法律保护请求权理论批判的正是他们的诉权理论。除此之外，德恩伯格（Dernburg, Pandekten Bd. 1 § 127）也支持德根考布的观点。在朗海尼肯的文章发表后不久，我也在本杂志发表了关于新民事诉讼法学和民事诉讼法律体系的论文（Bülow, ZZP 27, SS. 212 – 222, 233 – 235），其中给出了很多反对“法律保护请求权”的理由。拉伯斯也在批判性的《立法和法学季刊》（Vgl. Labes, Bemerkung von Labes in der kritischen Vierteljahrsschrift für Gesetzgebung und Rechtswissenschaft Bd. 43 S. 101 ff.）中发表书评对朗海尼肯的文章进行了全面的评论。

发展。[5] 法律保护请求权的含义是什么,其合理性何在,这在经过上述发展之后,都与之前相比清晰了许多。

194 对此作出最重要贡献的是施密特(R. Schmidt)和赫尔维格。施密特和赫尔维格经过仔细研究,分别写了民事诉讼法教科书,这在多方面推动了民事诉讼法学的发展。他们的教科书

---

〔5〕 朗海尼肯对 1898 年之前支持瓦赫理论的学者进行过全面的列举(Langheineken S. 12 Anm. 1 – 8)。除了朗海尼肯,此后施密特(Richard Schmidt, Lehrbuch des Civilprozessrechts,1898)率先支持瓦赫的理论。他以法律保护请求权为基础构建民事诉讼法律体系,之前提到过的我的论文主要批判的正是施密特的这种做法。此外,斯盖德尔(Skedl,Österreichischer Civilprozess Bd. 1,1900)也与瓦赫理论保持最高度的一致,他以法律保护请求权概念去构建民事诉讼法律体系,或者更准确地说是计划这样去做。之后是赫尔维格,他先是在伟大的著作《请求权和诉权》(Hellwig, Anspruch und Klagrecht,1900)中,然后在随后面世的《既判力的本质和主观界限》(Hellwig, Wesen und subjectiveBegrenzung der Rechtskraft,1901)一书中,最后又在最近出版的《德国民事诉讼法教科书》(第 1 卷)的绝大部分内容中最全面地贯彻了判决请求权理论。我也将主要以这部最新出版的教科书为参照,对法律保护请求权理论加以检讨。除此之外,佐伊富尔特(Lothar Seuffert, Kommentar zur Civilprozeßordnung zu § 253,8. Aufl. ,1902)现在也成了法律保护请求权理论的支持者(其在《民事诉讼法评注》第 8 版中才开始赞同瓦赫理论)。与此一脉相承的是他早在 1885 年发表的论文(Lothar Seuffert, Grünhuts Zeitschrift Bd. 12 S. 617 ff.),他在该文中就已经暗示他赞同瓦赫的诉权理论。瓦赫理论的支持者还有奇特尔曼(Zitelmann, Das Recht des Bürgerlichen Gesetzbuchs, Allgem. Teil,1900,S. 24)、恩德曼(Endemann, Lehrbuch des bürgerlichen Rechts,8. Aufl. Bd. 1 S. 56)、温德沙伊德和基普(Windscheid-Kipp, Pandektenrecht § 122)、辛特尼斯(Sintenis, Der simulierte Prozeß, ZZP Bd. 30,S. 376)。施泰因(Fr. Stein Gauppschen Kommtare zur Civilprozeßordnung,4. Aufl. 1901,Bd. 1 S. 515 ff. ;„Civilprozeßrecht“ in Birkmeyers Rechtsencyklopädie S. 1175;„Über die Voraussetzungen des Rechtsschutzes, insbesondere bei der Verurteilungsklage,“1903)也一再表示他对瓦赫理论的支持。霍尔德(Hölder, Anspruch und Klage, ZZP 29,S. 50 ff.)虽然在很多基本观点上与瓦赫理论一致,但是在关键问题上却持不同意见(S. 59 ff.),他的观点一定程度上更贴近古老的实体诉权理论。上述几乎所有文献都忽略了我于 1900 年提出的质疑,作为例外的只有赫尔维格的教科书。尽管施泰因(S. 1 der Abhandlung)表示,“能够作为瓦赫第一位也是最忠诚的追随者是令人向往的”,但是必须要检讨反对者提出的质疑是否有根据。虽然施泰因完全抵挡住了诱惑,因为还有“更务实”和更紧迫的事情要去做,但是他却认为瓦赫理论的正确性是毋庸置疑的,进而以此为基础继续发展该理论。即便是赫尔维格对于我和其他人提出的质疑也只是以最少的篇幅和完全顺带式地进行了讨论(Abschn. V A. 1)。而且赫尔维格并没有清晰地归纳出我的学说。

正是以法律保护请求权理论为中心搭建民事诉讼法律体系，并且在此基础上对具体制度加以讨论的。有鉴于此，我希望通过本文再次对法律保护请求权，特别是判决请求权进行更为准确的——至少是客观描述其可能实现的目标——和没有偏见的检验。

这里要探讨的问题具有重要的意义，其重要性不仅仅是因 195
为其与诉和判决这两个最核心的民事诉讼要素之间的紧密联系。除此之外，这里的论题还有更为深远的意义，它将导出能够决定民法和民事诉讼之间相互关系的主导思想（Grundgedanke）。这个问题的回答能够决定以下问题：我们如何理解民事诉讼法与民法的相互交错及其共同作用，如何定位为了实现民事权利而设置的民事诉讼法律制度。如果法律保护请求权理论被证明是正确的，那么，我同意瓦赫的判断，法律保护请求权包含着“为我们打开民法和民事诉讼之门的钥匙”。[6] 如果法律保护请求权理论是站不住脚的，那么，我们需要用另一种基本理念去寻找能够打开民法和民事诉讼之门的钥匙。

第一节　诉讼之前是否存在判决请求权（ein vorprozessuales Recht auf Urteilsfällung）？

判决请求权早在诉讼开始之前就已经存在了。在起诉之

〔6〕 Wach, Feststellungsanspruch S. 15. 瓦赫在第 27 页表达了类似的意思：“在法律保护请求权中搭建起连接私法和诉讼法的桥梁”（Im Rechtsschutzanspruch ist die Brücke geschlagen vom Privatrechte zum Prozeß）。

前,原告就已经享有要求给付、确认和其他内容的判决的权利。这种权利并非因为起诉才产生。相反,起诉是这种权利的后果。起诉基于这种权利,是行使这种权利的表现。[1]

196 在赋予原告这种先于诉讼存在的权利之前,人们应该首先确定的是,法院是否在诉讼之前就负有与那种权利相对应的义务。如果国家司法机关还不负有作出判决的义务,那么,显然就不存在原告要求履行这种义务的权利,也就并不存在判决请求权。

毫无疑问的是,法院在诉讼开始之前并不负有作出判决的

---

〔1〕 赫尔维格的教科书写道:"诉权是要求作出特定判决的权利。诉权需要满足特定的前提条件,并且在满足这些条件时,早在诉讼开始之前就已经存在诉权。诉权是针对国家的权利——起诉是行使诉权的表现,而不是因为起诉才产生了诉权。如前所述,诉权早在诉讼法律关系成立之前就已经存在了"(Hellwig, Lehrbuch S. 147)。类似的表述还见于赫尔维格的《请求权和诉权》(Hellwig, Anspruch und Klagrecht, S. 147)以及其他作品。朗海尼肯(Langheineken S. 47 Abs. 6)认为:"原告的判决请求权与诉讼外的事实相联系(vgl. Wach, Feststellungsanspruch, SS. 15, 32),它在相关的诉讼之前就已经产生,在起诉前就已经存在。不过,当判决请求权的所有必要条件都得到了具体(拉丁文:in concreto)满足后,其只有通过起诉才具有实践意义(这与瓦赫的观点相一致[Wach, Handbuch Bd. 1 S. 211 f])和得到了彻底实现"。后面难以理解的论述实际上是完全遵照了瓦赫的表述。值得注意的还有朗海尼肯的论述(Langheineken S. 19 u. 20):"法律保护请求权是个体享有的作为(现在的或未来的)诉讼当事人的资格。"法律保护请求权特别是判决请求权先于诉讼而存在被瓦赫理论的其他支持者认为是不言而喻的。这也是他们的学说无法回避的问题。这个概念的核心在于,这种请求权并不是因为诉讼审理才生长出来的,而是如瓦赫经常强调的是先在的(präexistent)和与诉讼外的事实相联系的通过起诉加以主张的权利。也可见于施泰因的论述(Stein, Kommentar Bd. I S. 515):"尽管如此,任何起诉只是对这种请求权的主张——这种请求权是公法属性的,是基于诉讼法而面向国家的权利,它要求国家做出一定行为,也即作出特定内容的判决。人们可以将其称为与民法请求权相平行的法律保护请求权。"施密特在他的教科书中(R. Schmidt, Lehrbuch S. 18 u. 19)也显然是在这一含义上进行论述的。他认为,诉讼法为特定人在满足特定条件时创设了"要求判决和强制执行的固有权利"(ein festes Recht auf Urteil und Vollstreckung),后者确定了"诉讼法律规范要求国家负担的义务",这种义务"从私法范畴的障碍(Störung der Privatrechtssphäre)存在时就产生了,其一般针对的是国家。随着诉讼程序的开启,这种义务才被触发"。无论是对判决请求权理论进行检讨抑或是其他研究方向,都应当首先对以上所有论述进行评估。

义务。法院在诉讼被开启之前不仅不负有作出判决的义务，而且也绝不能作出判决。

在起诉之前，法院对任何民事诉讼上的介入都要保持克 197
制。没有当事人在先的申请，法院绝不能以任何方式介入私法事件。在起诉之前就作出的诉讼裁判是人们能够想到的最严重的义务违反。这违反了民事诉讼法中最基本的和被绝对贯彻的以及毫无例外的规则："没有起诉就没有判决"（拉丁文：*Nemo judex sine actore*）！一项诉前就存在的判决请求权和一个起诉之前就存在的作出判决的请求恰恰是要求法院作出其被严令禁止的行为的权利！

令人讶异的是，这个显而易见的问题到今天为止却被彻底忽略了，甚至我自己也在相当长的时间里并未注意到这项对判决请求权学说而言最致命的反驳根据。[2] 如果能够确定法院在起诉之前根本就不能进行裁判，那么也就可以自然而然地得出以下结论，即根本不存在诉前的判决请求权，原告在诉讼之前并不享有要求法院作出有利判决的请求权。

尽管如此，人们又为何接受了这样的权利呢？

这种学说不仅忽略了民事诉讼的基本原则，即判决只有在起诉的基础上才能够被作出，其还把权利产生的可能性（Rechtsentstehungsmöglichkeit）当作已经产生的权利，并且由此将起诉后才产生的要求法院作出判决的权利提前到了诉讼开始之前。

---

〔2〕 我在本杂志第 27 卷发表的论文中既没有阐述上述理由，也没能找到与此相联系的其他论据。我将在本文的后续章节（第二节到第四节）阐述这些论据。本文第五节和第六节将对之前论文列举的论据进行简要的回顾。

198

一、通过起诉引发判决的可能性和要求作出判决的权利之间的区别

在起诉之前,只存在民事诉讼法规定的其未来还相当不确定的案件,对此,可以通过符合民事诉讼法的方式提起诉讼,从而开启和确保如下可能性,即在满足先决条件后可以获得要求法院对私法事件加以审理和作出判决的权利。这种抽象的和附条件的权利产生可能并不意味着权利已经存在了。权利是在先决条件得到满足后才产生的。

例如,我根据法定继承(Intesterbrechtsordnung)有从亲戚那里继承的期待利益(Anwartschaft),但是,在这位亲戚去世之前我并没有继承权。同理,如果合同有效约定某人在特定的条件下有给付的义务,那么,在条件出现之前我也并没有给付请求权。如果民法规定,只要我和他人缔结了债权合同(obligatorischer Vertrag),那么我将获得给付请求权,这就意味着我在与他人签订合同之前不得向任何人请求给付。民事诉讼法也是如此。如果其规定在依法起诉之后,我享有要求法院审理和作出判决的权利,那么,在我通过起诉满足诉讼法设定的条件之前,我就还并不享有要求法院裁判的权利,更没有要求作出有利裁判的权利。那些认为原告在诉讼之前就有“判决请求权”的人,其背后的逻辑就像是认为在买卖合同签订之前就已经有权要求给付可能约定的价金:他们同样是混淆了法律所规定的在将来可以通过特定行为获得权利的可能性和只有借助这一行为才会获得的权利本身。

199 显而易见的是,通过提起诉讼才可能引起诉讼和判决,而不是凭借什么空穴来风的期待。这种观点有诉讼法规定的坚

实基础和充分支持。这就像附条件缔约。在条件满足之前，虽然还不存在请求权，但已经可以确定的是，条件被满足时请求权就一定会产生。同样，在起诉之前，虽然还没有要求法院审理和裁判的权利存在，但之前就已经可以确定的是，在依法提起诉讼之后就一定会产生这样的权利，因为国家命令和敦促它的法院对于任何起诉，只要满足其民事诉讼法的相应要求，就必须对诉中载明的事项进行审理和作出确定判决（拉丁文：res judicanda）。因此，任何人都可以坚信，通过这样的起诉他就能获得要求法院审理和最终获得裁判的权利。

尽管存在法律所保证的前景，但是未来的诉讼主体，即未来的诉讼当事人和未来的审理法院还没有被嵌入具体法律关系当中。这就像两个人有今后彼此签订合同的预期，但此时还并未形成法律关系。无论是未来的当事人之间还是未来的当事人与未来的审理法院之间都并不存在任何在先的诉讼权利。

但是，这种情况还与附条件缔约存在显著的区别。能够获得诉讼当事人权利（prozessuale Parteirechte）的可能性还并不能像附条件债权合同那样可以对今后债务的产生提供稳定的预期，甚至这种预期是可以被转让也可以被继承的财产组成部分（Bestandteil des Vermögens）。[3] *

这种差异的根源在于，在起诉之前只存在抽象的可能性， 200

---

〔3〕 对此可参见优士丁尼《法学阶梯》第 3 卷第 15 题第 4 段：在债因某些事件被延缓的情况下，要式口约是附条件作成的，这样，如果某事发生或不发生，要式口约才开始生效（拉丁文：Ex condicionali stipulation tantumspes est debitum iri, eamqü ipsam spem transmittimns si, priusquamconditio existat, mors nobis contigerit）。

* 【译者注】本段讲附条件的要式口约。这样的要式口约在当事人达成一致时成立，但要到条件成就时才生效。参见徐国栋：《优士丁尼〈法学阶梯〉评注》，北京大学出版社 2011 年版，第 402 页。

它并不与特定的和具体的诉讼案件和确定的法院相联系,并不存在对未来诉讼裁判的稳定预期。[4] 而附条件法律行为引发的权利产生可能性是通过在先的意思表示对标的物和主体进行了具体的确定和限定。[5]

基于类似理由,引发刑事诉讼程序的权利也不同于引起民事诉讼的权利。

在特定条件下,对此负责的国家机关有义务依职权介入刑事诉讼。这一义务能够与所谓的刑事诉权(Strafklagerecht)相契合,[6]因此是完全正确的。原因在于,这种要求作出诉讼行为的权利并不欠缺客体和主体方面的确定性。

201 启动刑事诉讼的权利及其义务都可以通过犯罪行为而被具体化,更确切地说:这种权利和义务总是与特定案情基础上的行为嫌疑(Verdacht einer solchen Handlung)相联系并且被限定在具体的案件范围内。无论是国家机关还是与之相对的个人总是具体和特定的。

与之相反,在民事诉讼真正开始之前,(除了极其特殊的情况,如婚姻无效程序[Verfahren wegen Nichtigkeit der Ehe]和禁

---

〔4〕 对此参见本节第二部分内容。

〔5〕 从另一个方面讲,下述比较也是具有启发意义的,如为了权利能够在今后产生而缔结预约(Abschluss eines Vorvertrags)和缔结使用借贷预约(拉丁文:pactum de contrahendo)。这样就通过在先的债务枷锁(拉丁文:vinculum iuris)无条件地确保了债务的产生。

〔6〕 参见宾丁(Binding)《明晰和深入的论述》(Binding,Handbuch des Strafrechts Bd. 1 § § 39,125 - 138,auch passim § § 139 - 169. Vgl. auch Grundriß des Strafprozeßrechts § 94 ff.)。我支持宾丁的主张(Binding,Strafrecht S. 193):"刑事诉权是一个与刑法完全独立的公法上的权利。这种权利可以塑造诉讼法律关系。这种权利止于判决"。基于上述理由,我完全赞同这一观点。尽管如此,我无法认同抽象民事诉权。显然,宾丁的刑事诉权基本思想与具体诉权论(诉权先于诉讼存在,其是要求特定判决的权利,尤其是给付判决)以及德根考布—柏罗慈的民事诉讼抽象诉权论都相去甚远。但是,宾丁将抽象诉权论的基本思想导入刑事诉讼法领域,这在我看来却结出了丰硕的果实。

治产宣告程序[Entmündigungsverfahren])法院既没有启动程序的义务，也还不存在决定未来民事诉讼的关键要素，即确定的法院、确定的诉讼当事人和确定的诉讼物(Prozeßsache)，本节第二部分将对此进行更详细的讨论。在民事诉讼领域只是一般性地涉及任何人都具有的能力。只要诉讼法抽象地(拉丁文：*in abstracto*)认可私法事件甚至是私法以外的事件可以合法地作为民事诉讼审理和判决的对象，那么，当事人就可以基于这些可能性而提出无穷无尽的诉讼。[7]

这种宽泛的和模糊的行为权力(Handlungsmacht)虽然对权利的产生有影响，但是，却还不足以称之为权利。其与通过民事法律行为引起民事法律关系的民事行为能力一样是未成熟的权利(Rechtsunfertigkeit)：它只是人的一种性质和一种法律地位的体现，仅仅是法律赋予个人的一般性的法律行为可能(Rechtshandlungsvermögen)的特殊发展形态。[8]

即便人们仍旧希望把开启诉讼的能力归入权利的范畴，这 202
种先于诉讼存在的"权利"也并不像判决请求权理论认为的那样，是原告在起诉之前就存在的，通过起诉加以行使的判决请求权以及要求诉讼审理和判决的权利。根据"没有原告就没有

---

[7] 这仅仅涉及判决请求权。而对于根据法院的裁判或者其他执行名义要求执行法院使用法律规定的强制执行措施的权限，我却并不反对将他们理解为权利或者法律请求(Rechtsanspruch)，因为这时并不缺少必要的具体化确定。只是应当注意的是，执行权本身只有在当事人依法提出申请之后才产生，申请并不是对既存权利的行使。

[8] 对此可以详见我关于自认的专著(Bülow，Geständnisrecht，1899，SS. 37 - 44)和刊登在本杂志第27卷(Bülow，ZZP Bd. 27，SS. 242 - 245)的论文。在上述文献中，我针对抽象诉权所阐述的意见也完全可以甚至是更适用于批驳判决请求权理论。此外，瓦赫自己也已经指出了抽象诉权理论的问题，能够通过起诉开启程序的能力，是一种绝对权利(Res merae facultatis)，可以与进行法律行为的权能相提并论(Wach，Handbuch S. 22 u. Anm. 25)。在我看来，通过诉讼引发判决的权限其实同样也是如此。

法官”的基本原则,这种权利要通过起诉才能够产生。要求判决的权利是如此,而即便是要求诉讼审理的权利也没有什么两样。

二、判决请求权理论与一般人权*——市民权(allgemeine Menschen-und Bürgerrechte)理论的相互联系

这种将先于诉讼存在的能够产生诉讼权利的能力作为权利本身的想法可以在诉讼法理论中找到顽固的根源,其与权利概念的不确定性和宽泛性有关。例如,人们可以想到自由表达的“权利”,想到“投票权”,或者想到形形色色的“一般人权和市民权”,想到“源权利”(Urrecht)和“基本权利”(Grundrechte)。对各种各样发生法律效力的甚至是不发生法律效力的行为的许可和能力都被冠以权利的称谓。想到这种语言使用习惯,事实上也就很容易理解为什么诉讼法规定的权利塑造可能性(Rechtsschaffungsmöglichkeit)同样会被称为“权利”并被理解为权利了。

203 这对于诉权理论的出现产生了重大影响,无论是之前将诉讼错误的归因于原告的私法请求权,还是近期以诉和诉讼法律关系公法属性为基础的抽象诉权论。而“成功”提起诉讼的权利或称判决请求权理论其实也是基于这种语言习惯。只是这种学说比抽象诉权论走得更远一些罢了。这种学说不再像抽象诉权论一样满足于引发诉讼的先诉讼权利,而是赋予原告先于诉讼存在的,而法院实际上在起诉之前并不存在相应义务的

---

* 【译者注】为了与一般人格权(Allgemeines Persönlichkeitsrecht)相区别,译者将Allgemeine Menschenrechte 直译为“一般人权”。

判决请求权。事实上,法院在言辞辩论终结之前都不负有作出判决的义务,对此,我会在本文第三节进行详细论述。这种学说并不满足于此,其甚至主张,即便当事人事先宣称他不会提起诉讼也不要求法院作出判决,原告在起诉之前也同样享有这种“权利”,即有利判决请求权。

针对这种宽泛理解,已经有学者提出了若干反对意见。〔9〕其主要根据在于,权利形成可能性缺乏最低限度的具体确定性,而这正是真正的权利不可或缺的存在条件。当我们试着回答以下问题时,问题就越发凸显出来了:那种权利针对的是哪个国家?哪个国家的哪个法院有义务开启诉讼程序和作出裁判?

这种将法律事件(Rechtsangelegenheit)交由特定法院进行 204
审理和判决的法律可能性取决于现在是否能通过起诉在这个法院建立审判籍(Gerichtsstand)。而这在真正提起诉讼之前当然并不能被确定。

当我们现在确定某法院对可能发生的某诉讼有管辖权的时候,其实并没有任何人知道,在真正提起诉讼的时候这个法

---

〔9〕 参见脚注14的相关论述和那里引用的文献,此外还包括以下文献:O. Mayer, Das Verwaltungsrecht Bd. 1(1895)S. 104 ff. und Jellinek, Allgemeine Staatslehre(1900)S. 371 ff。虽然耶利内克(Jellinek)和迈耶(O. Mayer)都一定程度上扩展了主观权利(subjekives Recht)的概念范畴,但是,按照我所坚持的具体确定性的最低标准来看,这样的扩展仍然是正当的。不过,在耶利内克和拉班德(Laband)的相关论战中,我还是更支持拉班德的观点。而即便是耶利内克和迈耶也明确反对将权利概念进行如此宽泛的扩展,进而使一般人权和市民权都能够被囊括在权利概念范畴之内。我同样可以由此得出,启动诉讼的一般能力并不能被作为成熟的和真正的权利。此外特别值得注意的是,这种能力绝不像施密特(R. Schmidt, Lehrbuch S. 19,681)所认为的那样,只是国家的“市民”享有的涉及法律保护的权利。科勒(Kohler, Grünhuts Zeitschrift Bd. 14,1887,S. 9 ff. und Der Prozess als Rechtsverhaletnis,1888,S. 13)已经指出了“法律保护请求权”与一般人格权之间的亲缘关系。

院是否真的有管辖权。在此期间,对于管辖权有决定意义的事实是多么容易发生变化啊！如果我的债务人现在的住所在巴登(Baden),但是并不能确保他的审判籍一直停留在巴登。其依旧存在不确定和不可预测性。当我真的向他提起诉讼时,他的住所地可能已经迁往其他国家,也可能因不断迁移而没有住所。这时,我并不能以巴登作为被告的审判籍(拉丁文:*forum domicilii*),而是必须向某一外国法院提起诉讼。根据判决请求权理论,我不再对巴登大公国(Großherzogtum Baden)享有判决请求权,而是对于另一个现在还不可知的国家享有要求其民事法律救济的权利。

是不是国籍每变化一次,就会使我丧失了之前享有的要求特定国家做出判决的权利,并重新建立起对另一个国家的权利?[10]

205 在我起诉之前,到底是什么能够将我和我的债务人以及特定的国家联系在一起?这种请求判决的权利不应该是在我真的提起诉讼以后才相对于管辖法院所属的国家被最终建立起来的吗?这种异想天开的先于诉讼存在的权利难道不是在最重要的方面都还彻底不确定吗?真正的权利只能针对具体的国家,而不能只是说其针对的是“这个”国家。

毋庸置疑的是,只有在起诉的时候才能够确定当事人对哪个国家的哪个法院有“诉权”和“判决请求权”,但是,可能对此提出的辩解是,当人们事先谈及哪个法院有管辖权的时候,这只是说原告在提起诉讼的时候某个国家的某个法院有

〔10〕 施泰因的主张令人印象深刻,他认为审判籍就是先于诉讼存在的“请求权”。对此的反驳参见本文第二节脚注〔1〕。

管辖权。

不过,以上辩解却对他们自己的学说而言构成了沉重的打击。根据这种学说,诉权或判决请求权应该是在起诉前就已经存在的,只是通过起诉行使这一权利。由于法院管辖权是这种权利存在的必要前提条件,因此,管辖权绝不能在起诉的同时或在起诉的几乎同一时刻才产生,而是至少要在这之前的某一时刻就已经存在了。也就是说,上述辩解必须被迫承认,法院的管辖权并不取决于起诉时能够产生管辖的相关事实,而是取决于在此之前的某个时间点。[11]

但这样的话,人们不仅会违背诉讼法中关于管辖问题最明 206
确的法律规定,而且也会使该学说自相矛盾。要不然,他们就必须认可,原告要求法院审理和判决的权利在起诉的同一时间点才产生。但这也就是说,起诉并不是对先在权利的行使,这便与判决请求权理论相矛盾。

然而,不仅是在法院和国家层面,即便就当事人层面而言,这种诉前存在的要求作出判决的权利也都欠缺足够的确定性,因为无法明确预见未来的诉讼是否会发生在与诉前判决请求权相互一致的当事人之间。在死亡或者因为争议标的物转让的时候,其他人会站上当事人的位置,因此,法院未来的判决并非一定会有利于现在享有有利判决请求权的人,被判决向原告给付的人也可能并非胜诉判决请求权的相对人。

---

〔11〕 先于诉讼存在的判决请求权究竟从哪一个时刻开始就已经存在了?它又是如何产生的?因为其绝不考虑起诉行为,那么就只有如下选择,即要么在发生争议的私法请求权或者私法法律关系成立时,但是其成立在诉讼裁判作出之前同样是不确定的!要么只能因为欠缺嗣后的产生根据而在原告出生时就已经存在。据此,诉权也即判决请求权最好被论证为天生的权利(angeborenes Recht);可难道要让一个新生儿在出生时享有其今后人生中所有的"诉权"吗!

207 难道人们会认为,这样的当事人变更并不影响判决请求权的同一性吗?诉前的公法诉权和判决请求权甚至可以被继承和转让吗?

另外,诉前权利在诉讼标的方面也欠缺足够的确定性。即便我们现在就明确知道与未来的诉讼、判决以及判决请求权相关的私法法律关系的特征,也还不能得出在实施诉讼的时候其内容和范围如何,特别是在判决作出的时候,因为法院有义务以此时的私法法律关系为准作出判决。法院裁判的对象在此期间是不断变化的,进而与之前预计的情况并不相同。判决事项(拉丁文:*res iudicata*)和审理事项(拉丁文:*res in iudicium deducenda*)可能存在相当的不同,例如,有争议的债权因为迟延利息的增加、因为在此期间产生的损害赔偿请求权而被扩大或者因为此后产生的抵消债权(kompensable Forderung)而减少。

因此,在所有方向都显而易见的是,"诉权"与"源权利"、"基本权利"、"天赋的权利"(angeborene Rechte)、"一般人权"等一系列概念有相同的缺陷。这些概念被深深嵌入了法学语言习惯,并且不时出现望文生义的主张。抽象诉权和它古怪的变种法律保护请求权以及被赫尔维格称为诉权的判决请求权也都同样无法摆脱不确定性、无边际性(Grenzenlosigkeit)和不可预见性。这使人们甚至都忘记了应当严肃和科学地看待这些概念。人们现在已经明确,那些"权利"只是对行为的许可或者是能力(Erlaubnisse oder Fähigkeiten zum Handeln),是行为的能力(拉丁文:*facultates agendi*)。这是法律一般性赋予每个人的权限,这也还远不是特定人业已存在的,相对于外部世界中具体特定的对象或者他人而言界限明确的权力(Macht)。

部分所谓的权利甚至根本与法律世界(Rechtswelt)无关, 208
或者法律只是对相关行为可能性作出了中立性的处理。如在涉及言论自由权的问题上,这只是说能够做法律不禁止的行为,最多只是对特定损害言论自由的行为在法律上严加禁止。其他权利诸如选举权和投票权,其涉及通过自己的行为影响权利产生和塑造权利的能力,进而对权利的真正产生具有意义,并以这种方式在法律领域发挥着作用。

所谓的诉权和判决请求权也属于这一类"权利"。这些权利与真正的权利并不处于同样的成熟水平上,而是与通过法律行为创建法律关系的能力的水平相同。它同样只是权利塑造能力(Rechtsschaffungsvermögen)。它本身并不是成熟的权利,而只是能够孕育出权利的胚胎(Keim)。

三、判决请求权和"能为之权利"(Rechte des Könnens)

一般人权理论毕竟在现在的法律术语中留下了大量难以被祛除的痕迹。其不仅存在于法学教义(Rechtsdoktrin)中,而且也出现在法律用语(Gesetzessprache)中。仅仅将"权利"理解为通过行为影响法律关系构造的权限的做法不仅出现在国家法领域,也同样大量存在于私法和诉讼法当中,如优先购买权(Vorkaufrechte)、买回权(Wiederkaufsrechte)、解除权(Rücktrittsrechte)、终止权(Kündigungsrechte)、抵消权(Kompesationsrechte)以及所有的抗辩权(Einrederechten)和撤销权(Anfechtungsrechten)。

鉴于以上情况,最近奇特尔曼(Zitelmann)将"影响未来法 209
律效果的权力中蕴含的权限"(in einer Macht über eine

zukünftige Rechtswirkung bestehenden Befugnisse)归入法律体系中“能为之权利”,以区别于“得为之权利”(Rechte des Dürfens)。[12] 赫尔维格立即援引了这一分类。[13]

但是,奇特尔曼也十分警惕以下情况的出现,即漫无边际地宽泛解读这种权利分类,以至于诸如“诉权”一样一般性和不确定的权利塑造权限也有了一席之地。他谈道(Zitelmann, Bd. 2 S. 43 u. 44;vgl. S. 59 u. 60):

“同样的概念构成(就像将通过作出继承意思表示[Antrittserklärung]获得遗产的可能性称为权利)现在也被用于以下情形,即法律赋予某人可以通过自己的行为引起对其有利的法律效果的可能性。当然,这种可能性不能是所有人都一般性具有的行为可能性:每个有行为能力的人通过作出法律行为引起法律效果的一般可能性根本不是有关这种法律效果的权利。至少可以说,这种受到欢迎的观点其实对实体法的探讨毫无意义。相反,人们只有在根据具体的案件事实已经对于具体的人产生出不同于其他人的可能性,从而更可能带来对其有利的特定效果时才谈得上权利。一般的可能性和特别的可能性之间的界限当然是流动的,例如以下概念:物上的或债上的优

---

〔12〕 Zitelmann, Internationales Privatrecht(1897)Bd. 2 S. 32 ff. 这部作品的意义超出了其主题而具有一般性法学意义,其甚至还对很多诉讼法上的问题进行了深入的研究。在此之前,恩耐克赛鲁斯(Enneccerus, Rechtsgeschäft, Bedingung und Anfangstermin, 1889, S. 600 ff.)将那些权限中的一部分归入了“取得资格”(Erwerbsberechtigung)的类别。在我看来,这个称谓更为合适,因为它可以避免与真正意义的权利相混淆。美中不足的是这个概念无法将所有的权限都囊括在内,因为不仅仅存在获得权利的权限,还存在着对于已经获得的权利的内容和权利的撤销发挥作用的权限。

〔13〕 Hellwig, Anspruch und Klagrecht S. 2. 但是,赫尔维格在他的教科书中并没有沿着这条线索走下去,并没有将这一分类作为诉权的支撑,也当然没有再涉及这一分类。因为他的诉权是早在诉讼之前就已经存在的,只是通过起诉而行使的判决请求权,而不仅仅是可以产生权利的权力(Macht);其实,诉权本应如此。

先购买权(das dingliche oder obligatorische Vorkaufsrecht)、买回权,先买权(Retraktrecht)、终止权、追认权(das Recht zur Genehmigung)、合同解除权以及对特定法律行为的授权等。”

210 上述文字再清楚和再谨慎不过地表明,这种普通的能力(Allerweltsfähigkeit),如通过起诉建立诉讼法律关系的能力,并不能够被称为和被理解为“权利”。[14]

奇特尔曼在很有限的范围内将权利的概念一分为二的做法是否恰当?对此我不再做更进一步的讨论。我只想指出,在“能为之权利”和“得为之权利”之间存在相当程度的近似性,很难找出它们之间的法律效果究竟有什么不同。虽然在表面看起来,它们的产生方式以及目的设定上存在着诸多重要的区别,它们也是以此为基础被归入不同类型的权利构造(Rechtsgebilde)并被表述为不同的概念,就像对总括性概念(Gesamtbegriff)的绝对化处理总是引起不明确、相互混淆和含混不清:这也可以说明“望文生义”(In verbis simus faciles!)对于法学家来说是多么的危险。不过奇特尔曼自己也强调,“能为之权利”和他拒绝称其为权利的普通能力之间是多么地难以区分。

211 在我看来确定无疑的是,如果由法律赋予的能够对权利的产生、变化、撤销和削弱(Entkräftung)发挥作用的权力不再被称为权利,而是采用能够表明其与“真正的”权利之间实质差别的表达方式,那么这必定是一项能够使法律认知和法律体系更为清晰、更为纯净、更为明确的伟大贡献。在我看来更合适

〔14〕 显然奇特尔曼在民法教科书中(Zitelmann, Das bürgerliche Recht, allgemeiner Teil S. 24)罗列诉权的不同类型就出现了自相矛盾,如果他如我所理解的只是希望展示诉权概念的多义性,而并非承认诉权是一种权利的话。

的做法是,人们不再使用“权限”(Befugnis)这个极为不确定的概念,而是采用虽然单调但是能够充分指向法律确定力(Rechtsbestimmungsmacht)* 的“资格”(Berechtigung)这一概念。〔15〕

然而必须承认,现在这种区分还难以贯彻,并且在相当长的一段时间内也难以得到贯彻。即便不考虑如此歧义和不完美的双重含义,立法者的语言习惯也并不允许我们将“权利”这一用词和其真正意义联系起来。也因此,我们必须要判断,法律用语中出现权利的时候,哪些是特殊的、“非真正的”权利,其意指的是法律塑造或者法律影响力(Rechtsschaffungs-oder Rechtsbeeinflussungsmacht)。如果我们能够坚持奇特尔曼所指出的恰当的界限,就能够有效地降低矛盾的法律用语带来的风险。

212 但是,上述效果的前提是,我们能够坚持不把两种权利类别混为一谈,我们不能认为,适用于“真正的”权利的规范也同样对“非真正的”权利有效,例如,不能想当然地认为,因为其涉及权利的塑造、撤销或者削弱的权利是可以继承和自由处分,因此,可以形成权利的权力也可以任意转让给其他人,或者

* 【译者注】Rechtsbestimmungsmacht 中 Recht 有权利和法律两种译法。本文第二节认为管辖协议是当事人 Rechtsbestimmungsmacht 的体现,但此处并不涉及权利的确定,而是被彪罗认为确定了有别于一般管辖规定的特殊管辖规则。综合以上考虑,译者将 Rechtsbestimmungsmacht 译为法律确定力。

〔15〕 所有被奇特尔曼称为“能为之权利”的权限都有若干法律上的相似性,如通过法律行为建立法律关系的权限,这是一种引起法律效果的权力。这种权限中的大多数,如终止权、解除权、买回权,都涉及已经存在的具体法律关系,而这些法律关系总是通过特定法律行为的表示而产生的。这些权限被更为严格地限定和更为清晰地具体化,这与那些一般能力并不相同,如缔结债权合同的能力、订立遗嘱的能力、授予代理权的能力。严格说来,这些并不是权利,而是法律赋予法律主体的权利确定权力,就像我已经多次尝试去说明的那样。参见本文第二节脚注〔3〕中的引证。

是因为相关“真正的”权利在一定条件下可以被消灭，例如，因为终止权限（Kündigungsbefugnis），进而认为在一定条件下或者所有被称为“权利”的权限都是可以被抛弃的。[16]

相反，必须要最坚决反对的是上述权宜之计的扩大化，不能对我们法律中使用的权利并且也是应当适用权利的地方进行夸大化理解，使其超出权利概念的边界，甚至使权利概念能够涵盖“所有人都具有的一般性的行为可能，没有基于具体的事实使对某人的可能性有别于其他人，没有带来具体的法律效果”，就像是通过起诉引起诉讼的可能性。

抽象诉权论就是这样。赫尔维格意义上的诉权在很大程度上也与权利概念相悖，因为他认同诉前的判决请求权。

抽象诉权理论至少还只是认为，原告有权利通过起诉引起诉讼的开始和诉讼法律关系建立的法律效果，而这事实上是起诉行为的效力范围。

然而，判决请求权学说和与其具有同义性的赫尔维格诉权 213
理论却认为，原告在诉讼之前就享有更为深入的，甚至有要求诉讼审理的终局行为（Schlußakt der Prozeßverhandlung）和要求作出判决的权利。起诉由此来到了其效力根本无法触及到的领域。在抽象诉权论那里至少还有值得讨论的问题，即对权利的用语和概念是否能够做这样宽泛的解读，从而使通过行为引发法律效果的能力也能被囊括其中。而赫尔维格的诉权论则使原告有权获得仅仅通过起诉本身还没有带来的而且也绝不可能带来的法律效果。

因为这样的权利并不能通过起诉而产生，更不要提还在起

〔16〕 例如，有观点认为自认是对对方主张加以争议的“权利”的放弃。

诉之前就已经存在。这种权利要经过起诉引起的诉讼审理才会生长出来。因此,原告要求作出判决的权利,也包括他可能具有的要求作出对其有利判决的请求权,直到诉讼审理终结时才会出现。

后文(第三节)将对此详加讨论。在此之前,还需要对一个一般性问题进行讨论,这对正确理解整个民事诉讼有特别重要的意义,并且也与我们讨论的问题紧密相关。这个问题在我看来更需要被提出来,因为就我所知,这个一般性问题还没有被任何人研究过。

214

第二节　当事人在诉讼之前究竟是否享有诉讼权利?

对于这个问题,不仅是法律保护请求权论给出了肯定答复,其他学说也将其视为毋庸置疑而加以接受。先于诉讼存在的当事人诉讼权利成为了支撑这些学说的基石。[1]

我严重怀疑这种做法,因为这种做法存在内在矛盾(拉丁文:*contradictio in adjecto*)。

诉讼法规制诉讼法律关系。诉讼法律关系的存在是为了实现诉讼主体的诉讼目的。据此,诉讼法和诉讼权利的适用范

---

〔1〕 Stein, Voraussetzungen des Rechtsschutzes S. 5 Anm. 2. 施泰因也不假思索地认可了其他先于诉讼存在的当事人权利。对此,施泰因只是谈道:"诉讼法上的请求权要到诉讼产生之后才能出现,霍尔德(Hölder, Zeitschrift für Civilprozeß Bd. 29 S. 62)的这种观点是错误的。尽管一辈子都没有打过官司,但人们还是具有一般审判籍和诉讼能力。"审判籍使被告归特定法院管辖。诉讼能力是人们可以自己实施诉讼行为的资格。审判籍和诉讼能力正是请求权!如此不容置疑却不加任何证明,施泰因就用这样站不住脚的主张打发了霍尔德的法律观点!

围都有稳定的界限。

诉讼法只规定那些实现诉讼目标的活动。诉讼法只规定诉讼主体(特别是当事人和法院机关[Gerichtsbehörde])该如何实施诉讼行为,其行为在哪些必要条件下才是合法的且在法律上是有效的,以及诉讼主体做或不做诉讼行为的法律后果是什么。

除此以外的行为则既不是诉讼法律规范的对象,也不需要国家设置的机构履行其司法任务,而是仅仅归属于私法法律关系,只服务于当事人的私利益,而不存在法院的调停和帮助。这是人控制的物或者其他客体。这只可能构成诉讼审理和裁判以及法院强制措施的对象。

如果人们不能允许诉讼法任意介入不属于它的领域,那 215
么,在当事人还没有与法院发生关系的时候,他的行为不应该在起诉之前就与嗣后的民事诉讼法律关系产生相互联系,不应该成为诉讼法规制的对象。由此可以毫无疑问地得出,没有人能够在诉讼活动开始之前就享有诉讼权利。换句话说,没有比诉讼前就存在的诉讼权利更加自相矛盾的法律构造了。

当然,诉讼法也存在若干情形,其允许当事人还在法院介入诉讼之前就提前对未来的诉讼程序加以特别的塑造。

典型的例子就是诉前对管辖问题的约定:诉讼法在一定限度内允许当事人选择管辖法院,且当事人之间的约定可以不同于法律确定的一般管辖规则(《帝国民事诉讼法》第38条)。

另一个例子体现出现代法律更大的让步,法律允许当事人通过协议对作为国家权力组成部分的司法权依法(拉丁文:*ipso iure*)和有效地加以限定。法律严格规定了要求国家行使司法权的条件,而当事人可以通过协议废除某些限制。我想说,我对国家主权的正派(Integrität)感到由衷自豪，而这些是罗马法所无法理解的。[2]

216 现在，当事人可以任意且完全有效地约定，当他们对特定的私法事件产生不同理解的时候完全排除法院对案件的审理和裁判，转而通过仲裁程序由当事人选定的仲裁庭来解决他们的民事争议(《帝国民事诉讼法》第1025条以下)。

这样的情况可能会产生如下印象，即似乎当事人协议早在诉讼开始之前就使当事人获得了诉讼权利。当然，这肯定与诉讼法存在关联，并且，这也无疑会对未来的诉讼法律构造具有决定性的影响。

尽管如此，这在我看来却并不能证明当事人在诉讼之前就具有诉讼权利。我认为，当事人并不能在协议中规定，当事人在诉讼开始之前就获得诉讼权利。不仅如此，仲裁协议的法律意义也全然不是这样。

一、诉前的管辖协议(**Kompetenzvereinbarung**)

通过诉讼外的管辖协议(prorogatio fori)并不能使被约定的法院立即着手处理诉讼。当事人并不能因为诉讼之前的协议就将被选定的法院拉入诉讼法律关系当中。法院此时还没有义务对当事人预先作出约定的案件进行审理和裁判。由于法院不存在审理和裁判的义务，当事人与法院之间以及他们彼

〔2〕 对此参见蒂宾根大学的维茨泽克尔全面和富有意义的博士论文(Tübinger Inauguarldissertation von Carl Weizsäcker，1879，S. 52 ff.)。仲裁协议和仲裁裁决被强化的法律效力符合德国法传统，并且与国家主权协调一致。尽管罗马法是我们法律的源头，但罗马法对于个人意愿却有严格的限制。当事人乐于通过私人的方式替代法院的裁判，且立法者目前也尝试将很多类民事诉讼案件完全排除在法院的审理范围之外。值得严肃反思的问题是，人们对其他途径的信赖度是否能够与对法院的审判活动的一样高呢。

此之间也就还没有形成诉讼法律关系，当事人对其他诉讼主体也还并不享有诉讼权利。

诉前管辖协议的意义只在于，作为今后的诉讼设置特殊和具体的诉讼法律规则，这有别于诉讼法一般的和辅助性的管辖规定。这些特殊和具体的管辖规定是对法院的授权。如果当事人真的发生了诉讼，他们签订的管辖协议就提前准备好了具有决定性的法律规范。[3] 217

以这样的方式，当事人通过行使诉讼法赋予其的法律确定力（而不是行使他们已经享有的当事人诉讼权利，也并未因此而产生当事人诉讼权利！）为今后发生在他们之间的诉讼提前做好了准备。当涉及管辖问题的时候，不再按照诉讼法直接设定的诉讼法律规范进行，而是可以也必须遵循他们的特殊约定。

诉讼外的协议管辖是一种特殊的也是具体针对未来案件的民事诉讼法律规定（Prozeßrechtsanordnung）。只有之后产生了诉讼，这一约定才会对诉讼中产生的诉讼法律关系的法律构造产生决定性的影响，特别是通过向协议约定的法院提起诉讼 218

---

〔3〕 对于这背后的基本思想，我已经在论文（Bülow, Abhandlung über das dispositive Civilprozessrecht und die verbindliche Kraft Rechtsordnung im Archiv f. Civil. Praxis Bd. 64, 1880, SS. 1 – 109）中提出过，并在之后的专著（Bülow, Geständnisrecht, 1898, S. 129 ff.）中进一步展开，即将这种法律行为的本质界定为具体的法律规定（konkrete Rechtsgebote）。一般情况下，包含于民事法律行为中的法律命令会立即产生、变动或者撤销权利。但对于此处讨论的特殊情况，权利的产生目前还是悬而未决的（拉丁文：*in suspenso*）。这与附条件的法律行为类似。附条件的法律行为的本质在我看来已经是明确无疑的。法律强调附条件的法律行为的独立性及其法律塑造功能（rechtsnormierende Funktion），因为它的功能并不是像大多数情况那样立即带来权利的产生、变更和消灭。一般情况下两者在时间上的同步性会引起误解，从而忽视了这种法律行为引起的法律效果是带来了具体的法律规定：联系隐藏在诉中（拉丁文：*celeritate inter se conjungendarum actionum una occultatur*）。

后,才产生要求诉讼审理和在审理基础上产生的要求诉讼裁判的当事人权利。

二、仲裁协议

与管辖协议类似的还有仲裁协议。

即便是这样的协议也并没有使当事人在诉讼开始之前就将法院带入了诉讼法律关系。这是不言自明的,因为仲裁协议与管辖协议并不相同,其并不仅仅改变了一般管辖规定,而是使未来的程序根本就不会在国家的司法机构面前进行。

相反,除了《帝国民事诉讼法》第 1036 条、第 1041 条、第 1043 条到第 1047 条的例外规定,诉讼程序被完全排除在外,从而也完全排除了就相关的法律事件产生诉讼法律关系的可能性,排除了国家法院的调停。如果不考虑上述例外规定,仲裁协议使法院和这方面的法律规定彻底失去了法律作用。本来当事人可以就相关的法律争议请求国家的法院机关作出实体裁判,原告有权请求法院作出对他有利的诉讼裁判,即他享有“判决请求权”,但只要仲裁协议在法律上是被准许的和有效的,那么,法院就只能用诉讼驳回拒绝原告的请求。

219 排除国家司法权而产生的漏洞可以立即被填补,因为当事人可以指定私人的仲裁庭对今后产生的法律争议进行裁决。可是即便如此,在这种情形下依旧并未产生当事人的诉讼权利。

当然也并不能因此认为,由于法律争议并不在国家常设的法院机关进行,因此,今后的仲裁程序并不是诉讼程序,而是作为存在于诉讼法之外的程序。仲裁程序同样也属于诉讼法的范畴,因为诉讼法规定仲裁协议指定的仲裁庭要肩负起裁判的任务,仲裁程序代替了国家法院前的程序并且被认为具有完全的效力。一旦仲裁程序真正开始,那么,在仲裁程序中也将产生真正的诉讼法律关系,既有当事人的诉讼权利,也包括仲裁员的义务。但是,这种诉讼法律关系并非先于仲裁而存在,并非在缔结仲裁协议之后就出现,也不会在选定仲裁机构之后就产生。

当事人之间的协议和选定仲裁员的意义只是在具体的和可能的法律争议范围内与《法院组织法》(Gerichtsverfassungsrecht)不同的特别法律规定。仲裁协议包含一项法律规定,据此,未来出现的案件的裁判权被赋予了被选定的仲裁员,这构成了特别法庭(Sondergericht)。

仲裁裁决(schiedsrichterliche Rechtsprechung)也完全适用以下法谚:“法官是公职人员(拉丁文:Judicare munus publicum est)。”仲裁庭的指定与罗马民事诉讼中裁判官被召集作出裁判有明显的亲缘关系,当然,它们之间也有明显的差别,因为仲裁庭的指定不是在国家机关的共同作用下进行的,而是基于法律作出的一般性授权,据此,只需要当事人之间达成协议,被指定的仲裁员就有权作出裁判。

虽然其流程与常设法院的指定并非完全不同,但是依旧存 220
在着明显的差别。由私人指定的仲裁庭并没有被一般性地授予某种权限,而是限于当事人所圈定的“具体的法律关系和由此产生的法律争议”(《帝国民事诉讼法》第 1026 条)。

就像国家委任的法官一样,在委任法官之后和具体的诉讼开始之前,其还并不是什么诉讼法律关系的主体。同样,在仲裁员被指定之后和仲裁程序开始之前,其也还并不存在什么义务。因此,也就不可能存在当事人的诉讼权利,特别是诉讼开始之前,当事人对仲裁员还并不享有"判决请求权"。仲裁协议的法律约束力(rechtliche Gebundenheit)和仲裁员的选任是纯粹的国家法问题。[4]

三、独立的证据调查程序(Probatio in Perpetuam memoriam)

无论是诉讼之前存在的判决请求权,还是上述讨论的两个看起来最能够支持这种观点的诉前协议,都无法证明诉讼之前就存在着诉讼权利。因此,可以并不草率地说,如此特殊的权利几乎不存在任何证明的可能性。据我所知,只还有唯一一个诉讼法律现象(Prozeßrechtserscheinung)可能动摇上述判断。[5]

221 《帝国民事诉讼法》(第 485 条以下)允许"为了保全证据",当存在证据方法灭失或者难以使用之虞时,可以在诉讼内按照特殊的顺序对勘验、证人证言和鉴定进行证据调查。《帝国民事诉讼法》(第 486 条第 2 款和第 3 款)还允许在存在紧迫的危险时,可以在起诉之前就启动证据调查。

显然,在后一种独立的证据调查程序中,法院为了形成"永久性的记忆"(zum ewigen Gedächtnis)而需要对这样的证据进行调查,因此,在起诉之前就有证据调查的义务。这相当于直

---

[4] 这里的协议或许并不能被视为严格意义上的合同,对此可参见我的专著(Bülow, Geständnisrecht S. 216)。现代的仲裁协议无论如何不是私法上的合同。最近在本刊刊出的伯恩哈克(Bornhak)关于仲裁协议和仲裁庭的论文却对上述问题丝毫没有讨论(Abhandlung von Bornhak über Schiedsvertrag und Schiedsgericht in ZZP, Bd. 30 SS. 1 – 46)。

[5] 能够被想到的或许只还有上诉的舍弃(Verzicht auf Rechtsmittels)(《帝国民事诉讼法》第 514 条)。由于舍弃行为发生在判决作出之后,其依旧在悬而未决的诉讼中,因此本文不予考虑。在我看来可能存在疑问的是在判决作出之前甚至在诉讼开始之前就作出的上诉舍弃——在我看来这种观点毫无根据地将私法上的缔约可能性(Vertragsschlußmöglichkeit)照搬到了诉讼法领域——即便如此,这里依旧只是涉及提前安排的具体诉讼法律规定。

接承认早在诉讼审理之前就不仅存在法院应当立即履行的诉讼法律义务,而且也存在相应的当事人诉讼权利。应当承认的是,这种事实和法律状况与管辖协议和仲裁协议的情况都不一样,因为在管辖协议和仲裁协议的情况下,都能够排除诉讼之前就存在的当事人诉讼权利。而独立的证据调查程序则是特殊情况,在起诉之前就存在当事人的诉讼权利。

然而,我想论证的是,即便如此也并不涉及先于诉讼存在的诉讼权利。

虽然预先的证据调查发生在起诉之前,但并不在诉讼程序之外。具体而言,它只是不同于通常的诉讼进程而使诉讼整体(Prozeßganze)中的一段被前移了。

鉴于存在特殊情况,证据调查不得不在程序的开始时进 222
行,而不是在具有决定性的案件事实讨论之后才发生,证据调查程序成为了其他诉讼审理的先行部分。虽然证据调查程序发生在起诉之前,但它是并且仍然是诉讼审理程序,它像其他任何证据调查一样是诉讼的组成部分。[6] 只是考虑到特殊的加快必要,其才被置于特殊的位置,被放在起诉和整个案件审理之前。而整个诉讼构造也以这样的方式出现了特殊的锯齿形态(eine anomale Auszackung),在起诉之前就出现了隆起。

这种情形也绝不缺乏当事人的行为,只有当事人申请对诉讼审理的相关部分进行提前处理,法官才有义务以这样的方式提前作出诉讼法律行为。当事人申请对此是不可或缺的(《帝

---

〔6〕 当然这并不会自动(拉丁文:ipso jure)成为诉讼的一部分,而是只有在当事人真的将证据调查的结果运用于之后的诉讼审理中才会构成诉讼的组成部分。为了保证这种权限,当事人应当传唤对方当事人参加临时的证据调查期日(《帝国民事诉讼法》第493条),临时证据调查的合法性当然并不取决于传唤。

国民事诉讼法》第 486 条)。

这种申请显然与开启整个诉讼审理程序的诉讼请求(Klageantrag)存在重大区别。前者的目的和内容都有严格的限定:其并不像诉讼请求一样以裁判的作出为目的,也因此并不涉及完整的本案审理(Sachverhandlung),根本不涉及当事人辩论,而仅仅是为了引起个别法院行为。这样的方式也使这种申请与起诉区别开来:因为这还并没有将被告拉入诉讼审理,而仅仅是引发法院预防性和个别的介入,所以,当事人只需要向法院直接提出申请,而没有必要将对方当事人传唤至法院。

223 尽管如此,这种申请的使命却被限定在极其严格和有限的范围之内,它与起诉有相似的功能。这种申请同样是为了使法院职权(拉丁文:officium iudicis)运转起来。就像当事人申请启动的证据调查只是整个诉讼审理的很小一部分,这种能够启动法院行为的申请也只是起诉所具有的全部功能的一个片段。如果没有要求预先进行证据调查的申请,那么,证据调查程序本应在起诉之后与全部诉讼审理联系在一起。

就像起诉催生了原告要求对相关法律事件作出全部处理(Gesamtverhandlung)的诉讼权利,当事人关于提前进行证据调查的申请也带来了对程序整体中划分出来的部分的诉讼权利。可即便是这种情况,在当事人通过向法院作出意思表示触发法院职权之前,还并不存在当事人的诉讼权利。虽然这种要求法院提前进行证据调查的当事人权利出现在起诉之前,但是,却并不是发生在诉讼程序开始之前。这里依旧找不出当事人先于诉讼存在的诉讼权利。

四、结论

当人们将诉前证据调查程序独特的事实和法律状况与诉讼外的管辖协议和仲裁协议加以比对的时候,就会发现后两种诉前进程的法律意义还要更明朗一些。其能够更清楚地被认识到,为何它们并没有产生先于诉讼存在的当事人权利。

然而,发生在起诉之前的证据调查程序是嗣后完整的诉讼 224
程序的一部分,因此,很有可能产生了当事人的诉讼权利。但是,诉讼外的协议管辖和仲裁协议则并不构成诉讼程序的组成部分,也没有部分开启诉讼程序,即便只是临时性的诉讼活动的第一步都还不存在。不仅是当事人,也包括法院,都还站在紧闭的诉讼和诉讼权利大门之前毫无作为。原告还没有开启大门,因此,这时还不可能存在当事人的权利和法院的义务。

以上理由也完全是对以下想法的有力反驳。根据这种想法,即便不存在对未来诉讼的准备,不存在对未来法律构造预先采取的措施,法院也有实施诉讼行为的义务,当事人也已经有与此相对的权利,特别是未来的原告要求作出判决的权利,也即存在判决请求权。

以上论述的目的不只是为了反驳第一节所述诉前判决请求权,也并不仅仅是为了进一步反驳而做的必要补充。以上一般性的思考是为了阐明,我们之前得出的结论能够与其他诉讼法律现象及其所有特征相契合。

即便之前讨论的特殊进程不能够印证本文坚持的观点,却也依旧能够证实先于诉讼存在的要求作出判决的权利并不存在。

225 那些特别的诉前措施其实并没有带来特殊的形态,而依旧是诉讼的普通构造问题。即便在一些特例中能够找出先于诉讼存在的诉讼权利,除非人们想要把“例外强化规则”(拉丁文:*exceptio firmat regulam*)颠倒为“例外就是规则”(拉丁文:*exceptio est regula*),否则,人们就不会认为,这样特殊的权利类型能够被发展为一般规则,认为原告在诉讼开始之前就已经有要求法官裁判的权利,甚至是认为有要求作出对其有利裁判的权利。

第三节　何时以及如何产生判决请求权?

在法院作出判决之前,其必须对案件进行过充分的审理(《帝国民事诉讼法》第136条第3款),特别是充分给予双方当事人从事实层面论证他的申请,并为了支持或反驳争议案件事实而提供证据方法的机会。此后,法院要进行必要的证据调查,还要允许当事人对证据调查的结果进行辩论(第285条)。只有在经历过以上所有步骤,也经常是在其他步骤之后,即只有当案件得到了充分的讨论(第136条第4款),法院才能结束言辞辩论,而后才能作出判决。

因此,绝无可能的是,法院只是基于起诉就作出判决。

起诉只是开启了为判决而进行准备的审判程序(Gerichtsverfahren)。其只是触发了以判决为目标的当事人辩论和对诉讼程序的指挥以及查明真相所必要的法官活动。起诉自身还不是作出诉讼裁判的充分基础。

226 根据以前的共同诉讼法,起诉与判决至少在一定范围内存在直接的因果关系,前提是法院从诉状本身就已经能够提取部分判决基础。而现在,言辞程序(im mündlichen Verfahren)中的起诉根本就不是判决的根据。法院不能够仅根据诉状,而总是要根据口头的诉讼陈述(Klagevortrag)才能够作出判决。法院并非仅仅因为诉的提起(Anstellung der Klage),并不仅仅因为诉状本身就有义务作出判决。

这一义务以及当事人要求满足这一义务的权利是在通过起诉引起的诉讼审理中才逐渐生长出来的。只有经过"对案件充分的讨论"(《帝国民事诉讼法》第 300 条),只有在诉讼审理终结的时候,才会产生这一权利。如果原告在此之前就请求法院作出判决,那么,这一要求是彻底违法的,这同样意味着原告并没有要求作出判决的权利,其并不享有判决请求权,因此,法院将直接予以驳回。

因为请求作出判决的权利直到诉讼审理终结时才产生,因此,在诉讼开始之前更不可能存在要求作出判决的权利,不可能有诉前的判决请求权。那些认可原告有这种请求权的人,其不仅违反了"没有原告就没有法官!"的基本原则,而且全然不顾众多诉讼法律规定。据此,起诉之后,当事人和法院还必须做出大量行为,才能够产生法院判决义务以及当事人要求作出判决的请求权。

为了论证这种相互矛盾的观点,人们最多还可以说,当原告在诉状中要求给付或者作出确认和形成判决的时候,看起来似乎在起诉之前就已经存在要求作出这种判决的权利,也即他是对起诉之前就已经存在的权利的主张。[1] 即便是这样,人

---

〔1〕 本文第一节脚注 7 所提到的施泰因和施密特的论述就体现出这种想法。

们还是无法实现其目标。

227 即便诉讼请求具有那样的意义,这也并不能够得出存在先于诉讼的判决请求权的结论。原告认为或者主张他存在这样的请求权,绝不表明他真的具有这样的请求权。[2] 这种观点也忽视了判决所依赖的不仅是最初诉状中所包含的内容,也包

〔2〕“请求权”(Anspruch)这一表达具有双重含义。一重含义是确实享有的要求特定给付的权利。另一重含义只是“请求”(Ansprechen),也即只是对第一重含义的请求权的主张,人们也经常是在这一含义上适用“请求权”这一表达,当然,这就非常容易出现混淆,可能不经意间就用请求权替代了单纯的对权利的主张。瓦赫(Wach,Handbuch S. 211 u. 212)的论述就是这样的例子:“如果存在观念上的(der Idee nach)法律保护利益和诉前针对国家享有的法律保护请求权,那么,法律保护请求权只有通过在诉讼中的有效主张才能够被实在化和显著化,也即只有当事人作出诉讼上重要的意思表示。”我无法想象这种法律保护请求权,也即作出意思表示才能够被感知和被注意到的权利,我同样难以理解“观念上”存在的权利。更不能理解的是这种形而上的诉讼法律概念。难道法学无法用经验性的概念(empirische Begriffe),而是只能用“形而上的概念去进行科学建构”(Wach,Feststellungsanspruch S. 14,Handbuch Bd. 1 S. 7 Anm. 7,S. 23 Anm. 27)? 在哲学领域都没有一席之地(Dilthey,Einleitung in die Geisteswissenschaften Bd. 1 SS. 153 – 512)的玄学家难道可以在法学中,特别是在极具世俗性的民事诉讼法学中找到避难所并站稳脚跟,甚至是获得统治地位吗? 除了法学家偏爱的拟制(Fiktion),就像在法官判决中对真相的拟制,或者在法院审理中对自认事实拟制为真,是否普遍存在超世俗的(überirdisch)、非实证的民事诉讼的真理。对此可以参见我的专著(Bülow,Geständnisrecht S. 227 Anm. 1)。其实黑格尔伯格尔(Regelsberger,Pandekten Bd. 1 S. 213)就已经明确强调了“请求权”这一容易引起误解的具有双重含义的概念表达。在此之前,勒宁(Löning,Zeitschrift Bd. 4,1882 S. 185 ff.)同样刊登在本刊上关于“确认请求权”的论文也正确地指出了这一问题。我们最新的立法总是在不同含义上使用这个概念,特别是立法用“请求权”概念代替了“法律事件”(Rechtsangelegenheit)或者“法律问题”(Rechtsfrage[拉丁文:*quaestio*])作为民事诉讼审理和判决的对象,这就源源不断地产生了模糊不清和相互混淆。罗马的诉隐含着私法请求权概念,即可以要求特定人给付的权利,这与消极的且不针对具体个人的(unpersönlich)权利相对。从罗马的诉中提取请求权的做法是有益的。但这并不能说明,为何我们现在要用诉讼法请求权代替诉讼权利的表达方式,因为并不存在独特的和消极的且不针对具体个人的诉讼权利,没有必要为了与此区分而提出诉讼“请求权”概念(Bülow,Zeitschrift Bd. 27,S. 222 Anm. 10)。就此而言,赫尔维格是有贡献的,他用诉权概念代替了判决请求权概念。诉权概念更能够澄清被“请求权”这一表达方式所掩盖的法律保护请求权的真正含义,这也使对这种观点的审视变得更为简明了。对于请求权概念具有启发性和富有教育意义的最新讨论参见鲍尔策(Boltze,Beiträge zur Erläuterung des deutschen Rechtes,Bd. 46 S. 753 ff.)和霍尔德(Hölder,Archiv für zivilistische Praxis Bd. 93 S. 1 ff.)的论文。

括之后的言辞辩论中,也即起诉和诉讼开始之后所提出的诉讼请求。最后,以这样的方式也根本无法对诉讼请求的内涵进行正确的把握。

228

一、诉讼请求的意义

诉讼请求为法院的裁判和为此进行准备的诉讼审理——需要顺便提及的是,这在程序进程中还可以作出各种各样的调整——确定了原告意图实现的目标。

当然,法院不能随意决定是否满足诉讼请求。诉讼请求并不是请求国家的恩赐(Gnadensache)。[3] 法院是否应当满足诉讼请求是一个法律问题,对这个问题应当由法院根据法律规定作出判断,其部分由民法,部分由民事诉讼法作出了抽象和预设性(拉丁文:*in hypothesi*)规定。

因为裁判是具体的,是针对个别存在的诉讼案件作出的, 229
因此,在诉讼请求被提出时其结果尚无法被任何人预见,不仅是法院也包括原告。裁判的作出取决于之前诉讼审理中所陈述的事实关系和法律关系以及对此的证明情况。只有在陈述的判决基础看起来能够支持其所申请的针对被告的给付判决时,法院才得以也必须判决被告给付。也只有在这个时候,并且只能是在这个时候,原告才有权要求法院作出他请求的给付判决,他才享有给付判决请求权(Verurteilungsanspruch)。那种认为原告早就有权要求法院作出他期待的和"请求"的对其有利裁判的观点其实建立在流沙之上,原告的上述权利只能建立

---

〔3〕 这是不言自明的。我完全赞同瓦赫(Wach,Feststellungsanspruch S. 27)和施泰因(Stein,Kommentar S. 515)的观点。

在对诉讼外的案件事实进行谨慎和中立的检验的基础上。上述观点完全没有这样做,而仅仅是将尚需法院审理查明的案件事实作为法院判决的基础,并使人们彻底丧失了稳定的预期。判决请求权的构造正是如此。[4]

原告通过提出诉讼请求是为法院提供了其意图实现的判决蓝图。包含于诉讼请求中要求如此作出诉讼裁判的“请求”只是愿望的表达。其愿望将来能否被实现依旧是不确定的。至于原告是否坚定地相信他有这样的权利,或者他能够“赢得”诉讼,谨慎起见,则至少并且总是在诉讼开始的时候还是无法确定的。在提出诉讼请求时也还无法确信他现在就有获得其所希望裁判的权利,无法断定法院有义务立即作出这样的判决。诉讼请求至少也能够表明,原告也相信:被申请的裁判只有在诉讼审理的基础上才能够作出是不言自明的,被告不能在没有获得审理的时候就接受裁判。

230 即便某位原告自己就是判决请求权理论的拥护者,或者因为他从拥护这种理论的诉讼法学理论家(Prozeßrechtstheoretiker)那里得到了建议,从而坚持与本文相反的观点,那么,这种见解对真正的法律状态的判断也是无足轻重的,因为这丝毫不存在法律上的可能性并且与诸多诉讼法律规范之间存在最严重的矛盾。

二、原告得以请求有利诉讼裁判的时间点

对于上述判决请求权论的正确性,有一项举足轻重的论据,这也正是学者们最常用来捍卫和更进一步贯彻判决请求权

---

〔4〕 对此详见本文第四节。

理论的根据。这项论据是从富有启发意义的思考中得出的,即赫尔维格提出的“诉权”和“通过判决进行法律保护的权利”(Recht auf urteilsmäßigen Rechtsschutz)的前提条件的时间点问题,也即原告何时有权要求法院作出于己有利的诉讼裁判。[5]

只有当一项权利存在的前提条件都得到了满足,才可以说一个权利是存在的。同样,只有当权利存在的全部前提条件早在诉讼之前就已经得到满足,而不是要到诉讼终结时和判决作出的时候才存在时,原告诉前就存在的要求法院作出有利裁判的权利才是可以被接受的。如果一个人承认,对于这个问题的判断有决定意义的时间点是判决作出时,那么,他也就等于承认了这个权利是直到这个时候才产生的。

赫尔维格自己也毫不犹豫地承认了这一点。他认为,“诉 231
权”的前提条件并不需要在起诉之前就已经存在,相反,这取决于判决作出时其是否存在。他说(Hellwig, Lehrbuch S. 187):“决定性的时间点无他,正是判决作出的时候,更确切地说:是对案件事实的最后一次言辞辩论终结时。”赫尔维格在具体问题的讨论中也对此深信不疑。

上述观点如何能够与先于起诉存在的诉权和诉前存在的判决请求权相协调?对此,我百思不得其解。按照法律规定,能够产生请求权的合同在缔约之前是否就已经存在请求权?是否是在当事人之间有能力缔结这样的合同时请求权就已经产生了?一个权利是否可能在前提条件中的一项还不具备的时候就已经存在了?例如,一个早就缔结的附条件合同,在条件出现之前是否就已经存在请求权呢?还是说只有诉权是这

〔5〕 Hellwig, Anspruch und Klagrecht S. 136 ff., Lehrbuch S. 186 ff.

样一种不可理喻的权利构成,还在前提条件具备之前就已经存在着这种权利?

赫尔维格希望按照判决作出时的情况来判断诉权前提条件存在与否,这恰恰成为否定判决请求权论最举足轻重的论据。

因为这事关能否在实践中坚持这种理论,故而也是至关重要的。当人们问,这种要求作出判决的权利是在诉讼开始前就存在抑或是在诉讼审理终结时才产生的,那么,我实在不知道还有什么是比这更重要的根据了;其也同样决定了,在具体案件中是否要求这些前提条件在起诉之前就必须存在或是在判决作出时存在就已经足够了,抑或是这时才是必须的。

232 如果这种理论的支持者总是在它最关键的操作顺序(praktische Folge)上碰钉子并且很快就与这种理论的要求自相矛盾,那么,这种理论还有什么价值和意义呢?无论如何,赫尔维格的观点(Hellwig,Lehrbuch S. 147)是行不通的,他先是主张“诉权早在诉讼法律关系建立之前就存在”,而后,为了指出这个概念的意义和它对于整个诉讼法律体系的核心价值,赫尔维格确信“这个概念的使用对于科学理解一系列诉讼学理是不可或缺的”。而在我看来,他之前的论述却只能得出相反的结论。施泰因的观点也同样是说不通的:“法律保护请求权概念能够全面和彻底解答所有反对者所提出的问题。”〔6〕

三、判决请求权和诉讼法的时间界限

诉前的法律保护请求权和诉权学说在另一个重要方面也

〔6〕 Stein,Voraussetzungen des Rechtsschutzes S. 2.

是行不通的。这从赫尔维格自己的论述中也能够得到印证。

赫尔维格在他的教科书(Hellwig, Lehrbuch, SS. 29 – 32)中对诉讼法的时间效力论述道,规定诉讼法上“法律保护条件”(Rechtsschutzbedingungen)[7]的诉讼法律规范直到诉讼开始之后才颁布的,也应当被立即适用,即便“要求特定判决的诉权的基础事实是在旧诉讼法时出现的”。

从赫尔维格诉权论出发,就像所有法律保护请求权理论那 233
样,如果坚持逻辑的一贯性就会得出相反的结论。如果原告真的早在诉讼开始之前就有权要求作出对其有利的判决,那么,不能理解的是,根据诉讼之前生效的诉讼法有效成立的权利如何以及缘何会受到程序进行中颁布的变动了权利存在条件的法律规定的波及。这与一般适用的基本原则存在再明显不过的矛盾,因为权利产生的必要条件必须以在其产生时有效的法律规定来加以判断。

虽然以下情况是可能出现的:根据之前的法律规定产生的权利因为之后的相关法律修订而出现了内容上的变化,以及因为新引入法律规定中的撤销原因(Aufhebungsgrund)而被彻底消灭。但是,如果新的法律规定只是涉及权利产生的前提条件,根据之前的法律规定而产生的权利就会因此归于消灭,这真的是闻所未闻,这简直是荒谬之极。事实不能被撤销(拉丁文:Factum infectum fieri nequit)!

当然,立法有权力而且有时候有合理的根据使依据之前法律规定而有效产生的权利自新法颁布之后不溯及既往地归于

〔7〕 赫尔维格的这种表述与施密特(R. Schmidt)的表达方式一致,赫尔维格在其他地方更习惯称其为“诉的前提条件”(Klagevoraussetzungen)。

消灭,因为其存续与新的法律规定存在冲突。但这只有通过专门的和特殊的法律规定才能被实现。如果新的法律规定只是修改了相关权利的产生条件,那么,上述法律效果就绝不是新法的意义或者其自然而然的结果。

234 也因此,仅仅因为事后通过立法修订了启动诉讼(Prozeßeinleitung)和请求作出判决的权利的前提条件,据此能够重新产生启动诉讼和请求作出判决的权利,也并不能因此导出,在诉前就产生的诉权或判决请求权已经被撤销了的结论。对此,必须作出新的和不具有溯及力的特别规定,其具有直接的法定撤销事由(Rechtsaufhebungstatsache)的法律性质。

赫尔维格并没有谈到如此特殊的和对已经获得的诉讼权利具有毁灭性的过渡性规定(Übergangsbestimmung)是否曾经颁布过。我也不相信有这种特殊的例证存在。

人们并不担心,因为新的诉讼法律规定的颁布会使正在进行的还没有裁判的诉讼马上跳入新的诉讼法律轨道(Prozeßrechtsbahn)。这没有什么可疑虑的,这与诉讼审理的法律性质完全契合。

因为诉讼在此时还没有到达终点,还未达到作出判决的程度(Urteilsreife),当事人和法院所实施的具体诉讼行为到目前为止还不具有独立的法律效果。因此,当事人也还没有权利要求法院按照之前的诉讼法律规定审结案件,更没有权利要求法院根据之前的诉讼法律行为作出裁判。

235 法院裁判是对所有作为裁判基础的当事人和法院行为的总体进行的法律总结(Rechtsfazit):只要诉讼还在进行,裁判的基础就始终处于变动中,就像会受到之后作出的诉讼行为的影响一样,诉讼的最终形态也会受到诉讼法修改的影响。[8]

目前为止,还没有出现过立法要求新的诉讼法甚至要溯及到诉讼开始之前。也没有新的诉讼法律规范能使已经在诉讼前产生的当事人权利被终结。这种立法从未出现,这当然有其特别的和相当有说服力的理由。正如上文(第二节)已经指出的那样,理由在于,根本就不存在诉前的当事人权利!

由此可见,如果原告还在诉讼之前就已经享有"要求特定判决的诉权",那么,这种权利就不可能再受到事后关于其产生方式和存在条件的诉讼法律修订的影响。赫尔维格却得出了相反的结论。事实上,我们并不能得出诉前的权利,原告在诉讼开始之前还不享有要求法院作出有利判决的权利,并不存在"判决请求权"。

综上所述,当人们试图将这种理论付诸实践的时候,判决请求权理论在上述具有决定意义的方面也是站不住脚的。上述情况也并无法印证施泰因所确信的:法律保护请求权概念可以经受所有问题的考验。

236

四、结论

赫尔维格对以下两个命题的正确性深信不疑:一是原告要求作出有利判决的权利产生的前提条件并不需要在起诉之前就必须存在,而只需要在判决作出时存在即可。二是权利产生

---

〔8〕 我在专著(Bülow, Geständnisrecht SS. 78 – 88)中对此进行过详尽的论述。诉讼法律构造(Prozessrechtsgefüge)对于司法实践中具体问题的重要性,已经由施耐德在本刊其后的论文(K. Schneider, Anfechtung wegen Irrtums im Laufe des Prozesses, ZZP 31, 271 ff.)中进行了深入的论述,即诉讼中是否以及在何种前提条件下可以因为错误而撤销已经做出的诉讼法律行为。

的前提条件应当根据作出判决时生效的法律去判断。这两个命题本身就是对诉前的诉权和判决请求权的反驳。如若我们认可上述两个命题的正确性,那么,其将证明以下判断,即要求作出判决的权利要到诉讼审理终结时才产生。

上述两个命题中具有决定意义的时间点都是判决作出时。只有认为要求作出判决的权利直到诉讼审理终结时才产生,方可与其保持协调一致。不仅如此,这也是唯一可行的解释方案和必然的结论。由此可见,在作出判决之前并不存在要求作出判决的权利,而只是存在临时的和不确定的期待利益,法律并不保证原告可以获得其欲求的法院裁判。

即便在诉讼开始的时候使原告产生了希望,看起来其在起诉中所表明的目标,即要求被告给付,对他所主张的法律关系的确认,申请离婚等看起来是可以实现的,诉讼也还总是可能出现意想不到的转向,使原告的希望化为泡影。

已经审理过的对原告有利的部分对其而言并不保险。有利的部分可能因为之后的对其不利的诉讼部分而被逆转,例如,已经被证明的诉因(Klagegrund)因为被告开始的时候没有提出的原告也没有预料到的抗辩(Einrede)而被推翻,或者被告通过成功地反证推翻了原告的证明,抑或是存在诉讼要件的瑕疵,如被告无诉讼行为能力或者诉讼标的并非民事诉讼案件(Civilprozeßsache)。

237 诉讼法并不确保原告不会失望。尽管从判决请求权论的立场出发,原告坚信自己早在诉讼开始之前就享有有利诉讼裁判请求权,但是,民事诉讼法却并未承认这一点。诉讼法只是告诉我们,只有产生诉讼审理的有利结论和最终结果之后,人们才能指望有利的诉讼结局。显而易见的是,当事人总是要接受诉讼结果,即便有时候在他看起来是出乎意料的,看起来是对法学家所夸耀的法律稳定性和完整性的嘲讽。诉讼就像一场战争或者更像一场游戏,其并不会存在对胜利或者失败以及输赢的明确预期。就像本文结尾部分得出的主要结论那样,这是因为抽象的和预设性的法律规范不可能覆盖所有的法律秩序。

同样,与诉讼进程中的具体诉讼行为以及走向诉讼终点的每一个步骤相联系,临时性和附条件的当事人权利也并不存在。当事人并不享有根据诉讼的某一阶段要求作出相应诉讼裁判的权利。

现代诉讼已经脱离了中世纪德国审判程序特有的体系。日耳曼民事诉讼也只是从那里继受了证据判决(Beweisurteil)这一诉讼制度(Prozeßzäsur)。作为临时性的诉讼裁判,我们的民事诉讼法只是保留了附条件的宣誓判决(bedingtes Eidesurteil)。即便在这种情形下也需要继续进行诉讼审理。

根据我们的诉讼法,法院最多只能在特殊情况下作出合法 238
的中间判决,这时会涉及根据若干言辞辩论的组成部分的法律后果作出临时的和片段式的裁判。但这种情况也并非是预先的附条件的对整个案件(拉丁文:*res in judicium deducta*)的裁判。只有当对诉讼可以完整地作出裁判的时候,法院才会判断原告是否有先于诉讼存在的要求在总体上作出诉讼裁判和作出判决的请求权。在此之前,并不存在对于作出判决而言合适的和成熟的诉讼资料,而只是存在这样或那样的碎片。这些碎片直到诉讼终结时才被完整地拼接在一起,形成能够作出判决的审理单位(Verhandlungseinheit)。

当事人和法院具体的诉讼行为组成了联系起诉和终局判

决的程序。这些诉讼行为逐步推进至终局判决的作出。因此,要直到所有的诉讼审理彻底终结以后,原告才享有要求裁判的权利。这种权利并非在起诉之前,也不是在程序进行中形成的,而是要到程序的终结时才产生。

第四节 裁判对诉讼案件事实(Prozesstatbestande)的依赖

法官的判决不仅与诉讼审理之间存在时间上的先后关系,而且还存在着因果关系。判决在内容上依赖于所有言辞辩论的情况和结果。当事人在诉讼审理当中提出的事实主张和证据是法院作出判决的基础和基准:根据起诉作出判决(拉丁文:*secundum allegata et probata judicandum est*)!

因此,只有在以当事人在言辞辩论中陈述的事实和法官形成的确信为标准,诉的声明是正当的,法院这时候才能够支持诉的声明,原告才享有要求作出对其有利裁判的权利。否则,法院有义务驳回起诉,这时并非原告而是被告有要求作出对其有利裁判的权利,即要求作出驳回判决(freisprechendes Urteil)的权利。对此并不考虑在诉讼之外或者在诉讼之前以及诉讼之后,原告是否被证实是真正有权的一方。

239 尽管如此,原告难道在起诉之前,早在诉讼审理开始之前,就有权利要求对其有利的裁判?有“给付判决请求权”“确认请求权”和要求“形成判决”的请求权?

只有人们能够在起诉之前就清楚地知道,即将进行的诉讼审理如何发展,诉讼审理会产生对原告还是对被告有利的结果，这种权利才是可以理解的。[1] 但人们真的能够知道吗？

240
个人想要对诉前的事实和法律关系获得完整的和可靠的认知就已经够难了。如果没有法院对事实、真相和法律的调查手段，没有国家机关的中立性和权力的保障，如没有强制宣誓（Eideszwang），也没有对方当事人在事实调查上的共同监督作用，谁能够了解对整个案件正确判断至关重要的全部事实，并且对其真实性获得确信呢？这不仅是困难的，而且是绝无可能的。这远远超出了人类认知能力的极限。

---

〔1〕 在探求法律保护请求权所依据的基本思想的时候，我曾经自问，这种理论是否可能是基于以下想法，即它将诉讼开始之前还不确定的，经过审理才能够查明的终局结果提到了诉讼开始之前，仿佛在诉讼开始之前的事实和权利关系已经被彻底搞清楚了，就像经过诉讼审理之后才能达到的程度。这种观念荒谬至极，是不应该被任何人接受的。这是一种比所有的宿命论（Prädestinationsgedanken）走的还要更远的落后的预言（Rückwärtsprophezeien）。据此，之后发生的事情不仅现在就可以提前确定了，而且还是提前就出现了！当然，萨维尼和其他的法学家所钟爱的思想与这种想法差的并不远。他们认为，判决的既判力以对真相的拟制为基础。这种思想至少还更容易被人们发现其只是法学家不得已的谎言（Notlüge）。人们并不会把萨维尼的思想作为整个诉讼法律制度的本质，人们也不会希望按照赫尔维格的观念安排诉讼法和私法的关系！显而易见的是，拟制深刻地影响了科学，就像我们的法学。诉讼法学也在极大程度上受到了拟制的影响。但是拟制并不能漫无边际！我们的诉讼法学理论还非常的落后。但是，我还是要坚持我的专著中的诉讼法学理论。虽然我的观点被基施（Kisch）在他的评论中（in den Göttingischen gelehrten Anzeigen 1901 Nr. 3）进行了最严重的非议和最大的蔑视。遗憾的是，他只是针对我的理论，但是对当前其他诉讼法学理论并没有进行多少批判。尽管如此，其通过批判我的理论而倡导的完善的民事诉讼法学的进步意义微乎其微。基施在他的评论中表现出了强烈的不满，这是因为我曾经对他的老师舒尔策（A. S. Schulze）的著作有过若干批评。在这里，我要再次引述我曾经批评他的老师并引起基施如此怨恨的表述（Geständnisrecht S. 51 Anm. 1）："洛特马在其全面详细的书评中（Lotmar, Krit. Vierteljahresschr. F. Gesetzg. U. Rechtsw. Bd. 26 S. 637 – 711）对这本书进行了并不算太严厉的批评。"基施对我展开了充满敌意的和长达数页的攻击，还因为我曾经暗示对舒尔策 16 年前提出的毫无根据的观点的疑问。舒尔策认为诉讼就是法律行为（Schulze, Archiv f. civil. Praxis Bd. 64 S. 24："舒尔策于 1880 年出版的《德国破产法》第 139 页[Schulze, d. deutsche Konkursrecht 1880 S. 139]主张，诉讼并不是法律关系，而是法律行为[Rechtsgeschäft]；对此我无法视而不见，而是要明确的反驳这种观点"）。基施从未尝试反驳洛特马详尽的批评意见所依据的严谨论据。我相信，基施自己也已经意识到舒尔茨的观点十分糟糕。

241 但是,即便我们拥有这样的认知能力,还是没有办法获得对下述问题进行判断的充分根据,即法院是作出有利于原告的判决还是作出有利于被告的判决,是原告还是被告有要求法院作出对其有利裁判的权利,谁享有"判决请求权",因为法院不能够只是根据诉前的案件事实作出裁判,而只能够以在诉讼审理过程中被提出的事实为根据。只要案件事实存在争议,那么就必须要证明其为真:法官只能根据经过验证的主张作出裁判(拉丁文:tantum secundum allegata et probata judicandum est)!

有观点认为,原告的判决请求权,如要求给付判决的请求权,是与"诉讼外的事实相联系的请求权",[2]然而,这种提法并不恰当。裁判的作出以及原告要求作出对其有利裁判的权利乃是以案件事实为根据的。案件事实是在诉讼当事人双方的陈述和真实性调查基础上呈现出来的诉讼案件事实。

或许人们会期待,经审理查明的案件事实与诉讼外的和真正的案件事实总是能够保持最精准的一致性。这也是诉讼法

〔2〕 就像瓦赫(Wach, Handbuch S. 19)所主张的那样:"它(法律保护请求权)是与诉讼外的事实相联系的针对国家的以符合诉讼法律规定的方式要求被告满足原告的法律保护利益的请求权。"瓦赫在他的专著(Wach, Feststellungsanspruch S. 14)中说道:"他(原告)享有确认请求权。他的胜诉,并不是因为证据,证据并不是决定性的,而是因为确认请求权在诉讼之前就已经归属于他。其享有确认请求权的依据是诉讼以外的能够论证其法律确认利益的事实。"(Vgl. S. 15)朗海尼肯(Langheineken, Urteilsanspruch S. 46 Anm. 6 und S. 47 Anm. 1)也有相同的表述。他认为这种请求权"建立在诉讼之前的事实基础上。"赫尔维格(Hellwig S. 145)也有类似的表述。他认为,法律保护请求权取决于"当事人是否具备了得以获得国家法律保护的实体和程序上的具体法律状态。这个问题不仅涉及已经提起的诉讼,也涉及将要提起诉讼的情形。"他又在第147页明确表述到:"获得特定判决的权利依赖于特定的条件。在这些条件得到满足时,其早在诉讼开始之前就已经存在了。"赫尔维格其后(SS. 192–292)在"实体上诉的必要条件"这一标题下详细讨论了这种诉前权利的前提条件。赫尔维格认为有必要承认这种权利在诉讼开始前就已经存在。托恩(Thon, Rechtsnorm und subjektives Recht, 1878, S. 228)也以类似的途径研究"请求权"。而在我看来,这种错误的基本观念正是法律保护请求权理论最重要的根源。

竭尽全力希望实现的。但这真的可能实现吗?

在诉讼中,法律显著事实(rechtserhebliche Tatsachen)*经常并没有被当事人提出。虽然这些事实是可以被当事人提出的,并且能够确保其胜诉。究其原因,要么是因为当事人并不了解这些事实,要么是因为在当事人看来,这些事实对于论证他的申请而言并不合适或者不是必须的!以下情形也总是很容易出现:当事人对于很容易证明的事实并没有能够成功证明,或者对于对方当事人提出的不真实的事实主张,因为缺席期日或者因为这并没有被当事人在言辞辩论当中加以反驳,法院必须将其作为判决的基础;抑或是在诉讼审理中,当事人对于不真实的主张进行了明确的自认![3] 还有多少其他的原因会使法官对诉讼外真正的事实产生错误的印象! 242

如果存在这种情形,那么,法院总是必须据此作出判决,虽然法院在了解更多真实的案件事实之后本应作出不同的判断。

如果诉讼审理不利于原告,那么,法院就必须作出不利于原告的裁判,尽管"诉讼外"的事实真的是有利于原告的:尽管根据所谓的诉前存在的给付判决请求权,被告本应当被判决给 243

---

*【译者注】译者将 Rechtserhebliche Tatsachen 译为"法律显著事实",以与 Tatbestandsmerkmale 相区别。Tatbestandsmerkmale 在我国常被译为"要件事实",也有译为"构成要件要素"。虽然德文词 Tatbestand 有案件事实的语义,但 Tatbestandsmerkmale 指法律规范的具体组成部分,虽然部分法律规范是在归纳总结具体生活事实类型的基础上抽象而成的,但其依旧构成了法官三段论的大前提,属于法律问题而非事实问题。不仅如此,一些法律规范的具体构成并非基于事实的归纳而是从法律评价出发,如过错。为了避免误将 Tatbestandsmerkmale 归入小前提,并使相关翻译更能够体现词源的内涵和外延,译者将 Tatbestandsmerkmale 译为"构成要件要素"。对此详见张卫平主编:《民事程序法研讨(一)》,厦门大学出版社 2016 年版,第 38~39 页。

〔3〕 对此以及对拟制自认这种固有做法的批判可参见我的论文和专著(Bülow, Abhandlung über civilprozessualische Fiktionen und Wahrheiten im Archiv für civilistische Praxis Bd. 62,1879,S. 27 ff. und die Schrift über das Geständnisrecht,1899,S. 223 ff.)。

付,但这时候必须作出对被告有利的驳回判决。如果法院不作出与诉讼外的事实相违背的“不正确”的判决,那么,他就违反了诉讼法的最核心的要求。只有这样的判决才是正确的。只有这样的判决才是与诉讼法规定的权利和义务相符的,才是依法作出的具有确定力的判决。

赫尔维格也并没有否认这一点。他谈道(Hellwig,S. 146 Anm. 7):“因为证明不能(Beweisfälligkeit),就像未能对现存的攻击和防御方法加以有效利用一样,都会产生同样的后果,即产生‘不正确的’判决,也即与全部法律状态并不一致的判决。就此而言,法官却是作出了‘正确’的裁判,因为他只能根据被提出的诉讼资料加以裁判。”〔4〕我肯定会同意赫尔维格的观点,只是,我还要做一点保留,因为法院这样判决时并不是“就此而言”是正确的,而是彻底正确的。

但对此又如何理解,缘何原告虽然有权要求法院作出于己有利的裁判,但法院根据诉讼审理的情况又必须作出对其不利的判决呢?

---

〔4〕 施密特(R. Schmidt,Lehrbuch S. 681)自以为能够避开这个令人不快的问题。对于这个核心问题,他只是一笔带过:“法律保护请求权一方面以私法请求权存在与否为前提条件(私法对此进行规定),另一方面受制于私法法律关系中的障碍(Störung)(诉讼法[?]对此作出规定)。两者共同构成了在诉讼之外的法律保护条件。当然,这些诉讼外的前提条件在诉讼中被讨论、被证明和被验证。因此,人们的主张是正确的,即法律保护请求权在诉讼中发展和发挥作用。但是这正说明,能够引起法律保护行为(Rechtsschutzakt)的并不是(?)这样的(!)证明行为(Beweisakt),而是在诉讼前就已经存在于两方市民之间的事实关系。当然,只有在这些前提条件得到证明后才能带来法律保护行为,这是不言而喻的(!)。因此,这里可以不必考虑诉讼法律行为。”那么,对法学家而言“这样的”证明行为究竟还有什么作用!这里所讨论的判决请求权的错误也已经被霍尔德(Hölder,ZZP 29,S. 60 ff)指出。罗马法精神(der römische Rechtsgeist)对这种关系进行过深刻的思考,即法官经过程式(拉丁文:*formula*)做出判决(拉丁文:*condemnatio*)的条件并不是“事实上需要支付多少金额”(拉丁文:*si Numerium dare oportet*),而是“查明需要支付多少金额”(拉丁文:*si paret Numerium dare oportere*)。

如果像法律保护请求权的支持者所认为的那样，某人根据 244
“诉讼外”的事实本应享有要求法院判决被告给付的请求权，但是，他在诉讼审理中并没有使法官获得这样的事实认知，因此法院认为判决被告给付是不正当的。对于所有这样的情况，最多只能考虑原告最初的给付判决请求权在诉讼进程当中消灭了，相反，被告却获得要求法院作出驳回判决的请求权。[5]

然而，又是什么引发了这样的效果呢？是在怎样的作用下，事实和法律状况转向了它们的反面呢？

上述反转是怎样发生的？事实和法律状况又是如何转向了反面？在诉讼进程中究竟发生了什么样的特殊情形使诉讼的内容和结果脱离了之前预设的轨道和方向甚至背道而驰。原告在诉讼中本来有给付判决请求权，这种权利在诉讼进行中为何突然消失了？为何被告在诉讼中幸运地获得了要求法院作出驳回判决的请求权？这些问题的回答至关重要！

在这些案件中，诉讼经历了相当正常和根据诉讼法的规定 245
所有案件都要走过的流程。作为法律秩序组成部分的诉讼法强制性规定，法院“只能根据当事人提出的材料进行判决”。法律也预见到并且允许这样的材料有可能与诉讼外的事实不同。尽管被告应该被判决给付，但是，法院还是必须作出其不承担责任的判决。相反，原告有时候尽管在诉讼前按照诉讼外的事实并没有给付判决请求权，但在诉讼中却最终被认定为存

---

〔5〕 赫尔维格在他的专著和教科书（Hellwig, Anspruch und Klagrecht, § § 24 u. 25 und Lehrbuch § 26）中关于“诉权消灭”（Untergang des Klagrecht）的观点也能够导出这样的想法。诉讼消灭的一种原因正是，在诉讼审理过程中出现了对被告有利的事实结果，这时候，原告的给付判决请求权“反转”成为被告享有的驳回判决请求权。但是，赫尔维格对此并未举例说明。对于被告“驳回判决请求权”参见本文第六节。

在并且获得胜诉。这些情况下,显然不能认为起诉是对要求作出有利裁判的权利的"行使"。

国家也并不保证在所有的情况下能够毫无偏差地查明真正的事实和法律关系。通过起诉和判决处理争议案件(Streitfall)的审判程序是民事诉讼的组成部分,而民事诉讼最重要的任务是建立具体的法律确定性(konkrete Rechtsgewißheit)![6] 保护私权利并不是民事诉讼最重要的任务,因此审理程序不能够拖沓。取得时效(Ersitzung)也是基于同样的理由。"时效制度是为公共利益而被创制的,即某物之所有权不会在长时期内甚至永久地处于不确定之状态"(拉丁文:*bono publico introducta est, ne scilicet quarundam rerum diu ac fere semper incerta dominia essent*)。国家虽然被要求尽可能保障正确的诉讼结果,但必须在必要的限度内。

246 对于纯粹的私法事件,审判程序只要满足如下要求就已经足够了,即提供给双方当事人充分的机会,使他们能够在辩论终结之前提出所有对于论证和反驳诉的声明有益的事实和证据。法院被要求对已经提出的事实材料进行谨慎和认真负责的验证,特别是为了对有争议的事实主张的真实性形成确信而进行必要的调查;最终,在综合权衡迅速建立法律确定性的要求之后作出裁判。不仅如此,裁判在一段时间内还可能受到上级法院的监督!

对于国家设置的诉讼程序所得出的法律结论,并不需要通过真实性拟制这种不得已的谎言作为其正当性来源,而是由国家直接赋予其合法性(Rechtsmäßigkeit),其具有超越个人的意

---

〔6〕 对于这一研究结论将在本文第七节加以全面论述。

愿的牢不可破的法律约束力(Rechtsverbindlichkeit),也即确定力(Rechtskraft)。国家权力为法律结论的合法性背书:法官不仅有权作出判决(拉丁文:*auctor rei judicatae*),而且其判决具有权威性(拉丁文:*auctoritas rei judicatae*)。[7] 国家并不考虑确定判决是否在任何具体的案件中都能够与真正的案件事实保持统一,也不保障有权利的当事人总是在任何情况下能够实现其权利。

因此,法律并没有预言任何人在诉讼开始之前就能够获得有利的诉讼结果。法律并没有赋予任何当事人在诉讼之前甚至在审理结束之前有要求"特定"判决的权利。

如果真要允诺这种权利,那么就必须为自己的谎言付出惨痛的代价:法律保障当事人要求判决的权利,但是,这可能会与诉讼审理当中的判决基础相互矛盾;因此,也与法律自己的规定相矛盾,因为法律规定法院必须受到诉讼审理当中形成的判决基础的约束。

如果没有对这些规定进行最严格的贯彻,法律也就无以为 247
继了,也就并非真正的存在:民事诉讼法律制度对民法有不可或缺的补充作用。如果不严格贯彻诉讼法律的相关规定,就无法实现其服务于民法的功能。如果法院不受到诉讼进程中提出的裁判基础的限制,那么,在可预见的未来还何谈建立私法的确定性。[8]

---

〔7〕 参见我的专著(Bülow, Gesetz und Richteramt, 1885, S. 6 ff., 36 ff.)和论文(Bülow, Absolute Rechtskraft des Urteils, Archiv für civilistische Praxis, Bd. 83, 1894, S. 65 ff.)。

〔8〕 参见本节脚注〔7〕引述的论文(S. 13 ff.; 64 ff., 125.),特别是在那里讨论了弗兰茨·克莱恩的演讲(Franz Klein, Zeit-und Geistesströmungen im Processe, 1902, Jahrbuch der Gehestiftung Bd. 8 S. 23 ff.),他对迅速和有效实现法律确定性背后蕴含的社会和经济价值进行了深入和细致的讨论。他的演讲蕴含着诉讼法学亟需的时代精神。

以上观点是在最坚实的论证基础上提出的,这说明,当事人在诉讼之前并不享有要求法院作出对其有利裁判的权利,并不存在“判决请求权”。

第五节 起诉之前不可能了解判决的基础

在法律保护请求权理论的支持者中,赫尔维格是唯一一个考虑到上述困境的人。当然,即便是赫尔维格也只是讨论了上述困境中的少数几个问题。他认为,早在诉讼开始之前就能够“追问,当事人必须具有怎样的实体和程序法律关系才会获得国家的法律保护。原告在满足哪些条件后才可以要求法院作出对其有利的给付判决,才能够得到对其有利的确认判决或其他有利裁判。如果谁想要提起诉讼的话,那就总是必须提出这些问题。”[1]

248 这毫无疑问是正确的。我甚至还走得更远呢。

在诉讼开始之前,不仅应当提出上述问题,而且也必须要回答,甚至应当正确地回答这些问题。因为上述问题是一个纯粹假设性的法律问题。为了对上述问题作出判断,必须要具有充分的私法和诉讼法律知识。因为只是作出假设性的裁判,因此没有什么私法和诉讼法问题是回答不了的。

赫尔维格的观点只是涉及这种假设性的裁判。他只是追问,当事人必须具有怎样的具体法律状态,才能够获得要求被

〔1〕 Hellwig, Lehrbuch S. 147. 对于我反对法律保护请求权的理由,以上论述就是赫尔维格唯一的回应。

告给付的判决。但赫尔维格并没有解答的是,显然理论和抽象的法律思考也并无法回答的是,在具体的案件中是否真的存在着这样的法律状态。

我们知道,如果我们要回答赫尔维格的问题,总是假定具体的法律状态已经产生了,认为胜诉判决所要求的私法和诉讼法的前提条件都已经具备了,那么,在这种条件下可以期待法院作出这样的判决。然而,如果要在真正的案件中确定原告,也即真正的原告真的有要求法院作出这样判决的权利,那么,我们还必须知道得更多,即手头的案件中是否真的存在这样的具体法律状态,这也是赫尔维格假定其存在的前提条件。

我们对此真的不知道。我们不能够预见,待判决的且需要经过之后的诉讼审理才能够形成的诉讼案件事实究竟是怎样的。就像刚刚指出的,我们不能够预先就确定和全面地了解诉讼案件事实是否会与诉讼外的和诉讼前的事实保持一致。对此,没有任何人能够给我们确定性和可以信赖的答复。教科书的作者也做不到!* 教科书的作者最不可能知道,因为他只是指导别人这样做,而不是在处理真正的案件。他只能引述案例(Beispiele)和判例(Rechtsfälle),而这种研究对案件的了解总是十分不全面的,总是局限于典型的和直接的案件事实并将其假定为真。应当指出的是,其并非真的被证明为真。〔2〕

---

* 【译者注】结合本节脚注〔1〕,此处教科书作者指赫尔维格。

〔2〕 我有时会猜想,判决请求权说的支持者可能是受到了案例研究习惯的影响。判决请求权理论认为,人们总是可以在诉前就获得正确的甚至是比在国家的帮助下经过诉讼对抗之后更为正确的认知。这与法学家在案例研究中的习惯相关。在案例研究中,法学家总是对案件事实毫不怀疑。除此之外,我实在无法解释为何这种学说会得到支持。

249 但我们这里所讨论的,确定判决所依据的真实的和完整的案件事实却是,特定和具体的人是否真的享有特定和具体的权利,要求判决特定和具体的人作出特定和具体的给付。法院并不处理抽象的和假设性的问题,其总是要处理具体的和真实的,且在主体和客体方面特定的法律问题和诉讼案件。因此,原告要求法院作出对其有利裁判的权利也是基于特定和具体的诉讼案件。

只是对赫尔维格之问进行假设性的回答,并不能使特定和具体的诉讼案件中的原告在诉讼之前获得这种权利。

当然,每一个原告都可以采取理性的方式在起诉之前就追问这些问题,如果他自己能够理解的话,或者在必要的情况下寻求法律专家的帮助去搞清楚,若他选择诉讼的方式,在满足哪些私法和诉讼法上的必要条件后就可以期待获得胜诉。

通过回答这些问题,即便其回答必须是建立在完全正确的法律知识基础上,原告也还是不能了解他根据现在的标准,以诉前对其有利的事实和法律关系为据是否真的一定能够获得对被告的给付判决,这是因为,除了对所有相关的法律规则的完美认知,原告还必须对所有对于法律事件的法律判断有显著影响的具体事实有完整的和可靠的了解。原告还必须确定他对案件事实的认识与真正的情况完全一致。

250 为了能够了解到所有的情况,我们必须是全知全能的。尽管有全面的和谨慎的调查,这也只是让我们更接近真实。我们对于关键事实情况的认知、解释和结论依旧会是残缺不全的。例如,可能会因为不为原告所知的事实导致了权利的撤销或者消灭,抑或是我们认为一个事实使权利产生了,但我们信以为真的事实实际上并没有被谨慎地求证,如我们完全信赖的证词或者证书实际上是骗人的。

尽管不能否认,在诸多案件中我们可以确定我们了解到了所有的事实,完全不存在上述风险。但即便是在这样的情况下,我们对于诉讼外的事实认知也并不能让我们知道,两方当事人中的哪一方会获得对自己有利的判决。因为裁判必须基于诉讼审理的结果而作出。

对此,不仅要求对过去全知全能,而且还要对未来有全面的了解,这就要求当事人必须有预言的禀赋。因为法院的裁判并不是建立在诉讼外的和诉讼之前的事实基础上。裁判的作出只能根据其后的诉讼审理中被提出和被证实的事实。就像不可能知道诉讼的结果而只能加以预测一样,人们也只能预言案件事实的形成在法律本质上并不会与我们在诉讼之前查证的和已经提出的事实有所不同。

目前为止,我们只是谈到不可能在诉讼开始之前就认识到 251
待判的实体法案件事实。与此相联系的还有,在诉讼开始之前也同样不可能认识到特定的诉讼法案件事实。

法院是否得以和必须作出原告希望和申请的给付判决,并不单单取决于被引入诉讼的事实(拉丁文:*res in judicium deducta*),而是也同时取决于诉讼(拉丁文:*judicium*)本身。在其他问题之前,首先应该考察是否可以并得以作出实体裁判(Sachentscheidung),如给付判决或驳回判决。

为了作出实体判决,就必须要满足诉讼法规定的所有合法作出实体裁判的前提条件,也即诉讼要件,例如,审理法院必须具有管辖权、当事人的诉讼能力和对诉讼代理人的授权。如果欠缺任何一个诉讼要件,在当事人和法院之间以及与法院所代表的国家之间也就不存在诉讼法律关系。法院也就没有义务对争议的民事案件作出判决,结果上也使原告和被告没有要求法院作出这样判决的权利。如果存在这样的瑕疵,即便实体权利状态是能够要求判决被告给付的,法院也并不能作出这样的实体判决:原告不能要求判决被告给付;相反,被告在诉讼中产生了要求诉讼驳回的权利,即法院必须拒绝作出那样的实体裁判,不能判决被告给付。

252 因此,判决请求权理论彻底陷入了尴尬的境地。

对于私法事件将来是否会以诉讼法所要求的方式被正确地引入法院的审判程序,最多只存在相当模糊的预测,如是否向有管辖权的法院起诉,被告现在是否有能力进行诉讼或者无诉讼能力的当事人现在的监护人是否授予了代理权。谁能够预言,为数众多的且特殊的合法作出实体判决的前提条件在即将发生的诉讼中是否真的存在,从而能够使原告获得对其有利的判决?

就此而言,判决请求权理论本身是彻底站不住脚的。原告并不会因为"诉讼外的事实"而获得对其有利裁判的权利。

在起诉之前,至少存在与实体法相关的案件事实,并相应地在诉讼进程当中发展出要求作出判决的权利。就此而言,尝试将"判决请求权"中的"实体法前提条件"回溯到诉讼之前的事实还不算走得太远。但是,对作出有利裁判同样重要且必要的诉讼法上特殊的实体判决前提条件而言则完全是另一回事了。那些认为"诉讼外"的事实对此同样具有决定意义的想法是自相矛盾的。

对于这个问题,判决请求权理论的其他支持者沉默地走开了,只有赫尔维格对此作出了公开的和确定性的回应。赫尔维

格完全认同诉讼要件对作出实体判决的先决意义。例如,他说:

“如果在诉讼开始的时候就欠缺诉讼要件,而且这种瑕疵 253
没有在事后得到补救,那么法院就必须拒绝作出实体判决,而不论是对原告有利还是对被告有利:诉讼应当被驳回,诉讼(在没有实体判决的情况下)被终结。”[3]

赫尔维格在发展他的诉权理论时直接提出了这一点。然而,对于他的诉权理论和他的上述论述之间如何能够自洽则语焉不详。他认为这看起来并不存在冲突。他并没有想到,在起诉之前并不可能预见和考虑到诉讼是否满足全部诉讼要件的要求,从而能够作出实体判决。他也没有想到,基于这样的理由,原告不可能在诉讼之前就确定地获得了要求对其作出有利实体判决的权利。

赫尔维格没有指出,诉讼要件对他的理论如此危险并具有如此根本性的意义。他只是引用了其他诉讼法的前提条件,并认为原告是否有要求对其有利的实体判决的权利,取决于这些前提条件是否得到了满足。

赫尔维格主张,诉讼法在诉讼要件以外还列举了很多在法律意义和效力方面不同的“通过判决获得法律保护的前提条件”。他将这些前提条件简称为“诉讼上诉的前提条件”。[4]赫尔维格将以下内容归入“诉讼上诉的前提条件”(siehe die Übersicht S. 151 – 161),即当事人能力、案件属于本国法院管辖(inländische Gerichtsbarkeit)、区别与当事人诉讼实施权力

---

[3] Hellwig, Lehrbuch S. 144, ähnlich S. 162.

[4] 对此的详尽讨论构成了赫尔维格教科书第 1 册的大部分内容,其篇幅超过了该书的 1/4。(Hellwig, Lehrbuch Bd. 1, SS. 292 – 400)

(Prozeßführungsrecht)相区别的原告和被告的诉讼实施权(Prozeßführungsmacht)、"法律保护理由"(Rechtsschutzgrund),如确认之诉中要求立即确认的当事人利益(Parteiinteresse)。

254 为了不过于偏离本文讨论的目标,只能够搁置以下问题的深入讨论,即那些"诉的前提条件"是否真的具有赫尔维格赋予其的意义,特别是上述全部诉的前提条件或者其中的部分是否并不具有独立于诉讼要件的法律性质和效力,只要我们正确地理解了诉讼要件的含义并对其进行了正确的界定。[5]

255 无论如何,我认为当人们想要对此作出评价的时候,必须在很多方面承认,赫尔维格通过对诉讼法学领域更加精细的研究,使目前为止还处于模糊状态的部分问题得到了澄清和深化。其对民事诉讼法学研究作出的贡献是不会被遗忘的。不过,如果他贯彻了他在整个诉讼架构上所持的观点,那么,他自己也都不会认同诉前的判决请求权和诉权。

---

〔5〕 目前为止,我认为赫尔维格诉讼法层面的"诉的前提条件"只涉及判决的合法性问题,至少大部分"诉的前提条件"是这样的。例如,原告的诉的声明应该具备确认判决所要求的立即进行确认的利益,或者给付还未到期的债权的请求在哪些情形下可以被准许。事实上,这并不涉及被主张的私权利是否存在的问题,而只是作出相应判决的诉讼合法性(prozessuale Zulässigkeit)问题。是否能够在诉讼中作出判决这一问题能够完全包含以下问题,即是否能够以诉讼上合法的和有效的方式申请作出这样的判决。换句话说,诉讼合法性问题也涉及并且甚至是自始涉及诉讼行为在诉讼法上的必要性问题。由此我认为,我的论文(Bülow,ZZP 27,SS. 237-246)已经详细论述过这个问题,我已经将所有诉的必要性问题归入了诉讼要件的范畴之内。因此,这种"诉的前提条件"也可以被纳入诉讼要件范畴。毫无疑问,一些诉的必要性要件与其他的诉讼要件存在区别,如其中的一些必须在起诉之初就具备,但另一些则只要在判决作出时具备即可。对于其他区别的更详尽的论述只能在本文暂且搁置下来。现在对我来说最疑惑的是,当事人能力被赫尔维格归入了诉的前提条件当中。而且更让人疑惑的是,其认为诉的前提条件的瑕疵会导致"一时的实体驳回"(sachliche Abweisung zur Zeit)。虽然诉讼驳回和实体驳回很类似,但这里用诉讼驳回更为恰当。我感到非常遗憾的是,赫尔维格对我以上详尽论述是无可奈何的。

在我看来,赫尔维格的基本思想并没有能够坚持到诉权的研究当中。

无论“诉讼上诉的前提条件”与诉讼要件有多么不同,它们还是一起构成了对主要问题有决定因素的点,即它们是作出实体判决必须首先满足的法律上的容许性(rechtliche Statthaftigkeit),判断其是否得到满足的标准并不是诉讼开始之前存在的事实。

赫尔维格也明确承认:他主张并进行了详细具体的论述(Hellwig, Lehrbuch § 29 S. 168 ff.),“诉讼上诉的前提条件”必须得到满足的标准时点是诉讼审理终结之时,是判决作出的时候。因此,认为在诉讼之前存在要求有利判决的权利与其判断的标准时点之间并不一致。而“实体上诉的前提条件”(详见本文第三节)也同样存在上述矛盾,在此不再赘述。

这也再一次表明,法律保护请求权概念并没有能够成功解决所有问题。我也几乎不知道还有哪个理论,像法律保护请求权理论一样存在如此多的矛盾。

第六节 判决请求权理论与民法诉权理论的亲缘关系以及被告的驳回判决请求权?

以上研究一再清晰地表明了判决请求权理论的困境所在。 256
判决请求权理论只是以为原告有这样的权利。这种观点的片面性不仅使诉和判决误入歧途,而且影响到对民事诉讼真谛的理解。诉讼法律制度并不仅是服务于个人的私益,而且还要中立和客观地对法律和公正起到促进作用。

因为我已经在三年前对法律保护请求权学说做过详尽的讨论,[1]因此,在本文的末尾,我只是点出一些问题,并对因为片面强调原告权利所引发的困境再予以特别的说明。因为赫尔维格比其他支持者更为精细地发展了判决请求权理论,因此,这里主要针对赫尔维格的观点加以论述。

赫尔维格认为:

1. "诉权(原告享有的要求作出对其有利裁判的权利)在诉讼法律关系产生之前就已经存在了",也就是说,这种权利并不仅是原告要求(给予)的权利,而且是被原告"通过起诉的方式加以行使的权利"。[2] 据此,原告要求给付、确认或形成判决的权利是在诉讼之前就存在的:因为这种权利的存在,才能够提起诉讼。整个诉讼都是建立在对这种先在的诉权的行使基础上,然而一个并不存在的权利当然不能够被行使了!赫尔维格的其他主张也与此存在显而易见的矛盾。

257 2. 这种权利存在与否在诉讼之前并不确定。对于原告是否享有此种权利的判断,相反要通过诉讼和法官的判决才能被确定下来。赫尔维格说:"这种权利存在与否,是需要在诉讼中判断的问题。"[3]还有人会觉得这种主张是正确的吗?

---

[1] Bülow, ZZP 27 S. 217 – 222 und Geständnisrecht SS. 230 – 237, 242 – 245. 克莱恩在他的演讲中对这一基本思想进行了更为全面和更多维度的展开。舒尔茨施泰因(Schultzenstein, Jur. Literaturblatt vom 14. März d. J. S. S. 64)指出,赫尔维格在教科书中对"法律保护请求权"的论述违背了上述基本思想。

[2] Hellwig, Lehrbuch S. 147.

[3] Hellwig, Lehrbuch S. 3 Anm. 11. 赫尔维格在其教科书的其他部分也有类似表述。

如果第一项主张是正确的,那么第二项主张就是错误的。如果真的需要经过法官来判断原告是否有这样的权利,那么就不可能得出,这种权利在诉讼之前就已经存在的结论了。通过综合考察以上两项,我们最多可以认可一种古怪的权利:一种虽然在起诉之前就已经存在,原告可以据此请求有利判决的权利,却又需要通过有利的判决才能确定这种权利的存在!

我一再努力找到一条出路,能够合理解释上述矛盾,但总是无功而返。我一再得出的结论是,摆在我们面前的是一个以己之矛攻己之盾的典型例子。

这也是循环论证(拉丁文:circulus vitiosus)的例证。早期的实体法诉权理论已经在原则上被抛弃了。而这种理论正是建立在循环论证的基础之上。债权、所有物返还请求权(Vindikationsrechte)、继承权(Erbrecht)、遗赠请求权(Vermächtnisansprüche)等都是已经存在的权利。起诉只是"行使"和"主张"这些权利。但是,一旦接受这种观点就会立即陷入极大的困境。因为人们会立即想到,总是存在这样的诉讼,其并不是因为存在债权、所有物返还请求权、继承权、遗赠请求权而被提起,其也并不会出现对原告有利的判决。

这些起诉肯定并非对民法请求权的行使。尽管如此,这些 258
诉讼却以同样有效的方式被提起,同样构建起稳定的诉讼法律关系,同样会引起具有确定力的实体判决。其和建立在真实存在的民法请求权基础上的最终引起针对被告的给付判决的起诉并无二致。[4]

---

〔4〕 把提起诉讼的诉讼权限(prozessuale Befugnis)建立在民法请求权概念基础上的错误做法,在我看来是基于对罗马法中 actio 的实体法律内涵的误读。实体法上的 actio 概念不仅包含基于私法请求权而提起诉讼的可能性,由此引发的诉讼和判决也是 actio 所包含的元素。actio 并不能够简单地等同于私法请求权,而是以起诉的方式在法院面前提出的独立的和进攻性的可以被主张的请求权(einen im Wege der Klage, angriffsweise, selbständig vor Gericht verfolgbaren Anspruch)。在乌拉萨克(vgl. Wlassak in Pauly-Wissowas Real-Encyklopädie der klassischen Altertumswissenschaft unter"Actio"Spalte 4)看来,"action = 个人通过起诉的方式所主张的请求权"(der persönliche mit einer Klagformel verfolgbare Anspruch)。这种诉的能力(Aktionsfähigkeit),也即可诉性(Klagbarkeit),只是大多数民法请求权所具有的属性。这些请求权具有完全的和独立的诉讼可实现性(prozessuale Durchsetzbarkeit),从而与那些只能够通过防御性的手段或者其他间接手段才能要求义务人履行其义务的请求权相互区别,如那些被归类为自然债务(拉丁文:*obligatio naturalis*)的请求权。这些自然债权并不是请求权的例外情况,也不是独立于请求权的类别。提起诉讼和要求裁判(拉丁文:*constitutio judicii*)的请求权并不依赖于具有可诉性的私法请求权的存在。可诉性的意义仅在于,所主张的私法请求权所具有的诉的能力和可诉性是引起诉讼和判决的必要条件:主张公式化的具有可诉性的(formelmäßig aktionsfähig)私法请求权是诉讼要件,是进行诉讼的前提条件。这种封闭的,最初是宗教确定的(pontifikal),之后是王权确定的(ediktal)actio 体系是诉讼的门槛(Schwellen des Judicium):主张 actio 体系所没有规定的、没有被作为独立的和可诉的私法权利类型的人不能够被准许获得法院的审理。罗马法从未要求只有具有可诉性的请求权主张真的存在时才能进行审理。在现代法律中,对于被主张的请求权类型的可诉性的预审(präliminare Prüfung)已经因为诉讼结构的变化而被废除。现在,即便是主张没有可诉性的请求权类型,只要起诉是符合诉讼法律规定的,那么就要进行实体审理(Sachverhandlung)。如果在审理中发现被主张的请求权不具有独立地通过诉讼加以主张所必须的资格时,则法官以判决对诉的声明进行实体性的驳回(sachlich abgewiesen werden),因为被主张的私法请求权欠缺私法要求的通过诉讼加以保障所必备的完全的效力。今天的法律不再将这种属性作为合法提起诉讼的前提条件。根据罗马法,这种属性事实上是"进行诉讼"(agere posse)的必要前提。然而根据现行法,其是一个存在偏差的表达方式,在其缺乏时被表述为"不能诉"(nicht klagen können)。这在民法典中的其他部分也以并不贴切的方式出现,如《德国民法典》第 1297 条并参照第 1958 条。被误解的和应当被消灭的诉的概念(Aktionsbegriff)还是在我们的立法中还留下了很多令人讨厌的痕迹。我们不能认同的是,提起诉讼的权能,即诉讼意义上的"诉权"要以私法请求权的存在作为前提。即便是罗马法也并不是这样做的。对此,德根考布(Degenkolb)和佐姆(Sohm in Grünhuts Zeitschrift Bd. 4 S. 467 ff.)已经再清楚不过地指出,给付之诉独立于具有可诉性的私法请求权而存在。私法诉权理论把整个诉讼建立在民法这一前提条件上,也因此置于不确定的和在诉讼中才能被证明的私法请求权之上。判决请求权理论却也掉入了这个窠臼。通过把实体法和诉讼法的元素归纳为统一的诉讼法律概念并将其作为诉讼和法院判决的前提条件,实体法完全被诉讼法吸收了。赫尔维格的教科书(Hellwig, Lehrbuch, S. 192 – 292)明确地将民法的内容详尽地归入诉讼法的范畴。

同样难以自圆其说的还有,将起诉作为原告先在的给付请求权、确认请求权和法律变动请求权的行使。根据这种观点,如果随着诉讼的发展,原告被证实并不享有法律保护请求权,这也就意味着这些诉讼根本没有存在过。 259

就像是私法诉权理论的困境,主张事实上并不存在的民法请求权的大量诉讼表明:因为主张不存在的权利而引发了诉讼,但是根据两种理论提起诉讼和作出判决的必要前提条件却又并不存在。 260

由此看来,法律保护请求权,特别是判决请求权和赫尔维格主张的诉前存在的诉权自始至终就像是私法诉权说基本思想的后裔:两者都建立在预见原告所期待的但还没有确定的诉讼结果基础上,也即鲁莽地将诉讼的结果预见为对原告有利。判决请求权理论区别于私法诉权理论的地方只在于大量混合了诉讼法的元素。因为混合了民法和诉讼法的元素,新发明出来的雌雄同体的法学理论并不如之前的学说有生命力。毕竟之前的学说是建立在统一的私法诉权的思想之上。

私法诉权论和判决请求权学说都还有另一个弊病,那就是两种理论都没有考虑到原告的诉讼请求是不正当的而相反被告是正当的情况。

如果有在起诉之前就存在着的权利,且通过这个权利的行使能够让原告获得有利的判决,那么就不能够理解,为什么被告胜诉的情况下,被告没有一个先于诉讼存在的要求有利裁判的权利。只有人们认为,在给付判决中也有针对被告的在先权利存在,那么才能够逻辑一贯地认为,不承担责任的判决也存在这样的源头:就像给付判决有先于诉讼存在的给付请求权一样,不承担给付责任的判决(拉丁文:*absolutio*)也必须以诉前存在的免于承担责任的请求权为基础。

261 判决请求权理论的支持者并没有得出这个结论。他们搁置了这个问题,没有提出在原告先在的给付判决请求权理论之外,被告也同样享有要求作出驳回判决的请求权。很多人对这个问题保持了沉默。有些人虽然触及这个问题,但对这个重要问题只是加以草率的处理。当他们提及被告享有的法律保护请求权和请求有利判决的权利时,从他们的表述可以发现,他们并没有声称被告的判决请求权也是在诉讼开始之前就存在的。[5] *

由此可见,即便在这个方面,人们也可以再次看到,支持者

〔5〕 瓦赫虽然提到过被告的这种请求权和被告"对于驳回没有理由的起诉的法律保护利益",但是并没有表明,这种权利是否在诉讼开始之前就存在。但他的教科书(Wach,Handbuch S. 19 Anm. 17)中的表述似乎暗示,他否认其先于诉讼开始而存在。朗海尼肯(Langheineken,S. 46 Anm. 6)则明确否认其先于诉讼而存在。他认为,"与被告的判决请求权不同,原告的判决请求权依赖于诉讼外的案件事实。"赫尔维格(Hellwig,Lehrbuch S. 144)说:"如果原告的起诉是没有理由的,那么,被告就享有要求驳回原告的进攻(也就是说诉的声明)的权利。""如果欠缺实体层面的诉的前提条件,那么,必须作出对被告有利的本案判决:被告享有要求驳回没有理由的诉讼请求的权利。"(S. 162)赫尔维格说到被告的权利时认为:"与原告相对,被告也有权获得法律保护。"(SS. 145,146)因为赫尔维格只是认为被告对起诉享有要求"驳回这种攻击"的权利,由此可以得出,赫尔维格也认为被告只有通过起诉才能够获得此种权利,这种权利并不是先于诉讼而存在的,其只能基于真实的事实和法律关系而产生。根据施泰因(Stein,Urkundenprozess,S. 59)的观点,被告享有请求驳回诉讼请求的权利,以此可以"对抗"(防卫)原告的法律保护请求(Rechtsschutzbegehren)。然而,如果被告并没有依法(拉丁文:*ipso jure*)对无理由的诉的声明提出驳回申请又该如何处理呢?如缺席程序?格施(Geosch,ZZP 12 S. 186)在他评论施泰因的文章中尖锐地指明被告的法律保护请求权是多么的糟糕。格施说:"这里就是被告的法律保护请求权真正的'罗德岛'(Rhodus),正是在这里,施泰因的谎言被戳破了。"相关的讨论还可以参见赫尔曼的论文(Hellmann,in Jherings Jahrbüchern Bd. 31 S. 97 f.)。

* 【译者注】"罗德岛"代指《伊索寓言》中《吹牛的运动员》:"有个运动员因平常参加比赛时缺乏勇气,被人们指责,只好出外去旅行。过了些日子,他回来后,大肆吹嘘说,他在别的很多城市多次参加竞赛,勇气超人,在罗德岛曾跳得很远,连奥林匹克的冠军都不能与他抗衡。他还说那些当时在场观看的人们若能到这里来,就可以给他作证。这时,旁边的一个人对他说:'喂,朋友,如果这一切是真的,根本不需要甚么证明人。你把这里当作是罗德岛,你跳吧!'"

并未能一以贯之地贯彻判决请求权理论。这也更能够明显地得出,法律保护请求权理论是站不住脚的。

以上就是所有反对原告享有的先于诉讼存在的判决请求权的全部理由。如果人们尝试论证被告在诉前也享有相应的请求权,那么,反而会强化上述反对理由。论证被告的有利判决请求权的尝试一定会失败,因为其和原告诉前的给付判决请求权一样会违背两项基础性的和绝对适用的民事诉讼法准则,它们分别是"不告不理"(拉丁文:*Nemo judex sine actore*)和"根据起诉作出判决"(拉丁文:*Secundum allegata et probatejudicandum*)。不仅如此,原告和被告的先在权利还超出了人类认知的有限性,其以还未发生的诉讼审理流程和结果作为已知的前提。此外,这种理论还面临另一难以克服的障碍,即赋予原告先在的判决请求权的同时,并没有意识到也要赋予被告先在的有利判决请求权。

在原告的情形下,至少不会因为欠缺当事人的行为而陷入尴 262
尬的局面。在法律保护请求权理论看来,原告通过提起诉讼"行使"了他先在的要求法院作出对其有利裁判的权利,也即"成功"起诉的权利。其实,这种权利是要在起诉之后才能发生的。但对于被告而言,他要通过什么行为来行使其有利判决请求权呢?

如果诉讼审理中发现原告诉的声明在实体上没有根据,甚至在诉讼法上是不合法的,那么,法院总是会依职权作出对原告不利但对被告有利的判决。缺席程序能够更清楚地说明这一点。在满足缺席判决的条件后,即便被告并没有申请驳回诉讼请求,诉的声明也总是会被驳回。

在言辞辩论终结的时候,会产生出被告要求作出对其有利 263
判决的权利,而不需要其作出什么行为来"行使"这种权利,甚至不需要其已经主张过这样的权利。如何来解释这种情况呢?

难道要牵强附会地认为,原告起诉有瑕疵的时候就像是代替被告进行了主张,进而原告起诉的同时,既行使了要求判决被告给付的权利,又行使了被告要求作出驳回判决的权利?〔6〕

原告先在的判决请求权存在诸多疑问。与其相对的被告先在判决请求权理论则在更大程度上存在问题。只要对原告和被告正反两个方面进行过清晰的和符合逻辑的思考,我们就只能拒绝这种理论并坚持认为,这种权利只可能在诉讼审理中才会产生。人们由此才能正确界定民事诉讼法律制度及其与民法的相互关系,才能够更为清晰地认识到私法和诉讼法的本质。

264 最后,还应当尝试对所有结论进行简要的总结。〔7〕 一方

〔6〕 对了,我还差一点忘了,如果被告没有出庭或者没有进行辩论的话,将"拟制"被告已经进行了答辩和对案件事实主张已经作出了承认! 通过这种方式,判决请求权理论和其他错误的理论一样都可以极为便捷地得到补救,其理由是"类推适用"(拉丁文:similia similibus)原则。尽管通过拟制可以补救被告行为欠缺的问题,但还是有若干其他的问题还需要再拟制,即必须要拟制我们在诉讼之前就能够预见到诉讼的结果,换句话说,我们是全知全能(allwissend)的。法学是多么幸运啊! 这样,没有什么理论会遇到困境! 人们可以看到,这种理论大部分是来自那些为了论证其当事人的主张而强词夺理的法学家。但这些牵强附会的说理却并不总是能够得到法官的支持!

〔7〕 本文的结论与我一直以来的主张相一致。我曾经在关于法律和法官(Gesetz und Richteramt)的专著中对经由立法所达成的法律规范化(Rechtsnormierung)的不完整性进行了论述。现在,我想把这种思想扩展到民事诉讼法思考的所有层面,即也适用于作为裁判基础的案件事实的调查。据我的了解,德国法学还几乎没有注意到但却又特别值得关注的是弗朗西斯·惹尼的著作(François Geny,Méthode d' interpretation et sources en droit pricé positif,Paris,Maresqu ainé 1899,insbesondere S. 457 ff.)。萨莱耶(R. Saleilles)为其写了非常棒的序言。我在对德国法学文献进行最大范围的考察的时候,曾经注意到这本著作的相关内容。我关于法律和法官相互关系的观点还建立在施耐德(K. Schneider,Treu und Glauben im Recht der Schuldverhaletnisses des Bürgerlichen Gesetzbuchs,1902,siehe insbesondere S. 89 ff. und S. 69 Anm. 110)的基础上。除此之外,还有奇特尔曼(Zitelmann)刚刚出版的校长讲话"法律中的漏洞"(Lücken im Recht)。《瑞士民法典草案》(Vorentwurf des Schweizerischen Civilgesetzbuchs)充分地采纳了我在关于法律和法官的专著中发展出的基本思想,并采用了与此相适应的法律表述。其第 1 条规定:"凡是通过文义或解释可以确定的法律问题,适用本法。如果本法没有规定,那么法官根据习惯法裁判。如果没有习惯法,依据通说和传统(bewährte Lehre und Überlieferung)。如果上述所有来源都无法适用,那么法官站在立法者的角度加以裁判。"

面,对此应当避免与传统观点出现严重的矛盾并与法学思维背道而驰。要避免出现难以理解的和人为复杂化的构造,这也是绝大多数法学家所无法认同的。而另一方面,作为一个法学家或许不应该忽视的是,将自己的学说建立在学界共识的基础之上,这自然也是更优的选择。

第七节　结论:民事诉讼法律制度的任务及其与私法的关系

1. 在起诉之前,原告和被告都没有要求作出判决的权利, 265
更谈不上他们在诉讼开始之前就有要求对其作出有利裁判的权利,或判决请求权。

2. 即便是通过起诉也并不会产生这样的权利。符合诉讼法律规定的起诉只是导出了法官以符合诉讼法律规定的方式对起诉中包含的法律事件进行审理的权利。

3. 只有在审理终结时,才产生作出判决的法律上的可能性,据此才产生要求这种国家行为的权利。只有基于所有言辞辩论的结果,法院才能、才可以,也才必须做出判断,即到底当事人中的哪一方是正确的。只有在诉讼结束的时候,并在诉讼审理的全部内容基础上,才能根据其结果产生原告或者被告要求作出对其有利判决的权利。

4. 从起诉到判决的整个诉讼程序的任务就是形成这种权利并使其得到及时的满足。民事诉讼法律制度中的绝大部分内容正是为了在国家权力的帮助下查明和依法确定哪一方当事人是对的。这在诉讼开始之前尚处于不确定的状态。只要诉讼还在发展,其就依旧保持着悬而未决的状态(拉丁文:in pendenti)。不确定性的除去既是任何一部民事诉讼法预设的目标,同时也是其任务当中最为困难、最为繁琐和最为辛苦的部分,这需要由国家通过其法院以民事诉讼的方式来完成。

266 5. 诉讼的目的因此并不在于对权利进行保护。幸运的是在大多数案件中,国家权力并不需要负责实现已经被确认的权利,不需要保障原告已经被确认的权利不受到被判决给付的被告的抵抗,不需要负责对尚未被认定的权利的先予执行(die Durchsetzung des noch nicht zuerkannten Rechtes vorsorglich sicherzustellen)。法院总是要在理性处理之后才会动用国家暴力手段(Machtmittel)。只有在确定争议的权利是否真的存在以后,国家才会进行执行介入(exekutivisches Einschreiten)。这才是民事诉讼法律制度一般性的和主要的工作,即为了实现国家所保证的具体的私权利的稳定性(Herstellung staatlich gewährleisteter konkreter Privatrechtsgewißheit)。只有需要保障已经被确定的民事权利或者被先予执行的尚未被确定的民事权利的时候,国家才会运用强制执行措施,但这只是诉讼中的极少数才会上演的最后一幕或者是少数诉讼剧本的序幕(Vorspiel des Prozeßdramas)。

基于以上结论,私法和诉讼的关系会呈现出不同于以往的解读。

私法需要得到诉讼法律制度的帮助,但这并不仅是或者并不主要是为了获得保护。诉讼法律制度的首要目的毋宁说是对私法加以补充。

私法需要诉讼法律制度补充的原因在于,法律规范都是抽象的和假设性的,其并不能够被直接运用到具体的案件中和真实的法律生活(Rechtsleben)中。为了能够持续地和确定地将法律规范运用到具体案件和真实的法律生活中,仅仅靠抽象化和法律规则的叠加是做不到的。

每一个私法案件都会蕴含着一个法律问题。而这个法律 267
问题是无法在抽象的私法法律规范和在民法典的法律条文中得到完满解决的。仅仅依靠法典,我们并无法获知具体案件中的权利状况,如某人对另一个人因为双方签订的买卖合同,是否有要求其给付100马克的权利。

为了了解权利状况而进行的努力并不仅是法律的实施(Rechtsdurchsetzung)。

当国家应当事人的要求去调查具体的权利状况时,他所提供的帮助并不是为了保护权利,而是为了对私法规则并没有完整规定的私法秩序加以完善。据此,国家可以通过作为国家机构的法院找出和确定可适用于具体法律实践的法律规定(Rechtsbestimmung)。

仅仅依靠对法律规则的认识,并不足以认识到具体的权利状况。而满足具体的权利才是法律秩序真正的和全部的任务。而对于任务的完成,最首要的是了解和确定组成法律案件的具体要素:有关所有权的案件事实、真正的发展经过、行为、事件和状态都是必要的,它们塑造了案件的特殊性。只有基于对案情的认知,我们才能够去判断具体案件中的权利情况,我们才能够找到其应当适用的法律规定。对此,法典提供给我们的法律规则虽然是具有法律约束力的,但是其或多或少只是十分局限的引导和指示,法典本身绝没有提供具体的权利规定。

法律条文并不可能提供具体的权利规定。因为立法不可能预先考虑到那些无穷无尽和复杂多样的、总是相互之间以极为复杂的方式相互联系的真实案件的特殊性。因此,法律规定并无法对每一个具体案件提供完全契合的特殊化和具体化的规则。

268 法律规定最多只能够给我们提供具体和零散的法律元素(Rechtselemente)。只有把这些散见在法典中的法律元素组合起来才能够得出统一的结果,实现对具体案件的法律判断。而对此,对于以何种方式将总是分散在不同法典中的具体的法律元素组合起来,法典并没有提供有约束力的和充分的指引。当然,这也是无法被法典给出的。法典更无法确定经过以上操作应当和必须得出什么结论。可是,法学家们却总是坚决相信案件的裁判结果正是“立法者”事先考虑和其“欲求”的。

列举具体的法律判断元素(Rechtsbeurteilungselemente)总是相当困难的。法律规定的相当部分内容其实并不完整,也并不足够的精确。甚至其中一些规定有意保持不明确,从而保证对其的准确“适用”。有观点认为,应当公式化地(schematisch)和按图索骥式地“适用”法典。这种想法与对私法和民事诉讼法律制度的正确理解南辕北辙。这种想法的产生与根植于现代法学理论中的基本思想有必然的联系,即权利只能够出自对其进行了完整规定的法律规则。也正是在这种基本思想的基础之上才孕育出法律保护请求权理论,并且也只有基于此这种理论才能产生:其理论的所有内在的必要性都根植于那种基本思想。

正因为法律规则并不能够产生所有权利,这才需要国家强制力,且其并不能仅仅是对抽象的法律规定的维系。

269 如果法律并没有带来完整的法律秩序,而且并不希望只是停留在对僵硬的法律规则进行简单的罗列,那么,它就必须要建立某种制度,尽可能实现对所有具体权利进行正确的审理和作出有法律约束力的确定。这也是民事诉讼法律制度首要的,并且也是最重要的任务。为此,国家通过其司法活动来实现对立法工作的补充。

与刑法相比,这种补充的必要在私法领域难以被广泛地察觉到。

在刑法领域,国家在每个具体案件中不仅要负责查明案件事实,而且还要负责找出适用于本案的具体的刑法规定。抽象的刑法条文只有借助于法官的判决才有效力。这里能够最为完整和清晰地看到对法律规定进行补充的必要性。抽象的和假设性的法律规定并不能仅仅借助自己的力量就变为现实。

相反,在私法领域,这种补充的必要性只能够被例外地察觉到。这是因为,抽象的私法规定总是首先面向个人。法律要求个人自发地以符合法律规定的方式来安排自己的社会生活,其可以在私法准许和给予的自由空间内安排其与外部世界的关系。日复一日,在绝大多数的情况下,人们都会按照私法的要求行事。他们自己就能够在事实和法律上实现对私法事件的一致性判断,并自愿安排自己的行为。

但是,事实并非总是如此的。

当事人双方也经常既不能对确定权利有决定性意义的具体案件事实以相互信赖的方式或者至少是以双方都满意的方式进行调查,也不能在对抽象的私法规定或者据此引发的法律后果的判断上达成一致。

在所有这些案件中都出现了对法律判断的争议。国家已 270
经提前准备好了相应的制度,而且必须准备好通过民事诉讼来填补私法规则明显存在的漏洞,并彻底完成私法规范还没有完成的工作,将抽象的和假设性的私法规定在当事人的要求和共同作用之下运用到现实的社会生活中去,将其在法院的判决当中转换为具体的和明确的法律规定。也就是说,国家将抽象的法律发展为完整的和真正的法律。

这种活动就是民事诉讼:私法规则并没有建立起完全的私法秩序。民事诉讼帮助其实现内部的自洽(innerliche Vollendung)。民事诉讼法律制度的总体任务并不是民事权利的保护,而是国家对于完整的和有生命力的私法秩序进行持续性的维护。只有私法和民事诉讼并肩作战,才能够使法律秩序确定地和持续性地覆盖整个法律生活,才能使私法秩序保持生命力。

在我看来,这正是理解私法和诉讼相互关系的钥匙。

法律保护请求权*

1

我在 1885 年出版的《德国民事诉讼法手册》(Handbuch des deutschen Zivilprozeßrechts)一书中率先提出了法律保护请求权(Rechtsschutzanspruch)这一概念。1889 年,我以祝贺温德沙伊德(Windscheid)为契机,在庆祝文集中以确认请求权为例做了进一步论证。

这个概念现在已经愈发成为民事诉讼法学研究中的一般用语。作为民事诉讼真正的和直接的对象(Gegenstand),这个概念愈发得到了体系化的和正确的运用。特别是理查德·施密特(Richard Schmidt)的民事诉讼法教科书、赫尔维格全面讨论请求权和诉权的著作(Hellwig, Anspruch und Klagerecht)以及

---

* [德]阿道夫·瓦赫(Adolf Wach):《法律保护请求权》(Der Rechtsschutzanspruch),载《德国民事诉讼杂志》(Zeitschrift für Deutschen Zivilprozess)1904 年第 32 卷。

他包罗万象的《德国民事诉讼法教科书》(第 1 卷)(Hellwig, Lehrbuch des deutschen Zivilprozeßrechts, Bd. 1)。此外,还有斯盖德尔(Skedl)和波拉克(Pollak)关于奥地利民事诉讼法的介绍。人们逐渐相信,这个概念对于理解民事诉讼,对于理解它与民法和国家法的关系而言是不可或缺的。不仅是诉讼法学者这样认为,而且还包括民法学者和公法学者。当然,对此也并非没有反对声音。但是,我自己对此并没有再发表什么意见,因为在我看来应该耐心等待同仁们修正我的观点中可能存在的谬误。在我看来,文献成果的最新发展也本来并没有再给我提供发表意见的契机,因为我的观点已经得到了来自不同方面的支持并获得了压倒性优势。[1] 但是,彪罗的观点还是让我有话要说。[2]

2 由于彪罗在《德国民事诉讼杂志》第 31 卷第 191 页以下的论文反对上述法律保护请求权论,我于是不得不对此作出回应。彪罗认为,法律保护请求权论不仅是难以理解的,而且还与法律的逻辑特别是和诉讼的逻辑相互矛盾的。彪罗的论文把法律保护请求权论刻画成与通行观点存在强烈的冲突,甚至与法学思维并不处于同一维度,是难以理解的并且全都是人为复杂化的构造。彪罗由此认为,部分支持者会因为他的论述而放弃法律保护请求权论;剩下的支持者因为他们的自负,虽然他们早就知道法律保护请求权有问题,但还是不愿放弃它。因

---

〔1〕 Vgl. Stein, Über die Voraussetzungen des Rechtsschutzes, insbesondere bei der Verurteilungsklage, 1903; Siber, Der Rechtszwang, 1903, S. 71 ff.; die zitierten Lehrbücher von Hellwig und Pollak; Hölder, Über das Klagerecht, Dekanatsprogramm 1903 usw.

〔2〕 在我修订《德国民事诉讼法手册》时,我看到冯・施鲁特卡–雷西藤斯塔姆(v. Schrutkar-Rechtenstamm, Juritische Literaturblatte Nr. 147 vom 15. September 1903)也同样反对彪罗的观点。

为彪罗向我们保证,他已经以谨慎的方式对可能存在的所有问题都作出了毫无偏见的检验。有鉴于此,极有必要对彪罗与我们相反的立场加以讨论,因为没有人愿意被认为是不可理喻的和吹毛求疵的,没有人乐于接受彪罗在所谓没有偏见的检验之后所得出的再清楚不过的真相。

我的论述将限于对彪罗论证的评价,这也为我关于法律保护请求权的另一篇论文做好了铺垫。在另一篇论文中,我将对法律保护请求权进行更详尽的法教义学阐述,而本文是与彪罗的论文针锋相对的。

第一节 3

彪罗将他自己的结论归结为以下几点:

1. 原告在起诉之前无权要求"作出判决",更不要谈作出有利判决的权利,即判决请求权。

2. 即便是通过起诉也并不能产生这样的权利,而只是产生了要求按照民事诉讼法对起诉进行审理的权利。

3. 直到审理终结时才存在判决的可能性,才有要求判决和要求有利判决的权利,此时还要区分有利于原告或者被告的判决。

4. 诉讼目的是确定谁有权利,而不是权利保护。诉讼旨在"建立"国家所保证的具体的私权利的稳定性(konkrete Privatrechtsgewißheit),只有在极少情况下才会启动强制执行程序。据此,民事诉讼帮助尚未完成的私法秩序实现内部的自洽(innerliche Vollendung)。"民事诉讼法律制度的总体任务并不是民事权利的保护,而是国家对于完整的和有生命力的私法秩序进行持续性的维护。只有私法和民事诉讼并肩作战才能够使法律秩序确定地和持续地覆盖整个法律生活,才能使私法秩序保持生命力。”

我反对这些观点:

1. 如果法律已经赋予其权利,那么,原告在起诉之前就已经存在要求法院作出有利判决的权利。作为法律保护请求权组成部分,判决请求权以诉讼外的事实为基础。我并没有将起诉的法律可能性(rechtliche Möglichkeit zu klagen)称为主观诉权(subjektives Klagerecht)。尽管如此,如果没有这种起诉权限(Klagebefugnis)就没有诉权(Klagerecht),也就没有法律保护请求权和判决请求权。

2. 起诉只能得出要求判决的权利(Recht auf Urteil),而不是要求对一方当事人作出有利判决的权利(auf ein der Partei günstiges Urteil)。

3. 诉讼并不能创造权利、发展权利和完善权利,而只能够保护权利。诉讼将确定“哪一方当事人有权”。诉讼应当查明现有的权利(vorhandenes Recht),彪罗也完全正确地指出了这一点。诉讼应当将权利从主观上的不明确(subjektive Ungewißheit)变为明确,确定原告现有的权利,这并不是认识论意义上的(erkenntnistheoretisch),而是实际的操作,诉讼因此是权利验证的方式(Mittel der Rechtsbewährung)。判决和强制执行都服务于此,它们并不是为了查明权利(Rechtsvergewisserung),而是希望实现权利(Rechtsverwirklichung)。

4. 据此，诉讼是权利保护法（Rechtsschutzordnung），* 在这 4
个意义上是私法保障法（Privatrechtspflege）。然而，诉讼绝不是私法的一部分，也绝不可能担负创造或建构具体的私法法律关系的任务，这只是法律保护行为、判决和强制执行所带来的副产品，而并非其目的本身。

彪罗的论点并不新颖，而只是旧调重弹。彪罗总结了他在之前的著作中的相关观点并移入了之后的作品，这更像是其观点的再版。

在我看来，彪罗的大部分论点早已经被抛弃了。但是，我还是要对有关的论点再做论述。我并不认为我可能说服我的对手，因为这在他看起来是法学空想的，在我看来却是正确的方法。在他看起来是十分简单和容易理解的，在外人看来却是从错误的方法中得出的观点，他只看到表象，而并没有能够洞悉其本质。

第二节

在我看来，所有方法论上的分歧点背后都是经验主义（empirisch）与形而上（metaphysisch）的对立。彪罗依靠的是外在的具体的诉讼构造（Prozessgestalt）及其发展：诉讼的发展是对原告有利或不利，据此，原告有要求对自己有利或不利判决

---

* 【译者注】Rechtsschutz 在本书通常译为“法律保护”，因为民事诉讼同样存在无民事权利的情形，如消极确认之诉，而临时法律保护措施也并不以权利确实存在为前提，因此将 Rechtsschutz 译为“法律保护”更为准确。不过瓦赫与彪罗的论战以给付诉讼为背景，因此，此处例外地译为“权利保护”，以符合作者的原意，特此说明。

的权利。原告在起诉之前不可能获得判决,在起诉之后也不可能马上就获得判决,因此,在起诉之前或者起诉的时候也就没有要求判决的权利。这种权利只有在法官根据诉讼法必须作出判决的时刻才出现。从经验的角度看,判决并不总是与真正的权利保持一致的,不是也有错误的判决和被错误认定的权利,其或许符合诉讼状况(Prozesslage),但并不符合实体法律状况(materielle Rechtslage)。也有判决的内容与诉前存在的请求权的内容不一致。另外,也有私权利因为其一般化的表述而需要不断被具体化,也即必须在其证实过程中通过法官的智慧和裁判得以实现,因此,其只能通过法官被真正的具体化、发展和完善。可即便如此,诉讼目的也并非是对具体的和完善的私法秩序的维护,而是对其的发展和完善。

事实上,这十分清楚和简单,我们并不需要哥伦布为我们展现诉讼问题的解决方案,从对诉讼的了解中导出诉讼的本质及其功能显然是不合适的。

上述问题只有通过形而上的研究方法才能够被解决。彪罗(Bülow,S. 227 Anm. 2)曾经嘲笑这种表达方式。令他无法理解的是,其实本来就存在形而上的诉讼法概念,而民事诉讼法学必须要这样开展研究,而不能仅仅是采取经验研究方法。彪罗问道,人们在哲学中都还没有给形而上学相应的位置,怎么可以在世俗化的诉讼法学中使形而上学生存下来呢?但是,只要我们能够理解我在何种意义上使用这个逻辑概念,这个概念与什么相联系,那么,也就很容易理解这个逻辑概念了。我引用了西格瓦尔特(Siegwart,Logik Bd. 1 SS. 271 f.,41 ff.)的观点,把形而上理解为与从个体表象中归纳出的定义相对应的概念,其与事物的思想及其本质相关。我坚信,概念的界定和法律制度的构造,应当以内嵌其中的目的为标准。彪罗也很难否认目的之于法学的意义。虽然目的能否实现受制于需求(Bedürfnis)以及手段的局限性(Beschränktheit der Mittel),但任何法律的形成都是有目的的,是为了目的的实现而存在的。制度的"思想"就是制度本身承载的和要贯彻的目的。*

所以,我在《德国民事诉讼法手册》的相关位置(Handbuch S. 7 Anm. 7)极为反对以判决的准立法作用(gesetzesähnliche Wirkung)来界定判决概念。我反对通过判决的这种作用(既判事项在当事人之间创制法[拉丁文:*Resiudicata ius facit inter partes*])反推出它的概念。在适用法律时应当强调具体法律规则背后的目的。我在这里区分了经验主义的和形而上的概念,因为这是不应该被误解的。就像已经暗示过的,这种区分至关重要:因为有相同的效果并不能导出有相同的原因,实践中与目的相悖的结果也不可能得出事物的本质。"既判事项在当事人之间创制法",判决的这种作用根本就只是错误的形成判决偶然产生的后果,这并不能够表明其目的及其本质。当事人和法官都不想创设新的权利。他们不愿意,而且也不能够有这样的想法。彪罗自己也说,民事诉讼只是判定谁有权利,而并不是给予谁权利,或者让谁失去权利。民事司法只是证明既有的权利并对其加以法律保护,这被我们称为诉讼。人们不能认为,在判决中对权利进行确认的诉讼事实本身是创造性的因素,是创造权利的活动。诉讼的进程、缺席后果、证明的成功与 6

* 【译者注】我国当前也存在规范研究和经验研究方法的对立。参见张卫平:《对民事诉讼法学贫困化的思索》,载《清华法学》2014 年第 2 期;张卫平:《民事诉讼法学方法论》,载《法商研究》2016 年第 2 期。

否、自认和认诺都只是对于现有的权利能否发挥作用有决定性意义。诉讼只是宣示权利的存在(Evidenz),而并不是使权利从无到有(Existenz)。只是因为实践中要通过判决对权利的存在进行具体的判断和宣示,这才会让人产生非常严重的错觉,认为诉讼的本质是创造权利(subjektives Recht)甚至是法律(objektives Recht),而这正是处于争讼程序对立面的非讼事件的保护目的。在彪罗看来,争讼案件和非讼事件的诉讼目的是水乳交融的。对上述所有问题,我已经做了足够多的论述,因此,本文没有必要再赘述了。关于判决理论最近又有了新的进展,这些新进展使人怀疑,在全力提供法律保护之外是否还存在平行的建构性的目的。对于所谓的形成判决,除了法律保护目的外还有权利创设目的。

7 对此,我已经在我的《德国民事诉讼法手册》一书中原则性地表达了我的观点。不可否认的是,对这个问题尚需更深入的讨论。经过全面系统的研究,这个问题近期已经得到了实质性的推进。但在与本文相关的所有问题上,依旧要坚持新的权利的产生或既存权利的变更以及在此意义上的具体的私法秩序的发展都只是实现权利保护和国家强制执行的手段,也是对现有的法律地位(Rechtsposition)加以保护的途径。对此,人们可以像基施(Kisch)关于判决理论的论文一样,将判决分为形成判决(konstitutive Urtele)、给付判决(auslösende Urteile)和确认判决(festsetzende Urteile)。* 尽管如此,人们也必须将第一种判决理解为,法官作出的具有形成性质的判决的本质上并不

---

* 【译者注】基施的表述与当前三种判决类型的一般德文表述略有差异。三种判决类型目前通常被表述为形成判决(Gestaltungsurteil)、给付判决(Leistungsurteil)和确认判决(Feststellungsurteil)。

是关于法律行为的规定（rechtsgeschäftliche Bestimmung），而是以权利的实现为目的。[3]

第三节

通过排除或压制权利保护目的，彪罗希望对法律保护请求权釜底抽薪。但是，彪罗的论证未能实现这一目标。就像我已经暗示过的，他尝试通过逻辑—经验主义（logisch-empirisch）的途径，仅仅依靠诉讼构造对法律保护请求权概念进行归谬。在对这个问题的本质进行深入讨论之前必须首先指出的是，从诉讼案件事实（Prozeßtatbestand）的发展来导出判决请求权的做法存在方法论上的谬误。

彪罗认为，判决请求权根据诉讼的发展而产生，因为只有 8
诉讼程序发展到判决作出时，才允许作出判决，也才可以被要求作出判决。不仅如此，判决的作出也必须要以已经发生的诉讼案件事实作为标准。即便不考虑这种观点的其他谬误，显而易见的是，资料的收集（Stoffsammlung）只是实现目的的途径，它以作出判决为目的。如果我对目的有权利，那么，我也就对实现这一目的的法律手段有权利。就像我对手段有权利，也就有权利作出服务于该手段的行为。行为只是服务于手段的实现，手段只是服务于目的的实现。彪罗认为，起诉只是产生了要求审理的权利，而并不是要求判决的权利。对此，我并不能

---

〔3〕 基施在其论文第 60 页以下极富智慧地讨论了诉讼事件和非讼事件的关系。但是，我对他的观点持保留意见。我在我的《德国民事诉讼法手册》第 40 页脚注 11 中较为含蓄地指出了他的局限性。

认同。[4] 彪罗反对判决请求权的结论是从哪个“维度”得出的呢？同时要提及的是，在我看来，彪罗将具有不确定性的权利（das von Ungewißheiten abhängige Recht）当作无权（Nichtrecht），这种做法并不恰当，我会在后文详细讨论这个问题。这里也并不存在那样的不确定性。谁提起诉讼，谁就有要求根据诉讼法的标准作出判决的权利。要求判决的权利是因为起诉而发生的，其并不依赖于诉讼要件存在与否。诉讼要件只是对实体判决请求权（das Recht auf Sachurteil）有决定性作用，但对于判决请求权（das Recht auf Urteil）却无关紧要。通过起诉建立起诉讼（Prozessgründung），也由此建立起诉讼法律关系。原告可以因此要求法院作出判决。在诉的声明中，原告对这种权利作出过表述。[5]

彪罗在权利产生的时间点上出现了错误。他将履行义务（Pflichtakt）的时间点等同于义务产生和权利产生的时间点。

9 彪罗坚持认为，由于法院直到审理终结时才能下判决，因此，要求判决的权利也并不会更早就产生。只有在法院有义务作出判决的时候，也即只有在诉讼审理终结时才会产生要求作出判决的权利。然而，附期限的权利或者其实现需要第三人共同作用的权利本身也是既存的权利，这是不言而喻的。即便还没有把需要加工的物品提交给义务人，要求加工的权利也是存

---

[4] 应当注意的是，审理本身甚至都没有相对独立的法律效果。

[5] 在彪罗看来，判决请求权是无法理解的，其并不能像意思表示那样被感知和被注意到（Bülow, S. 237 Anm. 2）。我认为，所有的诉讼权利在诉讼中的效力都是依赖于其意思表示，只有通过意思表示才能够被注意到。当然，不仅诉讼权利才是如此：当我享有解除权的时候，我通过行使解除权并以此让这种权利被感知，也只有以此才能使权利被注意到。除此之外，人们根本无法看到和摸到权利是什么样子，即无法进行感官上（sinnlich）的认知。

在的。只有在诉讼的准备工作完成之后,判决才能够被作出。要求作出判决的权利虽然需要根据诉讼法的标准加以确定,但是却并不是诉讼审理请求权的结果。要求判决的权利在起诉时就已经产生了。即便人们遵循彪罗的思考路径,还是无法得出要求作出判决的权利直到审理终结时才产生的结论。因为判决的作出(Urteilsfällung),我们也称其为判决的宣告(Urteilsverkündung),是在判决的产生(Urteilsfindung)之后才发生的。

彪罗的错误还在于,他根据诉讼审理的结果导出原告要求于己有利判决的权利。这是站不住脚的。人们可以想到,在证据问题被提出之后,法院会根据自由心证作出判断。那么,当事人要求于己有利判决的权利从何而来呢?如果当事人没有机会通过上诉再进行攻击,他是如何来主张于己有利判决的权利呢?只有根据诉讼法,在一定的判决基础上就必须得出特定的结论时,像舍弃或者认诺或者附条件的确定终局判决(rechtskräftige bedingte Endurteile)那样,才谈得上要求特定判决的权利和当事人要求以诉讼案件事实为标准作出有利判决的权利。但是,这种观点是错误的。原告主张他的权利,而对于他是否真的有权,是需要诉讼来判断的。有权与否并不依赖于诉讼案件事实,也并不会因为诉讼案件事实才产生。即便原告攻击第一个判决是错误的,那么,他所希望的判决依旧是实现自己的权利,而不是去判断第一个判决到底是正确的还是错误的。

因此,上诉(拉丁文:*nova in appellatorio*)并不是对判决理 10
由的攻击。上诉与诉讼的逻辑是完全一致的。即便第一个诉讼案件事实是所谓形成性的,当据此产生权利或者使权利消灭时,也并不会产生新权利(Novenrecht)。* 因此,要求裁判的权利产生的时间并不是判决时(从这时开始[拉丁文:*ex nunc*]),而是根据诉讼外的设权性事实**而产生(从那时起[拉丁文:ex tunc])。因此,既不存在根据审理而产生的要求作出判决的权利,也不存在因为审理结果而获得的原告要求对其有利裁判的权利。作为满足实体判决请求权的手段,审理结果的目的只在于证明通过法律适用所确定的和原告根据诉讼外的案件事实所享有的权利。〔6〕

我重申:原告通过起诉而有权要求作出判决。这种特殊的诉讼法上的、程序上的权利,根据民事诉讼的结构也同样归属于被告。具体在哪个时刻会使被告获得这一权利,在此不再进行讨论。彪罗认为,要求判决的权利只是诉讼审理的效果,"根据审理结果,要么是原告,要么是被告有要求作出对其有利判决的权利。"据此,原告只有在案件对其有利的时候,才有判决请求权。反之,则被告有判决请求权。这种看法也是不正确的。当事人双方要求作出判决,并不需要考虑案件对其有利或是不利。否则,在当事人申请作出判决时,也即行使这项权利时,法院就会驳回申请,理由是当事人无权要求作出判决,因

---

* 【译者注】结合上下文,作者此处所称新权利是指新的判决请求权,而不是新的实体权利。

** 【译者注】结合上下文,作者此处是对彪罗主张的反驳,而并不认为通过起诉才产生判决请求权。瓦赫也同样认同判决请求权是诉讼前就存在的依据诉讼外的案件事实产生的权利。

〔6〕 彪罗采取了以表象为根据的"经验主义"思考方式。如果将其推到极致甚至会认为,实体权利也需要根据诉讼案件事实而产生。因为不能被证明的就是不能被认可的权利,从效果上看也就不存在权利。因此,原告只有以诉讼结果为标准才享有权利。如果是这样的话,那么在诉讼开始之前就根本不存在什么权利,除非是另一方自愿履行其义务。

为案件看起来对他不利。而即便是认为双方当事人的申请总是相互对立的,也依旧无法克服这一缺陷。因为这个理由无法适用于缺席的案件。如果被告缺席,那么原告有权要求作出缺席判决,而不考虑案件对其有利还是不利,因为这时并不存在被告的申请。只有在舍弃和认诺的时候,要求判决的权利才限于意思表示所针对的对方当事人。这是显而易见的,根据由其自己创设的判决基础和确定性,法院的判决并不会为舍弃人和认诺人带来任何利益。也因此,不能认为原告或者被告根据诉讼的结果而有权要求对其有利的判决。相反,双方当事人都享有要求作出判决这一程序上和诉讼上的权利。要求有利判决的请求权显然只能根据诉讼法和诉讼案件事实加以确定。

第四节 11

所谓的诉讼要件问题,也即法院对当事人之间的案件进行实体审理和实体判决的合法性,并不会对法律保护请求权问题产生影响。当然,二者之间也存在联系。显然,国家只有在原告要求进行法律保护,并且依法向相关的机构作出合法的意思表示时,才会给予法律保护,并且也会依法给予被告法律保护。违法要求法律保护的人得不到法律保护,因为他的要求不合法:要么是向错误的法院提出要求,要么是以错误的形式,要么是错误的时间或者其他的情况。因此,与诉讼要件有关的诉讼规则并不是法律保护请求权的产生规则,而只是对其主张方式的规定。如果向没有管辖权的法院提起诉讼,那么并不能在这里获得法律保护,因为这个法院(如协议管辖)并不能对相关案件作出裁判。

12 尽管如此,法律保护请求权却依旧存在。在不具备诉讼能力和法定代理权的情况下也是如此。但另一个方面也显而易见,如果通过法定或者协议(仲裁协议)的方式彻底排除了法院主管(Rechtsweg)*或者不存在当事人能力以及欠缺有效的诉的可能性(rechtswirksame Klagemöglichkeit),法律保护请求权也将被否定。如果被告提出所谓的可放弃的诉讼妨碍抗辩权(verzichtbare prozeßhindernde Einrede),即可以由其处分的避免进入实体审理和实体判决的防御,其也并未触及法律保护请求权,而只是法律保护请求权的实现方式(Art der Verfolgung)。对法律保护请求权作出判定的总是实体裁判。诉讼判决回答的是实体裁判的合法性问题,即便是涉及因为欠缺绝对的诉讼要件而排除了法律保护的可能性时,诉讼判决也依旧针是对实体裁判的合法性问题,而并非法律保护请求权本身。因此,对于法律保护利益的否定,特别是确认利益,总是实体判决的对象。对此,我会在后文详细论述。法律保护请求权是诉讼的对象(Gegenstand des Prozesses)。** 为了避免对法律保护请求权作出裁判,被告可以主张妨讼抗辩权(prozeßhindernde Einrede)。

因此,从诉讼的本质出发,判决请求权是完全独立于有利

---

* 【译者注】Rechtsweg 直译为"法律途径",这也是德国民事诉讼法教科书中译本的一般译法。Rechtsweg 有广义和狭义之分,广义的法律途径指进入法院,狭义的法律途径指进入某一法院分支的途径,例如,德国除了普通法院(ordentliche Gerichtsbarkeit)(民事和刑事审判)之外,还有劳动法院(Arbeitsgerichtsbarkeit)、行政法院(Verwaltungsgerichtsbarkeit)、财税法院(Finanzgerichtsbarkeit)、社会法院(Sozialgerichtsbarkeit)以及宪法法院(Verfassungsgerichtsbarkeit)。为了便于理解,本文将 Rechtsweg 意译为"法院主管"。

** 【译者注】Gegenstand des Prozesses 与诉讼标的的德文表述相同。瓦赫和赫尔维格理解的诉讼标的概念是法律保护请求权,而不是民事实体权利。

的实体判决请求权的权利。只有存在要求判决的权利,才谈得上要求有利的实体判决的权利。如果这是成立的,那么或许也可以说,起诉权限(Klagebefugnis)是法律保护可能性的必要前提条件。这就来到了彪罗的核心论点,即法律上诉的可能性和法律保护请求权的关系。

第五节

我自始至终反对抽象公法诉权说,我认为这应该是法律上诉的可能性问题。[7] 可以有效起诉的可能性并不是实体权利和法律保护请求权。它是诉讼能力(拉丁文:*res merae facultatis*),而不是主观权利。

能够有效做出行为的可能性,即能够对第三人发生效力, 13
也即有强制其作为的效力,并不符合权利的本质。因为特定和具体的权利是在行为自由的基础上发展出来的。由于有诉讼能力的人就可以有效地提起诉讼,因此,诉讼能力也就同时被误认为一般性的诉权(generale Klagerechte)。同样,如果没有独占权(Exklusivrecht),就不能从中产生所有权(Eigenrecht)。因此,法律上的占有可能性(Okkupationsmöglichkeit)并不是权利,他人抢先占有(ein hindernder Vorgriff des anderen)并不构成违法。这里并没有决定性的个人意志,并没有被法律保护的自我利益。只有当这样的可能性基于授权或者被法律认可的

---

〔7〕 Vgl. meine Abhandlung in Grünhuts Zeitschrift Bd. 6 S. 515 ff. und mein Handbuch S. 22.

准备行为(rechtswirksame anerkannte Vorbereitungsakte)等原因而被允许限制第三人,情况才有所不同。这时候,我们才有主观的占有权(subjektives Okkupationsrecht)。既有文献已经对此进行过深入和反复的讨论,因此不需要进一步的论述。如果人们还想要把法律上诉的可能性叫作诉权的话,那么,这里的诉权就并不是诉讼的标的,而是诉讼标的存在的前提。

彪罗的观点其实是对抽象诉权论的旧事重提。他把抽象诉权理解为诉前要求判决的权利。因为他否认存在诉前存在的要求判决的权利,据此,自然得出诉前也并不存在要求有利判决的权利,不存在判决请求权意义上的法律保护请求权。这对于更为精确地理解彪罗的思考路径而言是不可或缺的。

"原告在诉前就存在要求作出判决的权利吗?"这是彪罗提出的最关键的前置性问题。彪罗认为,这个问题的回答有赖于以下问题的解答,即诉前是否存在法官的判决义务。因为司法机关在诉前还并不负有判决的义务,因此,"显而易见"的是,这时原告还没有要求法院履行这种义务的权利,即没有判决请求权。

14 毋庸置疑的是,法院在诉讼开始之前并不能作出判决。这种先行的判决是能够被想到的最严重的违法行为。因此,诉前就要求作出判决的权利是要求法院作出法律"最严格禁止的行为"的权利。"令人讶异的是,这个显而易见的问题到今天为止却被彻底忽略了,甚至我自己也在相当长的时间里并未注意到这项对判决请求权学说而言最致命的反驳根据。"*

我们显然也(被认为)存在同样的逻辑错误。再明显不过

* 【译者注】这段话出自本书附录1所列彪罗论文。

的是,在诉讼之前就要求作出相关判决的权利及其相应的义务是不可能存在的。不可思议的是,彪罗现在才想到这一点,对此他自己也予以了承认。但这与我们讨论的问题有什么关系呢?没有任何人主张,人们有权在诉前要求作出判决,或者在这个时候就使法官负有这样的义务。我们只是说,法律是否在特定前提条件下赋予人们以权限,通过意思表示(起诉)可以强制法院作出判决;在这个意义上说,诉前就存在要求作出判决的权利或者相应的义务。但是彪罗却认为,因为法官必须根据审理的结果作出判决,因此,其并不能在此之前履行判决的义务。这种义务只有在具有履行可能性的时候才出现。法院的其他义务也是如此。这样看来,管辖权的移送(Amtsübertragung)*就不再是义务的转移了(Pflichtenübertragung)。对于法官来说,只有在履行义务的时候才存在转移的问题,而在此之前根本谈不上转移问题。因此,在这种"法学空想"(juristische Kunstfertigkeit)看来,法律保护请求权的观点显然是站不住脚的。彪罗说他之前忽略了这项对判决请求权学说而言最致命的反驳根据,这也就不让人感到奇怪了。但彪罗自己也认为这还不足以"彻底"驳倒判决请求权学说。

彪罗继续抛出了另一个问题,即人们为什么会接受诉前就存在着的判决请求权或称判决作出请求权?[8]

彪罗认为这很容易找到原因。人们把"权利产生的可能性 15
当成了已经产生的权利。只有经过起诉才会出现的要求作出

* 【译者注】Amtsübertragung 直译为"职务转移",根据上下文意译为"管辖权移送"。

〔8〕 "要求作出判决"(Recht auf Urteilsfällung)这种表达方式本身就是错误的。因为它把判决作出的时间提前了,并且由此引发了错觉,似乎只要谈到诉前的判决请求权,就是要求在诉讼之前作出判决。

判决的权利被回溯到了起诉之前。”没有，人们并没有这样主张。至少上面提到的法律保护请求权的支持者并没有这样做。因为我们并没有把起诉的可能性作为权利（抽象公法诉权），而是作为法律保护请求权在逻辑上不可或缺的前提条件。我们也是彪罗的支持者，我们也认为不应该将这样的可能性当作权利本身。

彪罗认为，“抽象的和附条件的权利产生的可能性，并不意味着现在就已经存在权利，其还有赖于其他条件的满足。”我们也认同这句话。正如彪罗所言，这“简直是”“法学空想式”（aller spezifisch juristischen Kunstfertigkeit）的命题。附条件的权利就不是无条件的权利。条件满足了才产生权利。在条件被满足之前其并不存在。至少要在抽象的和附条件的权利产生可能性存在的时候，权利才可能产生。为了继续讨论这个问题，彪罗举出了下述例证：法定继承人的法定期待利益（die gesetzliche Anwartschaft des Intestaterben）还并不是继承权。这是毫无疑问的。约定在特定条件下负有给付义务的合同，在出现特定条件之前也并不存在债权。但是，人们至今都并不怀疑，附条件的权利也是权利，其可以在破产程序或者确认之诉中被主张。彪罗进一步认为：当人们为了获得债权而签订合同的时候，还并不能以此产生债权。那么，彪罗又将如何看待附条件债权呢？这两者之间的相互关系如何处理呢？

16 当彪罗认为有效起诉的可能性并不是要求判决的权利本身的时候，他其实还是在抽象的权利产生可能性里打转。但是，当他举出与具体的案件事实（债权合同）相联系的附条件债权，并将它与法律保护请求权等同视之的时候，则是完全混淆了两者之间的不同属性。之后，他又一再出现这种问题：他认为，诉的可能性就像是在特定条件下签订的合同一样。还好，他自己也意识到了它们之间的差别：“能够获得权利的可能性还并不能像附条件债权合同那样可以对今后债务的产生提供稳定的预期，甚至这种预期是可以被转让也可以被继承的财产组成部分。”在附条件的法律行为中，这种可能性无论是在客体上抑或是主体上是“具体确定的”。据此，获得权利的可能性也有别于刑事诉权，也不同于已经被主张的民事诉权。尽管其表达并不准确，但彪罗在本质上还是力求区分抽象的诉的可能性和特定的、有构成要件的、在客体上和主体上确定的权利产生可能性。此外，彪罗据此赞同诉前的刑事诉权。他毫无保留地接受了宾丁（Binding）的观点，并把刑事诉权理解为彻底独立于刑法的、塑造诉讼法律关系的公权利。这种权利需要通过判决被实现。正是在这个问题上，彪罗陷入了无法克服的矛盾。

我先不谈刑事诉权所谓的可靠性问题，而只是和彪罗进行商榷。虽然我们没有要求特定判决内容的权利，但是我们有诉前的判决请求权。刑事诉讼的法官在刑事起诉之前也无权作出判决。否则他也将违背“没有起诉就没有判决”的警句，会作出“最严重违背法律的行为”。

因此，彪罗同样可以说以上内容被他“不可思议地彻底忽 17
略了”。这个论据能够彻底推翻刑事诉讼中的判决请求权理论。即便在刑事诉讼中，也只有在进行审理之后才能作出判决。根据彪罗论文第三节所述理由，判决请求权也只有通过诉讼审理才能够产生。然而，我们可以看到彪罗在刑事诉讼中放弃了这种逻辑，他在刑事诉讼中承认存在诉前的判决请求权。为什么会这样呢？因为“在特定条件下”检察官“有义务依职权”提起诉讼，因为“要求作出诉讼行为的权利在客观和主观方面并不缺少确定性”，因为存在具体和确定的犯罪行为，“更确切地说，这种权利和义务总是与特定案情基础上的行为嫌疑相联系并且被限定在具体的案件范围内。无论是国家机关还是与之相对的个人总是具体和特定的。”

首先，人们可以很容易地提出，为什么检察院的控诉义务是至关重要的因素呢？要知道这里并不涉及起诉义务，而是涉及诉权问题。这不会违背便宜原则（Opportunitätsprinzip）吗？* 在自诉案件（Privatklagefällen）中就没有刑事诉权了么？如果在客观和主观方面以及事实构成方面的具体确定性是至关重要的，那么自诉案件中也同样都存在这些要件。当然，在自诉案件中可能存在草率的和错误的起诉。但是草率的，特别是错误的起诉在检察院那里也同样是可能的。检察院同样可能误以为已经具备了充分的嫌疑，认为事件经过具有法律上的显著性（Rechtserheblichkeit），**检察院或者自诉原告进而提起了诉讼。对此，应当由法院来判断是否必须启动程序。如果法院予以驳回而不作出判决（Ablehnung ohne Urteil），那么检察院在诉前就存在的判决请求权又在哪里？就具体确定性而言，刑事案件与民事案件并没有什么区别。

18 因为在民事诉讼中也涉及特定人基于特定的法律关系而向特定人〔9〕提起的诉讼，且这里也存在起诉的义务，如监护

---

* 【译者注】便宜原则规定在《德国刑事诉讼法》第 153 条。

** 【译者注】Rechtserheblichkeit 也被译为“法律上的重要性”，是民事诉讼法上的重要概念。不具有显著性的事实并不构成证明的对象。所谓具有法律显著性的事实，是与构成要件要素存在相关性和对应性的事实。

〔9〕 检察机关的具体确定性源于法院组织（Gerichtsorganisation）和管辖规则（Kompetenzordnung）。

人、国家或者地方机关,所以民事诉讼与刑事诉讼的区别只在于,民事诉讼中有效提起诉讼并引发实体判决的,或者说是能够成立诉讼的前提条件只是程序和诉讼性质的,而在刑事诉讼中则是实体性的,即要求有充分的嫌疑。而一旦诉讼被提起,对其满足与否的判断是法官的事情。无论如何,彪罗为了反对诉前的判决请求权而进行的概念推演(begriffliche Deduktion)已经被彻底驳倒了。彪罗自己都承认,基于真实的和具体的案件事实可以产生诉前的判决请求权,甚至包含着诉讼内容的诉前权利也是可以考虑的。我要由此讨论彪罗的第二个主要问题:当事人是否享有诉前的权利?由于彪罗在第一个问题上的其他论述都表明他将判决请求权理解成了抽象诉权,就此而言,即便这些论述是正确的,其也只是适用于抽象诉权论。

第六节

法律保护请求权是公权利。因为它的内容针对诉讼行为(prozessualische Handlungen)和司法行为(Rechtspflegeakte),人们可以赋予其诉讼的属性。法律保护请求权是在诉讼外的案件事实基础上建立起来的,因此,法律保护请求权理论的前提是,诉前存在的以诉讼为内容的权利是可能的。[10] 相反,彪罗绝对否定民事诉讼当事人的诉前权利。彪罗认为,诉前存在的诉讼权利存在严重的内在矛盾(拉丁文:*contradictio in*

〔10〕 与彪罗理解的不同,这并不意味着这种权利必须在诉讼之前产生,它也可能在诉讼中形成。详见本文第 32 页以下。

adiecto）。彪罗的论证方法对我们来说已经再熟悉不过了。

19 诉讼法只规定诉讼行为。诉讼行为以外都不属于诉讼法的范畴。彪罗由此得出，“没有人能够在诉讼活动开始之前就享有诉讼权利。换句话说，没有比诉讼前就存在的诉讼权利更加自相矛盾的法律构造了。”就这样，彪罗再次成功地把他的对手丢入了的逻辑乱麻中。当然彪罗自己肯定不会这么觉得。他开始讨论几个特殊的问题，以观察诉讼外和诉讼之前的案件事实是否能够发挥诉讼法上的效果，它们包括协议管辖、仲裁协议和独立的证据调查程序，据此来判断诉前的当事人权利是否存在。彪罗在论证中并没有预先考虑法院组织法中存在的问题，因为他将其归入了国家法的范畴。〔11〕

因为诉讼法只规制诉讼行为，因此，凡是在诉讼之外的行为就都不具有诉讼法的特质。这一主张是无法一以贯之的。当然，彪罗的表述要更加谨慎一些。他将这种主张表述为：为了实现诉讼目的而进行的活动。因此，在诉讼之前的行为无疑也有可能被归入诉讼法所规制的范畴。彪罗认为他列举的例证都完全不存在与法院之间的关系，而这正是诉前当事人权利的必要条件。首先必须明确的是，诉讼上的显著事实并非只有行为。就像施泰因在他关于法律保护条件的专著中所指出的那样，一般审判籍和诉讼能力就会在诉讼之前产生诉讼法上的效果。彪罗却认为，其效果并非诉讼法上的请求权（prozeßrechtliche Ansprüche），这种观点显然是极为荒谬的。彪罗肯定没有能够正确理解施泰因的意思。尽管如此，施泰因的论述已经证明彪罗所谓的“内在矛盾”一说是完全站不住脚

〔11〕 法院组织法规定国家司法机关的构成和机构的特征。

的，诉前事实产生的诉讼法效果就是最好的证明。

因为在诉讼开始之前就存在其他方面的诉讼法律效果，由 20
此也能理解，在诉前也存在诉讼主体的权利和义务。要求法院提供法律保护的请求权在其被主张，也即在诉讼开始之前就已经存在了。法律保护请求权通过其行使而产生作用，就像法律上诉的可能性因为起诉而发生效果一样。正如前面已经论证过的，彪罗自己也承认诉前的刑事诉权，虽然那里也不存在检察院的控诉权限与法院之间的法律关系。那么为什么要对民事诉讼区别对待呢？

事实上，存在大量的民事诉讼法上的显著事实，它们就发生在诉讼开始之前。诉讼要件必须在诉讼开始之前就存在，虽然我们将其理解为诉讼事项（拉丁文：*iudicium*），而与实体事项（拉丁文：*ius*）相对，但这却需要在诉讼中进行判断。虽然诉讼要件要在诉讼当中被审查，但并不意味着其在诉讼中才产生。至于诉讼要件是基于行为还是其他事实而产生，抑或到底是产生积极还是消极的诉讼效果，其实并没有什么不同。毫无疑问的是，“在诉讼之前的管辖规定”可以通过协议管辖被改变。其存在充分的主观和客观确定性，且会产生当事人的诉讼权利。对此，彪罗并不认同。然而，管辖协议正是扩大了管辖的范围，并同样扩大了法官对协议管辖案件的义务。排除性的协议管辖（exklusive Prorogation）也同样产生了当事人权利，即对被排除的法院产生的无管辖抗辩权（Einrede der Unzuständigkeit）。这种服从法院管辖（Gerichtsunterworfenheit）的约定意味着在潜在的诉讼中形成了主体和客体都具有确定性的诉讼法律关系。相反，仲裁协议则排除了诉的可能性。仲裁协议无疑会产生防御的理由（Verteidigungsgrund），被告可以对可能出现的违反协议规定的起诉行使诉讼抗辩权。这种抗辩权是可以被放弃的。也许会有人认为,法院组织法和法定管辖规则并没有产生"诉讼"义务,因为这些都是一般性的而没有具体指向特定的主体。

21 这与一般的诉的可能性并没有什么不同,但是具体的管辖协议和仲裁协议中都是具体化的和特别的诉讼法律关系。这种妥协方案也是站不住脚的,因为这些特别的事物管辖(sachliche Gerichtsstände)是以民法的案件事实为根据的(如《帝国民事诉讼法》第 29 条和第 32 条),这些情形也并不缺乏具体的法律关系。类似的情况还有诉讼系属(Rechtshängigkeit)和诉讼费用赔偿义务(《帝国民事诉讼法》第 274 条第 4 项和第 6 项[Kostenersatzpflicht])。诉前存在的另外一个诉讼的诉讼系属或者因为另案的判决而产生了诉讼费用赔偿义务,其都会在诉讼之前就建立起相应的抗辩权。所有这些都能够证明诉前的法律保护请求权是无法被否定的。

第七节

彪罗只是讨论了普通审判程序(ordentlicher Urteilsanspruch)。当然,这只是法律保护请求权的一种类型。强制执行也是诉讼,是实践中最重要的阶段,审判程序实质上就是在为强制执行做准备。在不考虑个别确认诉讼的前提下,确定判决中对"权利的确认"(Rechtsvergewisserung)如果没有后续的强制执行程序做保障,其实际的作用就会大打折扣。如果当事人无法实现权利,那么他们就不会关心权利的确认,不关心"谁有权"

的问题。当事人才不关心书本上的知识，不关心私法的内部自洽和“国家对于完整的和有生命力的私法秩序进行持续性的维护”。当事人想要他的权利，想要看到他的权利被保护和被实现。因此，绝不能把强制执行的法律适用作为辅助的保护手段，进而在不考虑强制执行的条件下就对诉讼的本质进行法学上的确定。所有的假扣押、假处分、破产程序和强制执行程序也因为上面的误解而被忽视。其作为法律保护手段的本质是不容置疑的。

彪罗可曾想过，当事人为什么要运用这些程序？如果他想 22
过这个问题，那么他也就绝对不会反对法律保护请求权理论了：法律保护请求权与诉讼开始前的事实相联系，是法律所保证的要求国家保护措施（staatliche Schutzmaßregel）的请求权。

事实上，彪罗也并没有否认法律保护请求权。在其论文的第 201 页脚注 13，他羞答答地承认了法律保护请求权，而不再继续对其进行反驳。彪罗在那里说道：“根据法院的裁判或者其他执行名义要求执行法院使用法律规定的强制执行措施的权限，我却并不反对将它们理解为权利或者法律请求。”因为这里“存在必要的和具体确定的法律关系”。由此，我们可以看到彪罗也完全（拉丁文：*in optima forma*）认可了作为法律保护请求权组成部分的强制执行请求权。但是，人们又继续读到了以下内容，“只是应当注意的是，执行权本身只有在当事人依法提出申请之后才产生，申请并不是对既存权利的行使。”

也就是说，人们因为执行名义而获得执行请求权。但是，人们在行使这项权利之前却又并不享有这种权利。人们是通过对权利的行使才获得了权利。这是彻头彻尾的自相矛盾。这在任何人看来都会得出同样的结论：要么是人们在主张之前就已经获得了权利,因此,人们并不是要通过主张才能获得这种权利;要么是人们通过申请才获得权利,因此,在申请之前人们并没有这种权利。然而,认为人们行使权利的时候才产生权利,或者通过行使来获得权利。用我们迄今为止的思维方式是无法理解这种观点的。[12]

先于诉讼的,即并不是因为诉讼事实才出现的强制执行请求权,显然是公法上的权利,据此可以要求通过强制的方法实现实体请求权。

23 我们只要想想可执行证书(exekutorische Urkunde)。根据《帝国民事诉讼法》第794条第5项(参照第799条和第800条),可执行证书因为执行协议(拉丁文:*pactum executivum*)而具有了执行力(拉丁文:*ius executivum*)。作为一种法律工具(Ein Vehikel der Rechtsenergie),其在实践中最初只是摸索性的和谨小慎微的。现在则非常广泛地被适用,特别是也适用于登记簿上记载的交易(grundbücherlicherVerkehr)。据此,在诉讼开始之前或者在诉讼之外,无须借助于诉讼事实,而是通过当事人的协议,以在法院加以公示的方式或者通过公证的方式便可以获得《帝国民事诉讼法》第794条第5项的可执行证书。根据第800条在土地簿上进行登记的方式也同样适用。对于上述情形,如果没有及时履行,也即在有清偿必要(Befriedigungsbedürftigkeit)的时候,就有权要求强制执行。凭借证书,债权人享有具有可执行性(拉丁文:liquid)的强制执行

---

〔12〕 取得实效(Ersitzung)和先占(Aneignung)同样无法支持彪罗的观点。

请求权,〔13〕* 因为这与对尚未获得清偿这一事实的证明并无关联。强制执行请求权并不是私权利,这是毋庸置疑的。同样可以肯定的是,强制执行请求权是当事人可以通过意思表示创设的,可以转让的和可以被放弃的,并在一定条件下具有物权效力(mit dinglicher Wirkung)的权利。强制执行请求权的目的是保护权利,具体表现为权利的实现。破产程序的特殊执行(Spezialexekution)规定在《德国破产法》(Konkursordnung)第146条第6款。根据彪罗自己的论述,"必要的个别确定性"在强制执行请求权中是存在的,尽管其并没有说,根据《帝国民事诉讼法》第794条第5项具体应当由哪个国家机关来推动强制执行。法律保护请求权针对的是国家,是国家负有的对正当的个人利益(berechtigte Privatinteressen)加以保护的义务,而通过管辖规定所确定的机关负责去履行国家负有的义务。〔14〕 由此可知,判决请求权的必要的个别确定性也并不是与特定法院之间的具体关系,因为管辖规定只是规定了具体的义务机关以供权利人使用。这也使上述管辖协议和仲裁协议中的当事人

〔13〕 对于没有记载于证书中的可能的重要事项(积极和消极的当事人适格,Aktiv- und Passivlegitimation)而言,《帝国民事诉讼法》第726条以下和第730条规定的其他证书的可执行性(Liquidität)以及明确性(Offenkundigkeit)是强制执行请求权的形式要件(Formalvoraussetzung)。

* 【译者注】现行《德国民事诉讼法》第726条规定:"(1)依判决的内容,判决的执行,除债权人应提供担保外,仍需由债权人证明另一事实的满足的,必须有公文书或公证证书的证明,始得发给有执行力的正本。(2)判决的执行须持债权人对债务人为对待给付后始能实施的,只限于债务人应为的给付是作出意思表示时,才有必要对债务人已受履行或受领迟延作出证明。"参见《德国民事诉讼法》,丁启明译,厦门大学出版社2016年版,第177页。

〔14〕 人们不会感到奇怪的是,管辖规定本身就是一种法律保护义务,但并不仅仅是相应机关才能履行法律保护义务。我们也同样可以在刑事诉讼中观察到这种现象。

权利重新获得了支撑。[15] *

24 除了《帝国民事诉讼法》第 794 条第 5 项,还有大量的执行名义可以被归入诉讼外产生的法律保护请求权,其并非基于诉讼程序以及破产程序中法官的裁判或者执行命令抑或是当事人的行为。人们百分之百可以断定:它们正是诉讼外或者诉讼之前存在的法律保护请求权。

第八节

目前为止,对判决请求权的辩护已经绰绰有余,不需要对彪罗的其他质疑再进行反驳了。

彪罗认为不存在诉前的当事人诉讼权利,并认为其也根本不可能存在,这种观点是完全站不住脚的。彪罗自己也承认,至少刑事诉讼中早在诉讼之前就已经存在诉权,但是其不能够被移植到民事诉讼中来,因为民事诉讼中欠缺诉讼主体之间法律关系的确定性。然而,彪罗却承认强制执行请求权存在法律关系的确定性。因此,彪罗的质疑是无效的。根据彪罗自己的学说也是能够论证出法律保护请求权的,且法律保护请求权正

---

〔15〕 证书有双重功能:一方面它是执行名义(拉丁文:*causa executiva*,德文:Vollstreckungstitel),另一方面它是证据方法(Beweismittel)。它的证据属性主要表现在可执行性(Liquidität),这需要由法院的执行员(Gerichtsvorzieher)适用执行程序加以判断。根据《帝国民事诉讼法》第 726 条的规定,只有公证文书或者公示(Offenkundigkeit)才可以补充证书中的未尽事项。在公证文书或者公示有所不足的时候,可以开启《德国民事诉讼法》第 730 条规定的特别程序(das eigentümliche Verfahren)。

* 【译者注】现行《德国民事诉讼法》第 730 条规定:"在第七百二十六条第一款与第七百二十七条到第七百二十九条的情形,可以在发出有执行力的正本之前,询问债务人。"参见《德国民事诉讼法》,丁启明译,厦门大学出版社 2016 年版,第 177 页。

是依据诉讼外的事实，在诉讼开始之前便已经存在。彪罗的质疑或许只有对原告的有利判决请求权还说得过去。同样得到证明的是，原告因为诉讼事实而产生的有利判决请求权是无法被接受的。通过提起诉讼只是使原告获得了判决请求权。而我们最后想说的是，被告最迟在答辩时也会获得同样的权利。

抽象的和一般的诉的可能性是实现法律保护请求权的前 25
提条件，这是不言自明的。在法律保护请求权中，抽象的和一般的诉的可能性成长为真正的权利。当事人通过起诉不仅要求判决，而且要求通过判决进行法律保护，要求针对特定人作出对自己有利的有权威性的认定（autoritative Feststellung），因此，这种权利的主体和客体都是具体确定的。[16]

作为法律保护请求权的一种类型，判决请求权包含着合理的假定（berechtiges Postulat），即诉讼能够实现其目标，也即对私权利的验证（Privatrechtsbewährung）。这种假定在逻辑上是毋庸置疑的。正是因为禁止私力救济，民事诉讼才必须以服务于私权益为己任。因此，利害关系人的意愿（Wille des Interessenten）就能够决定诉讼是否产生（没有诉讼就没有法官；不告不理［拉丁文：*nemo iudex sine actore*；*ne procedat iudex ex officio*］），其意愿应当在诉讼中得到实现。因此，国家建立起裁判权（Urteilsmacht），以服务于私权益。借助国家的裁判权，具体的私权利就不仅是纸面上的（拉丁文：in thesi），而且是切实有效的。诉讼总是被比作战斗，比作决斗，比作为了权利而斗争。彪

---

〔16〕 彪罗（Bülow，S. 204 f.）认为，有法律保护义务的国家和对方当事人都是不确定的，这种论断显然是错误的。参见本文第 13 页以下。

罗自己也认为,诉讼就像战争或者一场比赛,根本无法预见到胜利还是失败,到底是获益还是受损。但是,诉讼和它们的区别在于:诉讼并不是侵略战争(Eroberungskrieg),并不像依靠蛮力(Rechtsmacht)的战斗,也不像比赛的选手那样因为偶然事件才取胜。相反,诉讼在原则上是人们对其正当权利的主张及其实现,这正是设定诉讼的基本考虑。因此,这里的胜利并不是获利(Gewinnen),并不是获取(Erlangen)意义上的获利,而是验证(Bewähren)的意思。我们因此才会说:根据事实作出判决(拉丁文:res iudicata pro veritate habetur)。

26 由于我们知道,客观和绝对的真实对于我们而言是无法实现的,因此,法院的判决并不是客观和绝对真实的,而是因为法律上的权威(gesetzliche Autorität)而产生的效力。司法承认的权利在法律观念上被作为真实而存在,而其不认可的则被作为并不存在,这与历史的真实(historische Wahrheit)没什么两样。法院通过有权威性的判决来验证私权利,而不是创设新的权利。相反,其只是确认既存权利的存在,而确认的效力就是我们说的确定力(Rechtskraft)。如果私权利被证明是存在的,那么,国家的裁判权就会对权利的内容加以确认,也会肯定其法律保护请求权,并由此在民法和诉讼之间搭起了一座桥,将私权利和法律保护请求权以及国家机关的职责紧密联系在了一起。彪罗与此相反的观点是对司法的嘲弄,他嘲笑权利,把权利作为偶然事件或者诉讼技巧以及拳击比赛一样的玩物。只要使用了必要的诉讼技巧的人,就应当获得权利。尽管他事实上没有权利,但却获得了胜诉,他于是意外地获得了权利,而因为没有足够的诉讼技巧而败诉的人便失去权利。对此,败诉的权利人只是被教训到:诉讼的目的并不是去帮助你实现权利,而是判断谁的诉讼技巧更为高超。然后再安慰性地作出立法—政策性(legislativ-politisch)的论述:“抽象的—假定性的法律规定并不意味着已经建立起法律秩序。”相反,法律秩序的建立应当是法官的任务,因此,应当欢迎法官继续完善立法没有实现的私法秩序。这种观点就是我们所说的公正吗?法官只是服从于法律,法官只是适用法律,并不应该通过判决创造法律,这项基本原理应当如何被坚守呢?

对于上述观点,我更相信并且只相信我们的法律规定和它的基本思想,而不是彪罗式的未来法律(Zukunftsrecht)。在彪罗看来,法官可以通过判决提供这种恩惠(拉丁文:*iuris supplendi gratia*)。我们只能祈求上帝,千万不要碰到一个错误百出和糊涂透顶的法官。

在我看来,这是值得进一步讨论的。这里的论题非常简单 27
和明确,即人们是否可以根据权利状况,在满足特定的法定条件时请求法官针对对方当事人作出对原告有利的裁判,这是否依赖于诉讼外的事实因素(Tatbestandsmomente),其是否会因为诉讼而被改变,还是只能在诉讼中被主张、被确认并且在此基础上作出裁判。

毋庸置疑的是,判决请求权也是法律保护请求权的组成部分。我将法律保护请求权分为普通型(ordentlich)和简易型(summarisch)。普通型以终局裁判为目标。简易型指向临时性(provisorisch)裁判,其与普通型并不相同且并不影响普通型(拉丁文:*salvo ordinario*)。尽管其最终可能获得胜诉,但这还并不是当事人所追求的最终胜利。

简易型判决请求权的立法目的着眼于程序加速的需要(Bedürfnisse der Schleunigkeit),但是,这是以与真实情况相背离的风险（die Gefahr einer Kränkung der Wahrheit）为代价的。简易型判决请求权还包含着要求“客观有限认知”（objektiv beschränkte Kognition）的诉权。在特定条件下（简易型原因［拉丁文：*causa summaria*］），国家允许按照严格的形式来主张权利，今天则以书证程序和票据程序（Urkunden-und Wechselprozess）的形式出现。在书证程序和票据程序中，法官对实体请求权作出判决。相反，在保全程序中（arrestatorisches Verfahren），程序的标的是保全请求权（arrestatorischer Anspruch），是要求进行假扣押和假处分的诉讼保全请求权。保全请求权同样是简易型的，而并没有对实体请求权进行裁判。因此，保全请求权并不是真正的判决请求权，其以扣押命令（Arrestbefehl）为目标，在语义上也属于广义的裁判。此外，如果书证程序和票据程序无法解决争议，那么，它也充当了普通程序（Ordinarium）的早期阶段（Vorstadium）。因此，简易型判决请求权有独特的前提条件。根据《帝国民事诉讼法》第592条和第602条的规定，部分程序的保护对象（实体权利）具有独特性，部分程序的独特性在于表面上的可执行性（prima facie-Liquidität），即以占有能够证明诉因的书证，特别是票据作为这种简易型诉权的前提条件。[17] 下面我将像彪罗一样，把

〔17〕 在书证程序和票据程序中，书证就像基于可执行证书引发的强制执行程序中一样。执行名义在通常意义上具有证据方法的意义。这时候，人们可能会像彪罗一样，认为只有经过书证证明后才会在诉讼中获得有利的判决请求权。恰恰相反，对证书的占有是诉讼外的事实，这也是相应的法律保护请求权的前提条件。谁有可执行证书，谁就有执行请求权，早在强制执行开始前就已经具有了。谁有票据，那么谁就有票据请求权，并因为证书而在具有满足必要（Befriedigungsbedürftigkeit）的时候根据民事诉讼法享有限于票据的简易型判决请求权。在其他的书证诉讼中也是如此。如果在书证诉讼中，证书并不具有可执行性，那么，起诉将因为不准许（unstatthaft）而被驳回（《帝国民事诉讼法》第597条第2款），这意味着，简易型诉权被否定。Vgl. auch Stein, Voraussetzungen des Rechtsschutzes S. 21.

讨论限定在普通的判决请求权。

我认为普通程序只有一种判决请求权。判决的效力（Potenz des Urteils）、请求权的可执行性、是否会产生执行名义以及是否会带来可执行的判决，这些都不构成其分类的标准。每个判决都是具有权威性的表意行为（Willensakt），是借助国家权力的有约束力的法律适用。如果判决命令改变现状（如“判决被告支付价金”“被告有义务支付价金”），那么，判决就有可能被执行，即可能作为执行名义，而不论其是否自称为所谓的确认判决。如果并没有做出那样的命令，那么，自然就不构成执行名义，如驳回诉讼请求的判决和消极确认判决。在消极确认判决中，原告有权要求法院确认并不存在请求权。有人认为，执行名义（以及据此产生的强制执行请求权）基于判决中记载的判决命令（Urteilsbefehl）而产生，这是一种不可思议的想法。〔18〕 28

因此，我一如既往地认为，以给付判决为目的还是纯粹以确认为标准对诉进行分类，并据此将被主张的法律保护请求权区分为给付请求权和确认请求权的做法是错误的。〔19〕同样错误的是，将形成之诉的法律保护请求权作为特别的类型。只要其同样是以法律保护为目的，那么，其同样应当遵循法律保护请求权的规则。然而，这种类型的诉和判决十分有趣，其实质性地变动了民事权利，且判决带来了民法上的效果。判决请求权的要件是保护对象（Schutzobjekt）和保护理由（Schutzgrund）。 29

〔18〕 其并没有考虑到特殊的强制执行名义，如根据《帝国民事诉讼法》第 731 条授予的强制执行文（Vollstreckungsklausel），或者《帝国民事诉讼法》第 722 条和第 1042 条规定的强制执行的合法性问题。

〔19〕 修正案并未对此进行修正。

保护对象通常是原告的权利或者法律关系，特别是（拉丁文：in specie）真实存在的实体请求权或者是不可请求的抑或是被视为不可主张的非强迫性权利（nicht erzwingbares Recht），或者是债上的、物上的或者是人身上的法律关系。只要其适合通过法律途径（Rechtsweg）加以解决，那么就有民事法律保护的资格（Zivilrechtsschutz qualifizierbar）。但是，法律保护对象并不仅限于可诉的权利或者法律关系，即便是经济状况（wirtschaftliche Lage）和一般法律地位也被作为有保护必要的民法上的利益，在消极确认之诉中就是如此，在《德国反不正当竞争法》第 1 条和第 6 条（Gesetz zur Bekämpfung des unlauteren Wettbewerbes vom 27. Mai 1896）中，其也被作为保护对象。[20] 由此可知，虽然判决请求权总是通过在判决中验证私法秩序中原告和被告的具体关系而得以实现，但是，这严格意义上只适用于民事实体权利，而并不总能得到诉权的遵循，无论是驳回判决（Rechtsabwehr）还是支持判决（Rechtsbewähr）都是诉权作用的结果。

30 保护理由是正当的法律保护利益（das berechtigte Rechtsschutzinteresse），其是法律认可的，通过立刻作出的判决而被满足的法律保护必要（Rechtsschutzbedürfnis）。如果存在不附条件（unbedingt）、未过期的（unbetagt）、已届清偿期（fällig）的请求权，那么，就存在诉权的满足必要（Befriedigungsbedürftigkeit），这在权利受到威胁（Rechtsgefährdung）或者出现不安定性（Rechtsunsicherheit）抑或存在执行的不安定性（Vollstreckungsunsicherheit）时亦同（《帝

[20] 诉权也扩展适用于《帝国民事诉讼法》第 256 条中对证书真伪的确认。

国民事诉讼法》第259条)。只有其要求的判决是恰当的手段,也即并不是漫无目的的,这时候判决请求权才会产生。漫无目的的判决要求表现为,当事人已经获得了充分的判决保护,或者法律希望其寻求其他法律保护途径(如诉讼费用请求权)抑或是当事人作出过这样的约定(仲裁协议)。我在我的《德国民事诉讼法手册》一书中就已经提出了法律保护请求权。正如我所言,本文并不打算再对其做更深入的和教义学上的讨论。

判决请求权是判决的对象。判决请求权只要存在,就总是无条件且不会过期的,即便其所要保护的权利是附条件的或者已经过期了。例外情况下,判决请求权本身也会被否定,原因在于,当事人只有满足特定条件后或者在将来才能请求法律保护。这时应该拒绝对其进行法律保护。因此,法律对确认之诉中立即确认的利益作出了正确的强调(《帝国民事诉讼法》第256条)。有人认为,法律保护请求权是附条件的,只有通过起诉或者需要在法庭上(拉丁文:*in iudicio*)得到确认才能产生。这种看法也是错误的。借用彪罗自己的话,这种观点"自相矛盾"(拉丁文:*arge contradictionin adiecto*),而且荒谬至极。如果我有权请求第三人根据我的要求(auf mein Erfordern)进行给付,那么,我的权利并不是因为我的要求才产生。要求正是权利的行使,最多人们可以说,给付以要求为前提。法官是基于起诉作出判决的,但是,在诉前就存在着要求判决的权利。正因为存在这种权利,起诉只是对判决的要求而已。宾丁和彪罗在刑事诉权中也是这样认为的。同样,判决请求权并不会因为审理才产生,其并不产生于诉讼进程中。我已经在本文第3页以下进行过论证,权利的存在并不能够以对其存在的证明为前提。

31 如果存在要求有利判决的权利,即作为法律保护请求权的判决请求权,那么,这种权利的产生就不可能依赖于诉讼法对其存在的确认。否则,人们就会陷入无法自拔的两难之中。彪罗已经完全正确地指出,对诉权的确认是对其无条件存在的证实,是人们达成确信的主观过程。换句话说,这个过程是为了证实,而不是为了权利的产生。彪罗混淆了这个简单的事实,从而使其根本就不可能正确理解法律保护请求权。在绝大多数的细节中,以及在新的论述当中,彪罗都一再重复这个错误,他总是混淆客观的存在和主观的认知。彪罗用了最多的篇幅来论证,不可能在起诉之前就认识到判决的基础(参见彪罗论文第 247 ~265 页)。难道只有把这种不可能变为可能,只有证明了判决的基础,才能够使权利产生么?诉权是否可以被认知难道会影响诉权的存在?如果诉讼要件存在与否不能被确定,如果存在驳回诉讼(拉丁文:*absolutio ab instantia*)的可能,诉权就不存在了吗?只有请求权被正确地主张时,其才能够被满足,就像人们只有在正确发出解约通知和有效地行使其权利时,才能够在解约之后提出相应的请求。对此早已经是不言自明了,而且我已经厌倦了一再重复。当彪罗长篇累牍地说出根本就不需要证明的话,即诉讼进程对于通过起诉所主张的权利及其胜诉具有决定性意义,这只能说明诉讼进程与权利确认之间的因果关系,是主观认知层面,而不是客观存在的问题。已经被证明的和被自认的事实,根据法律的拟制作为已经被确认的事实,并且被拟制为与事实情况相符合。判决也被理解为只是对既有权利的确认,而并非借此创造新的权利。因此,没有任何权利是以诉讼进程为前提的。诉讼审理虽然与判决有因果关系,但对于权利而言却并非如此。因为判决并没有创造权利(法律关系、法律保护请求权)。

如果不是我的对手,而是我自己把观点推进到如此程度, 32
那么我自己都会感到担忧。如果彪罗是正确的,那么,诉讼进程就会与实体权利和民法请求权产生因果关系,刑事诉讼就会与犯罪以及由此产生的刑罚请求权(Strafanspruch)产生因果关系。这是因为,是否犯罪以及刑罚是否公正,都需要在刑事诉讼的进程中作出判断,并且只能够通过刑事诉讼才能被确定。只有在刑事诉讼中才能够宣布一个人是否有罪。那种认为判决中确认的权利就是真正存在的权利,没有被确认的就是真的不存在的观点,早已经是陈词滥调了。判决的内容和真实情况存在出入,这种情况并不少见。其实,判决确认的内容对真正的权利是无关紧要的。判决与真实情况不一致并不能推导出被判决否认的判决请求权就不存在,被肯定的就一定存在。因为有利判决并非创造了判决请求权,而是满足了判决请求权。综上所述,彪罗所称的多重理解上的困难其实根本就不存在。

同样,对于起诉权限和法律保护请求权的关系,以及它们与诉讼在时间上的关系,也并不存在理解上的困难。我先来讨论诉讼权限、法律保护请求权与诉讼的时间关系。

彪罗一再提到诉前的判决请求权并且反对这种观点。彪罗认为可以借此实现对法律保护请求权的归谬(拉丁文:*ad absurdum*)。我们认为,在诉讼期间也存在产生判决请求权的可能性,彪罗认为这是自相矛盾。我早就在我关于确认之诉的专著中强调过,[21] 如果保护理由(Schutzgrund)也是诉因

[21] Wach, Die Feststellungsanspruch 1899 S. 42 f. und die daselbst Anm. 67 angeführten.

(Klagegrund)的组成部分的话,那么,在诉讼系属之后,诉的变更的不合法性(Unzulässigkeit der Klageänderung)该如何理解呢?其实,只要在作出判决时存在法律保护的必要就足够了。其他的处理方式是形式主义的(formalistisch)和不公正的。

33 只要在判决作出时存在满足的必要性(Befriedigungsbedürftigkeit)就已经足够了(债权到期、非法占有产生的所有物返还请求权[widerrechtlicher Besitz des mit der Vindikation Belangten],诸如此类)。引起法律保护的危害行为(das gefährdende Verhalten)也是如此。它们使保护行为(Schutzakt)变得必要,并且能够排除诉的驳回(Klageabweisung)。如果起诉主张到期债权,但是直到诉讼过程中(拉丁文:durante lite)才到期的,也会判决给付。不仅是确认之诉,其也同样适用于给付之诉和其他诉讼类型。与此相适应,我最开始的时候就主张要将法律保护请求权与诉讼外的案件事实(außerprozessualer Tatbestand)相联系,而不是与诉讼之前的案件事实(vorprozessualer Tatbestand),只是人们习惯于使用诉讼前这一表述方式。因此,彪罗对时间关系的见解(第205页以下和第230页以下)是站不住脚的。

此外,还需要进行讨论的是有利判决请求权是否也依赖于诉讼外的案件事实。彪罗绝对正确地指出,抽象一般诉权论(abstraktes generelles Recht)是站不住脚的。诉的可能性在刑事诉权的构造中可能发展出主观权利,只要其在主体和客体方面具备必要的具体化特征(die erforderlichen konkreten Beziehungen objektiver und subjektiver Natur)。照此逻辑,如果民事诉讼也同样满足这些条件,也就应当承认民事诉权。经过上述考察,民事诉权显然在保护对象和保护理由方面同样并不欠缺主体和客体方面必要的具体化特征。这同样也是民事诉讼的必然逻辑,否则何谈正当的起诉(berechtigte Klage)所应当具有的实质化(substanziiert)和具体化(individualisiert)呢?如果起诉不正当,这意味着,虽然保护对象或者保护理由被主张,但是其并不存在,那么,人们享有的诉的可能性同样会产生要求判决的权利。相反,如果起诉是正当的,那么,人们就有有利判决请求权意义上的诉权。由于法官必须要首先确定有保护必要的权利或者法律关系是存在的,因此,他同样有义务对此进行审查,这是法定义务,也是判决请求权所要求法官履行的法定的和具体的判决义务。包含判决请求权的法律保护请求权由此得到了证实。与此不同,与特定法院之间具体和诉讼外的相互关系并非实质性的要求。对此,我已经在本文第 11 页以下进行过论述。

综上所述,彪罗反对法律保护请求权的所有努力在方法论 34
上和基本观点上都是错误的,且充满了矛盾。在彪罗以外,也有学者对主观权利和特殊的公法上的主观权利概念进行过其他层面的讨论。我不再对此进行探讨。在我看来,他们提出的问题已经通过诉讼法学和公法学全面的讨论而得到了基本解决。[22]

---

〔22〕 最新的相关文献来自施密特(R. Schmidt, Prozeßrecht und Staatsrecht, Prorektorats-Programm, Freiburg 1903)。

所谓的法律保护请求权[*]

211 第一节

当我读到瓦赫驳斥彪罗的文章时，我的印象是死灰复燃。事实上，法律保护请求权已经死了。早在彪罗的批判之前，它就已经失去了生命力。虽然在很多方面我并不认同彪罗的观点，但是，他确实完成了致命一击，使法律保护请求权再无复活的可能。在瓦赫论文的结尾，其提到了我对法律保护请求权的反对意见。但在瓦赫看来，我提出的问题已经被解决了。这是大错而特错的。除此之外，瓦赫并没有做进一步论述。我想针对瓦赫的论述来阐明我的立场。瓦赫局限在与彪

---

* ［德］约瑟夫·科勒（Josef Kohler）：《所谓的法律保护请求权》（Der sogenannte Rechtsschutzanspruch），载《德国民事诉讼杂志》（Zeitschrift für Deutschen Zivilprozess）1904 年第 33 卷。

罗的论战,这也是我乐于做的。然而,我原则上不再对这场论战进行回应,就像这场论战没有发生过一样。尽管如此,我还是需要将瓦赫论战所存在的问题总结如下:

瓦赫犯的最大的错误也是人们在制度建构中也经常会犯的错误。瓦赫并不根据其真实的存在(wirkliches Sein),而是根据对理想目标的追求(idealer Zweck)来尝试建构一项制度。

这也是我在专利法(Patentrechte)中经常遇到的问题。发 212
明人并不致力于说明实现生活目的的手段,而是将生活的目的本身作为发明的对象,并将手段作为次要的附属产品。就像是,人们并不去描述机器和它的作用方式的特点,而是去强调其在生活交往中的优势,似乎这才是发明权的对象,并由此可以对发明进行建构。同样错误的是,将诉讼理解为权利的实现,以及相应的法律保护请求权。如果我们用更优美的德语,或许更适合将其表述为权利实现请求权(Rechtsverwirklichungsanpruch)。不,权利的实现只是诉讼的目的。提起诉讼的人,是要求诉讼方法(Mittel des Prozesses)。它只是可能走向权利的实现,也有可能不行。这就像发明有时候能够实现生活的目的,有时候却无法完成这项任务。

如果诉讼是权利的实现。那么,没有能够实现权利的诉讼就不是诉讼。这显然是错误的。人们接受的观点是:因为事实上诉讼已经发挥了作用,即便没有能够实现目的的诉讼也是诉讼。如果诉讼没有能够实现权利,那么就没有实现权利的请求权,最多只存在要求诉讼的请求权,其可能会引出权利的实现和法律的保护。以这样的方式,法律保护请求权自掘坟墓。

对此,人们只能够这样处理:在诉讼的结果并没有能够实现权利的时候,也拟制为已经实现了权利。这就像是一台机器,虽然它出现了故障,但人们还是要想象其正确地运转着。拟制已经是过时的和无用的东西:拟制是远古时期炼金术(Alchymie)中的一种。一种理论,如果还需要借助于拟制,那么就是自我循环论证。

213 也就是说,法官的判决必须能够带来权利的实现。但现实情况并非如此。因此,法官的判决也并不是对"法律保护请求权"的回应。相反,判决是诉讼活动的结果。原告所做的,并非是对法律保护请求权的主张,而是引起诉讼活动,启动诉讼程序。诉讼经常不能带来权利的实现,这虽然让我们感到不快,但是,我们却不应该对此视而不见。我们必须要预计到这个残酷的事实,即并非所有的判决都是正确的,并且应当认为:无论实现权利的方式运行得好还是坏,都不会影响其作为诉讼的本质。

以权利的实现作为诉讼矢志不渝的追求,并以此进行制度构建是错误的做法。这就像是所有权,所有权制度按照其理想的目的来构建,其本质被看作将个人从不确定性的禁锢(Schrank der Zufälligkeit)中解放出来。所有权制度正是为了促进这种理想的实现。那么,当所有权被滥用,所有权的目的没有被实现的时候,所有权就不是所有权了吗?最后,语言也是以思想的表达为目的。如果谁想创造一种语言,那么就不可能从思想的表达出发,而是从语言的方法出发。其有可能实现目的,也同样有可能无法实现。

以下情况也是如此。对候选人的考试自然也有其理想的目标:考试应当能够充分地表明候选人在科学和技术上的水平。考试遵循的目的是,谁有能力,那么谁就应当通过考试;谁没有能力,那么就该不及格。当然,一些人虽然考试不及格,但是却有能力。更遗憾的是并且也是经常发生的事情是,一些没有能力的人却考试合格。人们会说:谁有能力,就有要求考试合格的请求权么?在这里,人们还是需要借助于拟制。谁考试合格,那么就拟制为有能力,谁没有及格,就拟制为没有能力。对两种情形的拟制都是颠倒是非的,是有害的和不正确的。对此不需赘言。如果一位候选人充分掌握了法学,他也并没有要求考试通过的请求权。

人们最多可以说,一个人满足了特定的条件时就有要求被 214
准许参加考试的请求权。然而,这最多也只能够与抽象诉权相提并论,对此我会在后文(第218页以下)详述。在其他很多例子中也是如此。奖学金的颁发目的是让最值得获得奖学金的人获奖,那么,是不是最值得获奖的人就有要求颁发奖学金的请求权呢?是否完全有条件获得诺贝尔奖的人,就有要求颁奖的请求权呢?显然不是。人们最多可以说,其有获准申请诺贝尔奖的请求权,这也只是与抽象诉权存在法律上的相似性(Rechtsähnlichkeit)。

第二节

只有当人们还相信国家的判决是不会出错的,只有人们还认为诉讼是神圣的(Göttlichkeit),即无论判决事实上正确与否都是正确的判决,这才谈得上权利实现请求权。在那样的时代,人们还相信魔法和巫术,并且认为预言可以使权利产生;换句话说,还不能正确地认识到现实(Realität)和理想(Idealität)的区别。如果现实和理想已经被正确的区分了,那么,人们就自然能够想到,只有借助于现实的力量才最有可能实现理想。理想只是崇高的目标,但是,建构的方法却必须要充分考虑到可能出现的,受到人类局限性制约的现实。这也是为什么瓦赫的诉讼形而上学(Metaphysik des Prozesses)一说是彻底错误的。正确的做法是:一方面,我们不应该把诉讼看作买彩票,而是竭尽全力去实现正确裁判;另一方面,尽管我们竭尽全力,也并不可能实现形而上和理想。因此,诉讼的本质不是形而上的,而是必须建立在现实基础之上。形而上属于理想的层面,它们在无尽的远方朝着我们招手。它们激励着我们,用尽全力向它们走去。

215 同样,建造一台机器也是如此,它并不是赌博。机器的建造能够给人们带来幸福安康,但这是理想,是我们追求的目标。想要满足专利技术要求的工程师,能不能只是靠这种理想的目标来说明和描述一台机器是什么样子的呢?

具体的法律保护请求权源于以下基本思想,即一个法官不能说:“我虽然认可你有权利,但我拒绝判决被告向你给付。因为我觉得这是不合适的,或者因为在我看来基于社会或者政治的原因,这个判决是不恰当的,抑或是因为我不高兴这样做。”基于上述反对“形而上诉讼观”(metaphysische Prozessauffassung)的理由,我也反对具体的法律保护请求权说。法官不能够这样做的原因并不是法律保护请求权真的存在,而是因为这会彻底违背法官负有的义务。即便一个人真的没有权利,法官也并不能说:“我拒绝给你司法”(Ich verweigere dir die Jusitz)。法官也绝不能驳回原告的起诉,并说他并不相信他有权利,因此也并不需要为他确定期日。

除此之外,即便原告根本没有权利,法官也绝不能说:“我虽然认可原告有权利,但我拒绝根据起诉作出有利的判决。”如果法官认可原告有权却又不作出判决,也会构成对义务的违反。其实并非已经存在的权利,而是法官对已经存在的权利的确信才对判决有决定意义。并非是因为当事人有法律保护请求权,而是因为法官有义务根据自己的确信作出判决。对起诉加以认可本来就是法官的义务,其出现时点并不是诉讼请求被提出时,而是当法官认为诉讼请求是正当的时候。[1]

形式上的证明体系(ein formales Beweissystem)所产生的作 216
用则更进一步,如通过当事人宣誓(Parteieneid)证明原告享有权利,则法官必须对起诉加以认可,尽管其可能完全不相信原告的权利是存在的。人们设想一下这种可能让人感到不快的情景。与强制证明制度(Zwangsbeweis)不同,如果法官通过作出证据裁定(Beweisbeschluß)要求当事人发誓,并进行证据调查,便通过这样的方式使能够单独决定起诉成败的实质性事实(die für die Klage vielleicht allein wesentlichen Tatsachen)在诉讼上变得更为可靠,那么,即便法官完全确信发誓是不正确的,法官还是必须要接受这项虚假的誓言(Meineid)或者因为宣示者的过失而引发的错误。法官必须根据宣誓作出判决。法官对此可以说:“我确信你没有权利。可我还是必须判决被告给付。”或者是相反的情况:“我确信你有权利,但是我还是必须要驳回你的诉讼请求。”这就可以清楚地说明,判决并非是建立在真实存在的法律保护请求权之上的,而是建立在诉讼法律规范的基础上。在第一种情形,法律保护请求权就要求必须进

[1] 法官并未遵循自己的确信,而是违背其意愿却作出了正确的判决,这是与枉法裁判(Rechtsbeugung)不同的另外一个问题。Vgl. Kohler, Deutsche Juristenzeitung Bd. 9 S. 614 f.

行强制证明并得出原告无权！在这里，我并不是说法律的规定是恰当的，关于其正当性是另外一个问题。问题的实质在于，证明理论（Beweistheorie）必须能够在现实生活中保证得出目前存在着法律保护请求权的结论。更进一步的实质性问题是，法律保护请求权在德国民事诉讼法的背景下必须能够成立。可是，法官根据当事人的誓言，无论是宣誓还是沉默都将约束法官，而并不会考虑实体权利的状况。

另外，彪罗已经明确指出，如果有人主张享有民事权利的原告也有法律保护请求权，那么，人们就必须也要承认，被告在原告的权利不存在的时候也必须有要求驳回诉的请求权。对此，法官不能说："原告没有权利，但是我依旧要对被告作出判决；或许是出于同情或者因为对被告负有道德上的义务。"

217 就像是民事权利能够证实法律保护请求权的存在，同样，没有民事权利就说明没有法律保护请求权。虽然某人没有权利，但其可以提起消极确认之诉，这种情况下，没有权利的原告有要求国家确认其没有权利的利益，其同样有针对国家的法律保护请求权。人们如此严重地混淆了请求权的概念！不仅是民事权利人有法律保护请求权，义务人也有法律保护请求权！人们真的相信，通过这样的请求权乱麻（Anspruchsknäule）可以帮助澄清权利吗？

第三节

从其他方面观察，法律保护请求权也是不正确的。原因在于，法律保护请求权又使诉讼法成为民法的侍从。谁有民事权利，谁就应当具有法律保护请求权，并且只有享有民事权利，才有法律保护请求权。现在，民事诉讼法的现代化发展朝着与民法相互独立的法律部门前进。虽然其也遵循民事的目的，但是却是已经彻底从民法中脱离出来。当人们认识到诉讼要件的时候，当人们原则上将诉讼抗辩（Prozesseinrede）与民事抗辩权（Zivileinreden）区别开来的时候，特别是将诉讼抗辩与“延期性”（dilatorisch）民事抗辩权理解为虽然相互联系但是完全独立的两种制度时，人们就已经为民事诉讼法学翻开了崭新的一页。

当然，法律保护请求权也必须是诉讼性质的，而不能是民法性质的。法律保护请求权应当与民法请求权进行原则上的区分。当人们说：谁有民事权利，谁就有诉讼请求权，他就已经打开了后门，并把民法又一次塞进了诉讼当中。相反，正确的观点应当是把诉讼理解为独立的机制（Organismus），它的发展只根据它自己的法律规定，无论其结果是令人满意的或是令人不快的。

整个强制执行法律关系也能够说明这一点。与强制执行 218
申请（Vollstreckungsantrag）相对应的法律保护请求权，也是在有民事权利的时候就有强制执行请求权吗？绝不是这样。提出强制执行申请的人是持有可执行名义（vollstreckbarer Titel）的人。而持有执行名义的人并不总是享有民事权利的人。这特别体现在具有临时可执行性的判决以及可执行的合同（vollstreckbare Vertrage）（所谓的可执行证书［vollstreckbare Urkunde］）。在德国，正是因为人们长期以来就反对诉讼的独立性，因此，人们才会将可执行的合同视为禁果。我是极少数在多年之前就注意到这项伟大制度的学者。现在这一制度也愈发得到了认可，被作为是不可或缺的公正制度

(unentbehrlicher Hebelder Gerechtigkeit)。而即便这一合同没有相应的民法权利,其也会发挥诉讼上的作用。即便合同在民法上看起来是无效的(nichtig)或者是可撤销的(anfechtbar)也同样是如此,这是不言自明的。当然还存在执行异议之诉(Vollstreckungsgegenklage),其目的是使民法重新发挥作用。当然,这也只是以诉讼的方式。它有可能正确地发挥作用,也有可能不行。

所有上述研究,都是为了将诉讼从民法的禁锢中解放出来。现代民事诉讼法的伟大战役就是要克服陈旧的体系。陈旧的诉讼体系坚信,只有存在民事权利才能够被执行,因此,确定判决(rechtskräftiges Urteil)对于强制执行而言是必要的。我们早就已经放弃了这种陈旧的观念:我们据此把作为决定性因素的民事权利从诉讼中剔除了出去。而现在,法律保护请求权论却又以强制执行请求权的形式重复了这个早已被纠正的错误。其实,这个错误早已经是半个世纪之前的陈年旧事了!

219

第四节

最值得被坚持的还是抽象诉权论。人们可以将其称为权利,因为国家必须对其进行审理。而之所以国家必须听审每一个案件,是因为当事人可能享有“权利”。同样,人们也可以认为,在非讼事件中也存在抽象权利,据此,每个人都可以要求公证人或者是法院来帮助当事人记载最后的意愿。相反,人们无法在具体法律保护请求权中引出更多内容,因为无论是有权还是无权,在诉讼中是完全没有区别的。任何人都必须得到听审,任何人都可以运用诉讼。对于任何人,法院都有义务竭尽全力去接近真相,并在民事权利被证明存在的时候认可当事人的诉讼请求。相反,具体的民事权利并不能使当事人获得什么特别的对待。那么法律保护请求权的作用是什么呢?或许是原告可以期待,通过起诉可以获得最终的胜诉?原告实现它的诉讼请求当然是有可能的,当然也有可能是相反的结果。有可能因为证明不能(Beweislosigkeit)使胜诉彻底无望。民事诉讼法本来就是如此规定的。即便是诉讼费用救助法(Armenrecht)*也拒绝给予那些虽然实体上有根据,但是在诉讼上没有胜诉希望的人以救助(《帝国民事诉讼法》第114条)。由此可知,对于任何原告而言,诉讼都是一样的:只要进入诉讼,那么,诉讼就会按照它自己的轨道前进。理想的诉讼目标对于诉讼的构造并不会产生影响。同样,即便是有民事权利的人,也必须要遵守诉讼的要求。他不能够耍小聪明,也不能够通过非法的手段实现他的目标。同样,他也必须要遵守诚信诉讼的要求(Gebot des prozessualischen guten Glaubens)。使用有悖诚实信用的方式并不会有助于其捍卫自己的权利。当事人不能基于其民事权利而在诉讼中进行正当防卫(Notwehr),其不能试图回避当前看来是违法,也即与其民事权利相违背的诉讼上的攻击(prozessualer Angriff)**:违反诚信的

* 【译者注】Armenrecht 直译为“穷人法”。1981 年 1 月 1 日开始,《德国民事诉讼法》中关于穷人法的规定被《诉讼费用救助法》(das Recht der Prozesskostenhilfe)的规定所取代。

** 【译者注】诉讼上的攻击(Angriff)和防御(Verteidigung)有广义和狭义之分。广义的攻击和防御包含一切权利主张、事实主张和证据方法等攻击防御方法。而狭义的攻击和防御仅指权利请求层面,例如诉和反诉构成攻击,诉讼请求层面的反驳构成防御。目前,德国民事诉讼法学以狭义为一般表达方式。而科勒此处所使用的攻击并不限于权利主张,需要在广义上加以理解。

诉讼和由此引发的不公也并不会因为法律保护请求权的贯彻而得到有效解决。

220 因此,“法律保护请求权”也与司法实践相违背。接受法律保护请求权的主张,不仅对于诉讼的构造而言是毫无益处的,而且还是错误和危险的。如果人们当了真,那么就会认为存在着正当防卫的某些适用余地,而这其实是不存在的,就这样,人们陷入了最危险的歧途![2]

因此,无论当事人是否有民事权利,其在诉讼上的地位都是一样的:在民法上确定有权的人也并不会在诉讼中有其他的表现,他和民法上无权的人是平等的。虽然诉讼刁难(Prozessschikane)是被禁止的,但这不仅适用于没有民事权利的人,也适用于享有民事权利的人。

人们认为我们混淆了具体和抽象的法律保护请求权概念。这反而是对我们的误解。我们认为并不存在法律保护请求权,而即便存在,其根据诉讼的逻辑也只能是抽象的。

就我自己而言,我并不否认在诉讼之前就存在诉讼状态(Prozesslage)。相反,早在多年前我就系统地探讨过诉讼法律行为,并且特别强调了管辖协议和仲裁协议的诉讼法律行为属性。[3] 但是,在诉讼开始之前就可能存在相应的法律状态(Rechtslage)根本就不能证明法律保护请求权。即便没有民事权利的人,也可能签订上述协议。协议早在当事人之间的法律关系之前就已经存在了。协议对于民法上有权利的人或者无权的人都发挥作用。

---

〔2〕 刑事诉讼中的相关问题参见 Archiv für Strafrecht Bd. 47 S. 104。

〔3〕 Kohler, Gesammelte Beiträge S. 144 ff.

综上所述，如果一定要承认法律保护请求权，就应当坚持抽象诉权。但即便是抽象诉权，在经过进一步分析后也将异常地苍白无力。因此，诉讼法学家也应当一般性地拒绝抽象诉权。

第五节

在大多数错误的理论中都蕴含着正确的部分。理论的错误总是因为曲解了正确的思想，作出了不正确的建构或者根本就是走向了它的反面。

抽象诉权也是如此。其中正确的部分是：每个人都有他的 221
人格权（Persönlichkeitsrecht）。不仅是本国人有人格权，外国人的人格权也被承认。只有在例外的情况下，外国人才只有在对等的条件下享有与本国人同样的人格权。人格权是一系列行动的可能性。人必须是自由的和不受妨碍的。人有权行走、驾车、骑马、做十四行诗。人有权说德语和法语，有权作曲和绘画。就像是所有权人的权能一样，人有权掌控自己的所有物，像是蔬菜的所有权人可以把菜煮的甜一些或者酸一些。权利的这些表现本身并不能再被称为权利：法律保护也被包含在权利范畴之内。当某人被威胁其不能作诗，那么，受到威胁的人就有权借助人格权对胁迫者采取行动，如胁迫者限制了他人的行动自由并想要拘禁他。这与参与法律生活（Rechtsleben）的可能性完全一致。[4] 人可以做出法律行为，可以缔结合同，可

〔4〕 Vgl. Kohler，Lehrbuch des bürgerlichen Rechts I S. 150 f.

以提起诉讼,可以立下遗嘱。这并不是特别的权利,而是源于人格权的权限。其法律本质在于,当某人以违反法律规定的方式意图妨碍他人的人格权,他人可以对此进行反抗。要求公共机构对非讼事件进行处理,也是人格权的权限之一:人不仅有权立下遗嘱,而且有权在公证人面前立下遗嘱。其特殊性只在于,国家有义务建立相应的机构,该机构有义务帮助人们记载法律行为。

222 个人享有的缔约权(Recht auf Geschäftsabschluß)也是如此,其要求国家机关提供帮助的权利亦同。国家可以规定,公证人可以自由裁量其是否要制作遗嘱。国家可以规定,遗嘱必须通过律师来订立,而律师可以自由决定是否协助当事人订立遗嘱。如果国家规定,公证人有义务在特定条件下作出相应行为,那么对于具体的当事人而言,只有在满足相应的条件后才能够订立公遗嘱(ein öffentliches Testament)。这就像其有走在公共道路上的可能性一样,因为公共道路是对所有公众开放的。在诉讼中对法院的利用也相当类似。如果国家规定法院有义务处理每一项起诉,那么,每个人都有事实上的可能性,可以毫无限制地提起诉讼。如果原告有民事权利,那么,其就有事实上的可能性,可以通过起诉来实现其民事权利,前提是不存在诉讼障碍(prozessuale Hindernisse)。这种事实上的可能性与人格权的关系如下:如果人们对公共道路的使用被拒绝,那这就是对人格权的侵犯,并且会引发人格权请求权(Anspruch des Persönlichkeitsrecht)。如果国家没有设立公证人和法院对个人加以协助,或者公证人和法院拒绝协助个人,那这同样是对人格权的侵犯,并且会因此产生人格请求权。被拒绝使用公共道路的人,并不会因为其本来就有权走上公共道路而产生请求权，而是因为他是人，这是他作为人有权做的事情，其可以被归入人格保护（Persönlichkeitsschutz）的范畴。被拒绝进行诉讼的人，也并不会因为其有进行诉讼的权利而对国家产生损害赔偿请求权，其根源在于他是一个人，人应当得到民事诉讼法律关系，就像民事法律关系一样。

抽象法律保护请求权误认为在法律行为方面的人格保护 223
就是作出法律行为的权利，误认为在诉讼法律行为方面的人格保护就是要求诉讼的权利。由此可见，这种建构是根本错误的。错误主要源于人格权。在人格权的思想还没有得到充分发展的时代，这种错误还可以被充分地理解。但是，人们今天不应该再犯这样的错误。

法律保护请求权在细节上的错误就更大了。就像人可以走在公共道路上一样，他也可以捍卫他的权利，他可以像运用其他途径一样，通过法院捍卫或者实现自己的权利。就像人们有权运用诉讼一样，他也当然可以通过诉讼来实现其事实上存在的权利。如果诉讼拒绝其权利的实现，那就不仅是人格受到了贬损，而且还间接引起了财产上的损害。这就像一个人被强行逮捕，并以此限制其对权利的使用一样。在这样的情况下，他因人格权被侵害而毫无疑问享有损害赔偿请求权，因为人格不仅只是面向自我（innere Güter），其同样可以对财产（äußere Güter）加以使用和充分利用。但是，由此认为人具有抽象的法律保护请求权的观点是错误的。更为荒谬的观点是从既存的具体的民事权利中导出法律保护请求权。这里只涉及人格：

世人最大的幸运只在于人格！*

特别是人对不属于他的财产行使权利（Rechte an den außerhalb ihrer liegenden Gütern）！[5]

224 有人认为，个人对国家机关和法院有公法上的请求权，然而，这样的构造根本不能和民法请求权同日而语，因此，最好还是要避免使用请求权的表述方式。这种请求权的表述方式无异于在说人格就是人格，是法律保护的状态。在他们看来，因为国家或者国家机关有义务去保护人格权，因此，相应地产生了个人在公法上的请求权。事实上，据此并不能得出法律保护请求权，而只是说，如果国家机关违反义务，并由此对人格权产生了损害，那么，此人会获得请求权。这在诉讼中是如此，对非讼事件同样是如此，对行政亦同。没有人可以也必然不能因为国家必须作出行政行为，就说自己有要求特定行政行为的请求权。只是在国家违反义务而不作出行政行为的时候以及自己受到损害的时候，才可能因此而采取行动。请求权是源于损害，而并不是因为在先的法律关系，因为之前只存在人格权。这就像不作为请求权（negatorischer Anspruch）只有在所有权受到损害的时候才会产生。

以耶利内克（Jellinek, System der subjektiven öffentlichen Rechte S. 126）为例，他在谈到法律保护请求权、利益满足请求

---

* 【译者注】德文原文为 Höchstes Glück der Erdenkinder ist nur die Persönlichkeit。此语出自歌德。

〔5〕 如果存在自力救济，那么，人们阻止他人使用自力救济并以此实现自己可能存在的权利时，也构成对人格权的损害。

权和利益考量请求权*(Rechtsschutz-, Interessenbefriedigungs-, Interessenberücksichtigungsanspruechen)时,是基于对民法和诉讼法并不客观的理解而使用了"请求权"这一表述。请求权总是以具体的动机,以具体的权利表现(Rechtserscheinung)为前提。具体的权利表现会创造出请求权。如果人们抛弃这一点,那么就会把毫无根据的所有权请求权(Eigentumsanspruch)理解为针对任何人的请求权,可即便是耶利内克自己也反对这个概念(Jellinek S. 51 f.)。此外,这些人还会支持针对国家的请求权,即人们有权要求国家作出行动的权利。其实,这与针对所有人的所有权请求权如出一辙。

耶利内克(Jellinek S. 119)对我提出批评,认为我拒绝法 225
律保护请求权是因为缺乏对公法上请求权的深入研究所致。在耶利内克看来,如果我能够像他对请求权云里雾里的界定一样理解民法和诉讼上的请求权概念,就能够获得对其更正确的认识了。[6]

耶利内克还彻底混淆了抽象法律保护请求权和国家成员权(Mitgliedschaftsrechte zum Staate),他把国家成员权和国籍相联系,并认为:"一个具有某个国家国籍的成员,都有要求国家行为的权利。这就像是合伙人对于账簿的审阅和检查一样。"这种看法是不正确的,因为不仅仅是本国人可以起诉,外国人也可以。来自北方的爱斯基摩人也可以对我提起诉讼,火地岛

---

* 【译者注】Interessenberücksichtigung 在独和法律辞典中译为"利益拜领",中文意思是"利益领受"。由于直译的方式较难被读者理解,因此译者按照德文原文直译为"利益考量"。

〔6〕 有人认为,我们的观点会使专制(Despotie)代替法治国家,对此不值一提,更不需要反驳。

或者非洲人也都可以提起诉讼。只要是人,就可以在德国提起诉讼。如果人们认同这一点,那么,每个人就都享有抽象诉权!虽然本国人和外国人都可以在我们这儿提起诉讼,这可能会造成麻烦,但是,我们的法律秩序和国家秩序就是这样规定的,因为我们的法院不仅要处理本国范围内的案件,除此之外,特别是通过协议管辖也可能审理外来的案件。本国的法院无权拒绝管辖协议。按照规定,这使我们的法院获得了管辖权,因此,我们不能以无管辖权为由驳回诉。〔7〕

第六节

具体法律保护请求权的正确之处,也是唯一正确之处,在于它将与权利确认(Rechtsfeststellung)相联系的权利实现(Rechtsverwirklichung)作为贯穿诉讼活动的目标。

226 毫无疑问,我完全同意瓦赫的观点。我也认为,所谓的形成之诉与确认之诉并无二致。形成的效果是基于当事人的作用(Parteiwirken),只是当事人的作用在判决表明其正当性时才能够产生完全的效果而已。因此,法律变动的根据(Grund der Rechtsänderung)并不是法院的确认,而是当事人的作用。确认只是必要的附随现象(Begleiterscheinung)。只有这样,才能将诉讼程序与非讼事件在实质上区别开来。对于这种权利,显然在诉讼确认之后还需要进行后续的行为,以此才能够实现起诉

〔7〕 耶利内克(Jellinek, System der subjektiven öffentlichen Rechte S. 111 ff.,118 ff.)的观点是错误的。其认为进行诉讼的权能是基于市民的身份(拉丁文:*status civitatis*)。难道野人就没有同样的权利吗,不能像德国人一样在德国提起诉讼吗?

的目标。例如,原告在离婚判决之后还必须要去在户籍登记簿(Standesregister)上登记,才能够真正实现离婚的目标。如果不需要借助当事人后续的行为,那么以下思路是站得住脚的:当事人可以通过他的"解约通知"解除婚姻,只要认可其解约正当性的判决被作出即可。由此也可以得出以下结论:如果婚姻被确定性地解除了,那么其就已经被解除了,即便通过再审之诉(Restitutionsklage)认定前诉判决是不正确的也是如此。再审之诉可能对财产关系发挥作用,但并不会对婚姻的解除产生溯及力(rückgängig machen)。〔8〕

毋庸置疑的是,国家可以设计出一种法律制度,其规定只 227
有在法院对解除权作出终局性确认之后,解约通知才会发生效力。这样的制度设计对于众多案件,特别是婚姻案件而言是非常合理的,这是毋庸置疑的。如果是这样的话,那么形成判决就与能够使原告的解约通知产生效力的诉讼确认(prozessuale Zuerkennung)没有什么不同了!

第七节

诉讼出现伊始,权利实现就向来被理解为诉讼目的,只是

〔8〕 即便人们举出《德国民法典》第 1309 条(并参照第 1349 条)也无法反驳这种观点。能够产生延期效果的障碍(das aufschiebende Hindernis)是非常有说服力的。如果离婚判决的正确性有疑问,那么,离婚就应该在判决的正确性得到澄清之前不产生效力。如果某人不顾被判决认定为不正确的离婚判决又想结婚,那么,这只是个良心问题(Gewissensfrage),这个问题只有在前诉判决的正确性得到确定之后才能够提出。从另一个角度观察,某人和被确定判决离婚的人结婚了,是否会因为之后可能发生的再审之诉而陷入重婚。法学在对法典进行解释的时候应当尽可能地避免这种令人绝望的和反社会的结果发生。

那种思想还没有如今日一般的影响力。现在我们甚至走得更远。即便某人因为恶意或者重大过失而迟延提出防御方法,那么,其还能在上诉的时候,或者在特殊情况下借助保留判决(Vorbehaltsurteil)补充提出防御方法。随时提出主义(Eventualmaxime)已经在很大程度上被我们从诉讼中赶了出去,其背后的特殊考虑是,随时提出主义可能阻碍权利的真正实现。我们为了权利实现而牺牲了诉讼方便(Bequemlichkeit des Prozesses),并且由此给法官带来了沉重的负担和工作,而根据随时提出主义,法官本不必这样做。我们并没有因此被吓倒。[9] 只有在个别情况下,我们才允许权利实现这一目标不能完全被达成,即当事人行为一致原则(das Prinzip der Kongruenz der Parteitätigkeiten)和缺席程序原则(das Prinzip des Versäumungsverfahrens)发挥作用的地方。但是,我们并没有规定,如果当事人不诚信地进行诉讼,那么,作为惩罚就应当让其输掉诉讼。以前并不是这样的。人们在整个中世纪都认为,恶意甚至是以犯罪的方式进行诉讼的,作为惩罚其也将因此而输掉诉讼。这是贯穿于13世纪意大利城市法(Stadtrechte)的想法,也同样是日耳曼法,特别是隆巴德法(langobardische Rechte)的基本思想。

228 这早在柳特普兰德法(Liutprand)第144条就已经被明确加以规定,之后大量的城市法中也都有这样的规定。[10] 根据1202年科莫城市法(Stadtrechte von Como von 1202)第134条和1276年科莫城市法第157条,提交了虚假书证或者人证的

---

〔9〕 长久以来,反对我们这种诉讼构造的人也并不能完全认同这种崇高的理想。

〔10〕 这里引用的相关规定可以参见我的专著(Kohler, Strafrecht der italienischen Statuten)。

人将输掉诉讼(Mon. Hist. Patriae Bd. 16 S. 64 f.)。同样,在1241年维切利法第87条,提交了虚假书证的人会输掉诉讼。博洛尼亚也是如此(Bologna von 1250,II 5,S. 258)。在帕尔马(Parma von 1255,III S. 299),提交了虚假人证时亦同。在14世纪的蒙特法罗法(Monte Feltro 1384,II 24[Collezione storica Marchigiana Bd. 3 S. 312])中,提交了虚假证书的人和1353年的卡尔皮法(Carpi von 1353,S. 50)中使用了虚假证人的人也会输掉诉讼。同样,在卡萨莱(Casale),提出虚假人证和虚假书证的人:输掉诉讼(拉丁文:*cadat ab ipsa causa vel lite*[Mon. Hist. Patriae Bd. 1 S. 994 f.])。在16世纪的城市法中也有类似规定,如博洛尼亚(Bologna, Ed. 1525, Bl. 30 b):使用虚假的人证和书证将输掉诉讼;同样还有1534年的费拉拉(Ferrara von 1534, Bl. 162b)。1566年的安科纳(Ancona von 1566,III 17)规定:贿赂法官的人输掉诉讼。1556年热那亚法(Statuten von Genua von 1556,II 15,40,33,34)有非常丰富多彩的相关规定:在法官面前伤害对方当事人的、拒绝在宣誓文件上签名的、提交虚假的书证的以及隐匿书证的当事人将输掉诉讼。

除此之外,还有很多法典有相关规定。[11] 它们的出发点并不完全符合权利实现这一诉讼目的。

而现在却处处将权利实现作为诉讼目的以及法官行动的指南。权利实现是人们在任何情况下或者只存在极少数例外

---

〔11〕 我还可以再举出《古瑞典法》(altschwedisches Recht)。根据其规定,如果当事人客观上否认其作出了某一行为,那么,即便其无意中提交的文书(Ungefährwerk[瑞典文:vadhavaerk])中有相关证据,其也不能再援引之。如果是有意为之的话,其将受到处罚(Amira, Nordgermanisches Obligationenrecht Bd. 1 S. 383)。

的情况下所努力实现的目标。但是,人们为此并不需要法律保护请求权。就像是非讼事件,当非讼事件的目的是按照当事人的意愿变动法律关系或者创造新的法律关系时,人们并不需要法律变动请求权(Rechtsänderungsanspruch)。

229 第八节

人们对法律保护请求权有许多不切实际的期待,并因此在很多方面产生了并不正确的表现。以下将对此加以讨论。

在许多方面都值得一提的是施泰因,他在关于法律保护的前提条件,特别是给付之诉的论文中(Stein, in: Festgabe für Fitting)对民事诉讼的若干问题进行了探讨。虽然这篇论文的出发点并不正确,但还是得出了若干正确的结论。施泰因特别强调,民事诉讼活动只有在存在法律保护必要的时候才应该被准许。从一定程度上讲,这个观点是正确的,因为法院不是恶意诉讼的工具,只有存在法律保护必要的时候才能向法院提出诉请。但仅仅据此还并不会与法律保护请求权联系在一起。这只是与法院组织及法院活动的总体任务相联系:只有在存在合理利益(vernünftiges Interesse)的时候,法院才应该介入。无须赘言,这对于确认之诉也同样适用。此外,施泰因认为,当法律提供了一条简单的途径去实现目标,并且也可以完全满足当事人的利益的时候,就应当选择简单的途径而不是选择复杂的方式。这种想法是正确的。但是,施泰因由此得出的结论(S. 89 f.)却是当然错误的。他认为,可执行合同(vollstreckbarer Vertrag)的债权人无权提起给付之诉(Erfüllungsklage),无权使用普通诉讼程序:这样的诉讼将引起对于合同有效性问题的法律判断,而可执行合同并没有这样的裁判必要(Entscheidungscharakter)。施泰因虽然也承认这一点,并且允许其提起确认之诉,但却不准其提出给付之诉。

这种解释只有在确认之诉和给付之诉之间存在难以弥合 230
的鸿沟时才是成立的。但事实并非如此。因为它们中的一种可以变为另外一种。对于已届清偿期的请求权,只是因为已经存在执行名义就排除给付之诉的做法是画蛇添足。唯一的疑虑或许是,这样的方式会产生两个执行名义。但是法院可以判定,只有在放弃第一个执行名义的时候判决才是可执行的。由此可以解决两个执行名义的问题。这种方式也有助于解决以下问题,如一个执行命令已经被作出,但人们还是希望得到第二个执行名义,因为根据民事诉讼法所采取的巴登原则(badisches Prinzip),第一个执行命令并不能够建立起担保抵押(Sicherungshypothek)。此外,虽然执行名义的权利转让(Rechtsübertragung eines vollstreckbaren Titels)能够被公文书证明,但如果对方当事人对其进行争议时,可以根据《帝国民事诉讼法》第 731 条提起诉讼,但这并不构成第二个执行名义,因为上述起诉的性质是确认之诉,[12]对此已经完全没有争议。在《帝国民事诉讼法》第 926 条的情况下也或许可以认为,原告可以在该条所提及的程序和消极确认之诉之间进行选择。如果当事人签署了仲裁协议,但并没有指定仲裁员,那么,对方当事人不能够起诉要求提名仲裁员,并要求根据《帝国民事诉讼法》第 888 条作出判决和加以执行,而是无论如何要适用

---

〔12〕 Gesammelte Beiträge S. 480.

《帝国民事诉讼法》第1029条以下。因此,即便不考虑其他因素,可以确定的是,民事诉讼法希望提供简单的程序。没有任何理性的理由可以不用简单的程序而要选择更笨拙和更沉重的一般执行程序。同样,在执行程序和破产程序竞合时,也应当根据破产程序加以处理。〔13〕

231 此外,人们想要把“法律保护请求权”和可诉性条件(Klagbarkeitsvoraussetzungen)联系起来。这也是不正确的。可诉性条件是说,在特定情况下,虽然存在请求权,但起诉依旧要被拒绝,但这并不涉及诉讼,而只是一个民法上的概念。这都是源于有反应能力和无反应能力请求权(reaktionsfähige und reaktionsunfähige Ansprüche)的区分。这种区分是我当时在论文集中(Gesammelte Beiträge zum Zivilprozess S. 13)最先发展出来的。这种关系事实上纯粹是民法上的。魏斯曼的观点并不恰当。他在民事诉讼法教科书(Weismann, Lehrbuch des Zivilprozessrechts S. 70 f.)中认为,这介于民法和诉讼法之间。由此可以得出以下结论,就像是我之前提到过的,在法律修订(Wandel der Gesetze)的时候,反应能力(Reaktionsunfaehigkeit)要以在此期间的民法为标准加以判断,而不能够根据在此期间的诉讼法,这也同样适用于国家之间的法律。基于同样的理由必须认为,如果涉及州法(Landesrecht)和帝国法(Reichsrecht)之间的关系,应当根据州法来判断请求权是否有反应能力,换句话说,根据州法确定是否可以向法院提起诉讼。因此,关于有无反应能力的争议并不是《帝国民事诉讼法》第347条意义上的中间争议,也因此并不适用关于中间争议的《帝国民事诉

〔13〕 Vgl. Leitfaden des Konkursrechts, 2. Aufl., S. 236.

讼法》第 461 条第 1 款。

当法律规定,只有在特定条件下才准许进行诉讼的时候,也就存在着无反应能力的情况。有一种请求权,其只能够在破产程序中或者在破产程序之后被主张,《合作社法》(Genossenschaftsrecht)就存在这样的情形。要求合作社社员(Genosse)承担无限或有限责任的请求只有在已经开启破产程序,并且在补偿金估算的强制执行声明(Vollstreckbarkeitserkläung der Nachschussberechnung)作出三个月之后(《合作社法》第 122 条和第 141 条)才能够被准许。而合作社社员的无限补偿义务责任(unbeschränkte Nachschusspflicht)只有在破产程序中和以破产的方式(im Konkurs und in der Art des Konkurses)才能够被主张。还有若干破产债权人(Gläubigerschaft)也是如此,对此我已经在不久以前做过讨论。[14]

第九节 232

此外,还要再提及两位法律保护请求权最新的反对者。

作为法律保护请求权的反对者不能不提基奥文达(Chiovenda)。他与梅内斯特里那(Menestrina)和罗科(Rocco)并肩当代最负盛名的意大利诉讼法学家。当基奥文达把诉权称为 diritto facultativo 的时候,这和我们所说的"权限"别无二致:起诉的一般权限(die allgemeine Befugnis zu klagen),就像是撤销权限(Anfechtungsbefugnis)以及其他权限一样。不过,基

〔14〕 Archiv für zivilistische Praxis Bd. 95 S. 339 ff.

奥文达认为起诉并不具有法律行为的属性,这让人感到奇怪。一个人主张他的权限还不能得出他对权限的主张不是法律行为(Rechtshandlung oder ein Rechtsgeschäft);相反,这经常构成法律行为。只要人们想想撤销或者抵消就知道了。尽管如此,基奥文达全盘否定了法律保护请求权(要求未来的裁判的请求权),并由此得出了完全正确的结论,这被他表述为如下文字:"法律制度为公民提供了一种解决方式。基于法律规定和国家机关(法院)的行为,公民可以实现其诉求。这展现了公民间的权力关系:基于法律和公权力机关的行为,该权力在起诉时即存在,但是这种由法律和公权力机关的行为所赋予的权力,只有通过他人(提起诉讼的人)之手(起诉)才作用于对方当事人。"[15] *

233 最近,魏斯曼(Weismann, Lehrbuch des Zivilprozessrechts S. 66 f.)也反对法律保护请求权。魏斯曼的论述具有特别重要的价值,因为他之前是瓦赫最忠实的支持者。魏斯曼的彻底转型十分突出,他坚持过法律保护请求权,又起而反对它。法律保护请求权思想的危害和难以捉摸使其无法被具体贯彻下去,因此,它将最终自掘坟墓。魏斯曼正确地指出,对于诉讼思维

---

〔15〕 Saggi di diritto processuale civile (Bologna 1904) I. L' azione nel Sistema dei diritti p. 71 f. 这本文集的第二篇论文(Sui fattori storici del processo civile moderno, p. 131 f.)、第三篇论文(Sulla figura esteriore del processo civile, p. 191.)和第四篇论文(Sopra alcuni istituti del processo civile, p. 227 f.)也值得关注,其不仅具有教义学意义,而且还具有历史价值。

* 【译者注】意文原文是:poiché dove un cittadino, giovandosi dei mezzi che l' ordinamento giuridico pone a sua disposizione, sia la legge sia l' attività produrre determinati effetti giuridici di fronte al cittadino, ivi noi vediamo una relazione di potere tra cittadino e cittadino: la quale intanto certamente esiste, in quanto altri può contare sulla legge o sull' attività degli organi pubblici, ma questo rapprto dell' avente diritto colla legge e coi poteri dello stato funge come mezzo nelle sue mani rispetto al suo rapporto coll' aversario.

方法至关重要的是,判决并不总是正确的,不正确的判决也必须被考虑在内。由此自然可以得出的是,追求实现真正的权利(wahre Rechte)在魏斯曼看来只可能起到媒介作用(vermittelnde Rolle),或者如我之前已经论述过的,真正的权利只是一种理想,它对权利实现的种类和方式,对其在现实生活中的表达并不可能是决定性的。基于此,魏斯曼正确地认为,法院并没有义务断定原告有权,而是有义务根据程序的结果作出判决。这种义务是源于法院的公法地位(öffentlichrechtliche Stellung)。法院在公法上的公正裁判义务(当然是在考虑事实主张的基础上)是不言而喻的,并且构成了诉讼制度的总体目标,尽管如此,这却并不是对每个具体原告的承诺,并不会对其产生作用。

在其他方面,魏斯曼的观点也与我完全一致。他认为民事 234
诉讼法律关系只存在于当事人之间。诉讼的作用可以回溯到作为发起者的原告,就像是可能产生的强制执行程序的作用一样(Weismann, S. 67)。魏斯曼的这种观点非常正确。起诉要达到的目标根本不是使法院负有保护权利的义务,并非必须认可这种义务后,法院才有义务作出裁判。相反,起诉的目标旨在使被告处于给付的状态(Verurteilungszustand),这就像是强制执行申请的目标是使被告处于执行的状态(Vollstreckungszustand)一样。

索　　引

B

C

D

F

G

H

J

K

L

M

N

P

Q

R

S

W

X

Y

Z

图书在版编目(CIP)数据

诉权与诉的可能性：当代民事诉讼基本问题研究 / (德) 赫尔维格 (Konrad Hellwig) 著；任重译.——北京：法律出版社, 2018（2022.9重印）
ISBN 978-7-5197-2342-2

Ⅰ.①诉… Ⅱ.①赫… ②任… Ⅲ.①民事诉讼法—研究—德国 Ⅳ.①D951.651

中国版本图书馆CIP数据核字（2018）第121117号

诉权与诉的可能性：当代民事诉讼基本问题研究
Klagrecht und Klagmöglichkeit: Eine Auseinandersetzung über die Grundfragen des heutigen Civilprozessrechts

---

作　　者：［德］康拉德·赫尔维格
译　　者：任　重
责任编辑：韩满春
装帧设计：贾丹丹
出版发行：法律出版社
编辑统筹：学术·对外出版分社
责任校对：杨锦华
责任印制：陶　松
经　　销：新华书店
开　　本：A5
印　　张：9.25
字　　数：197千
版　　本：2018年7月第1版
印　　次：2022年9月第3次印刷
印　　刷：天津嘉恒印务有限公司
书　　号：ISBN 978-7-5197-2342-2
定　　价：68.00元

销售电话：010-83938349　客服电话：010-83938350　咨询电话：010-63939796
地　　址：北京市丰台区莲花池西里7号(100073)
网　　址：www.lawpress.com.cn
投稿邮箱：info@lawpress.com.cn
举报盗版邮箱：jbwq@lawpress.com.cn
凡购买本社图书，如有印装错误，我社负责退换。电话：010-83938349